La Santé sans Poisons

DÉCLARATION

Je soussigné, FRÉDÉRIC BOUYER, Pharmacien de 1re classe, de l'Université de Lyon, *déclare et certifie qu'aucune des substances vénéneuses* (Plantes ou Produits chimiques) inscrite à la Pharmacopée française, rédigée par ordre du Gouvernement (Décret du Président de la République, 17 juillet 1908, signé : A. Fallières), *n'entre dans aucun des remèdes de la Sœur Bonnefoy, même à dose infinitésimale, que ce soit pour l'usage interne, que ce soit pour l'usage externe.*

Avignon, le 11 avril 1911.

Frédéric BOUYER,
Pharmacien, Directeur

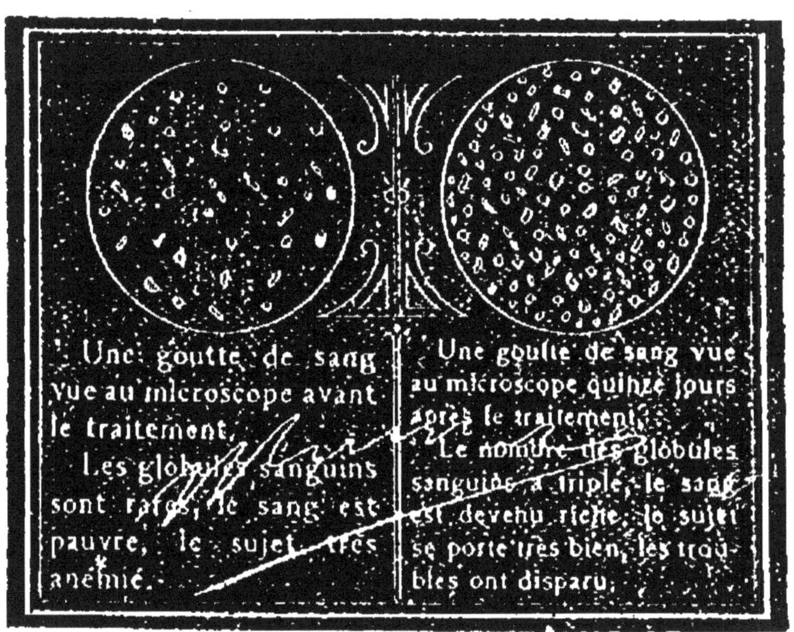

Le sang pur c'est la vie.

Le **TRAITEMENT DE LA SŒUR BONNEFOY** rend le sang vif et pur, il le dépure.

Notre discrétion est absolue

MÉTHODE

de la Sœur BONNEFOY

Religieuse de Saint-Vincent-de-Paul

Ancienne Sœur de pharmacie de l'Hôtel-Dieu de Paris

Guérison par les Plantes des Maladies chroniques

SANS POISONS

PRIX : 1 FRANC

Dépôt Unique pour la France
des Remèdes de la Sœur Bonnefoy

Pharmacie de la Sœur Bonnefoy

31, Rue Carnot — AVIGNON

(Vaucluse) (France)

IMP. PLOTON & CHAVE, St-ÉTIENNE - PARIS

Méthode de la Sœur Bonnefoy

LES PLANTES

La découverte des principes des plantes pour se guérir soi-même des maladies, mérite d'être signalée et étudiée. Par cette méthode, plus de vomitif, plus de purgatifs débilitants et inefficaces. C'est une ère nouvelle pour la santé. Ce livre est donc l'étude sérieuse d'un système de guérison très simple, qu'un enfant lui-même peut comprendre.

Fenugrec.

Pour guérir un organisme malade, il faut l'imprégner d'un fluide vivifiant vital et régénérateur. Ce n'est pas par des coups de massue que l'on remet debout l'arbuste, courbé par la tempête, c'est par un redressement léger et journalier, à l'aide de tuteur.

De même, pour notre santé abattue, il faut des soins et un fluide vivifiant quotidien pour le ramener à son état primitif.

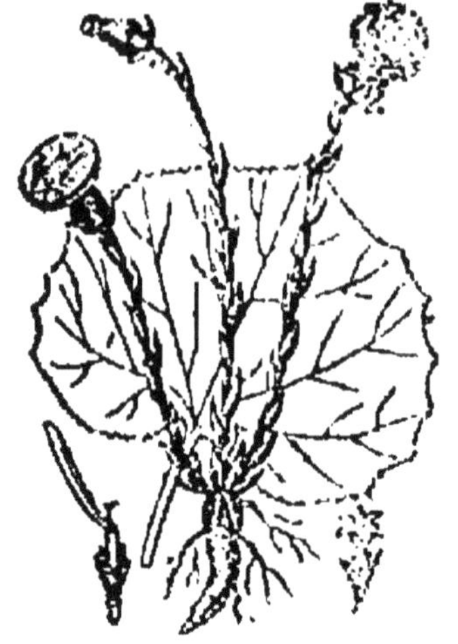
TUSSILAGE

Notre système a pour fondement le suc vivifiant, vital, des plantes qui ont un rayon d'action plus grand que n'importe quel agent de médecine. Le suc des plantes choisies par la Sœur Bonnefoy agit sans déranger aucune fonction de l'organisme humain. C'est donc une thérapeutique basée sur les lois fondamentales de la vie. Le suc des plantes est une force vivifiante. le suc des plantes chasse les maladies, le suc des plantes nous offre une santé nouvelle, destinée à soulager les souffrances, à en chasser les causes et à prolonger la moyenne de la vie. La cause de la maladie est, en général, une loi de la nature désobéie. La nature rappelle ceux qui transgressent ses lois par la douleur et par la maladie, et elle ramène de la maladie à la santé par des agents naturels dont les plus importants et les plus sûrs sont les sucs des plantes

Camomille romaine (cultivée)

de la Sœur Bonnefoy. « Une bonne santé », cela ne paraît rien. Il s'agit de l'avoir perdue pour en connaître toute la valeur.

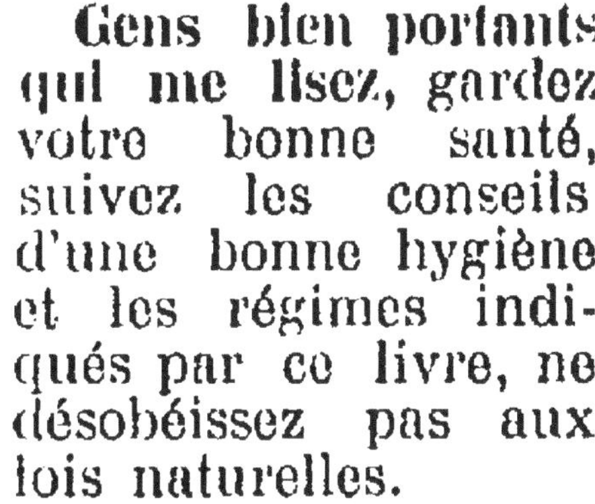

Gens bien portants qui me lisez, gardez votre bonne santé, suivez les conseils d'une bonne hygiène et les régimes indiqués par ce livre, ne désobéissez pas aux lois naturelles.

Malades qui me lisez, ne vous découragez pas, la santé et le bonheur vous seront rendus par cette méthode. Pour votre cas, vous trouverez votre traitement indiqué.

Moi-même, j'ai été guérie par cette méthode. Je soigne mes parents, mes amis et, tous les jours, ces parents, ces amis, me remercient des bienfaits de cette méthode.

Gens bien portants et malades, avez-vous pensé à ce que deviendraient ceux qui dépendent de vous si vous leur étiez enlevé. Votre devoir vous commande donc de veiller sur votre santé et de vous guérir.

BARÈGES

Barèges, le départ, le sommeil des plantes, le réveil des plantes avec le soleil levant, l'horaire floral de la Sœur Bonnefoy,. Le lac d'Aiguecluse, le lac Blanc, le lac Noir, altitude 2.000 mètres.

Barèges est connu depuis fort longtemps. En 1570, le premier bain particulier fut bâti et porta le nom de Labatsarc.

En 1670 Barèges commence à s'affirmer grâce à la communication faite par Duclos à l'Académie Royale de Paris, de la première analyse de ses eaux. A partir de cette époque, les plus grandes célébrités viennent chercher dans les eaux et dans les plantes rares de Barèges leur guérison. En 1675, le duc du Maine, fils de Louis XIV, roi de France ; Madame de Maintenon ; en 1679, le marquis de Louvois : en 1765, le maréchal de Richelieu ; en 1786, le cardinal de Rohan ; en 1807, le roi de Hollande ; en 1839, les princes d'Orléans, fils de Louis-Philippe,

[illegible]

VUE DES PYRÉNÉES A BARÈGES

où sont recueillies les Plantes
de la Sœur Bonnefoy

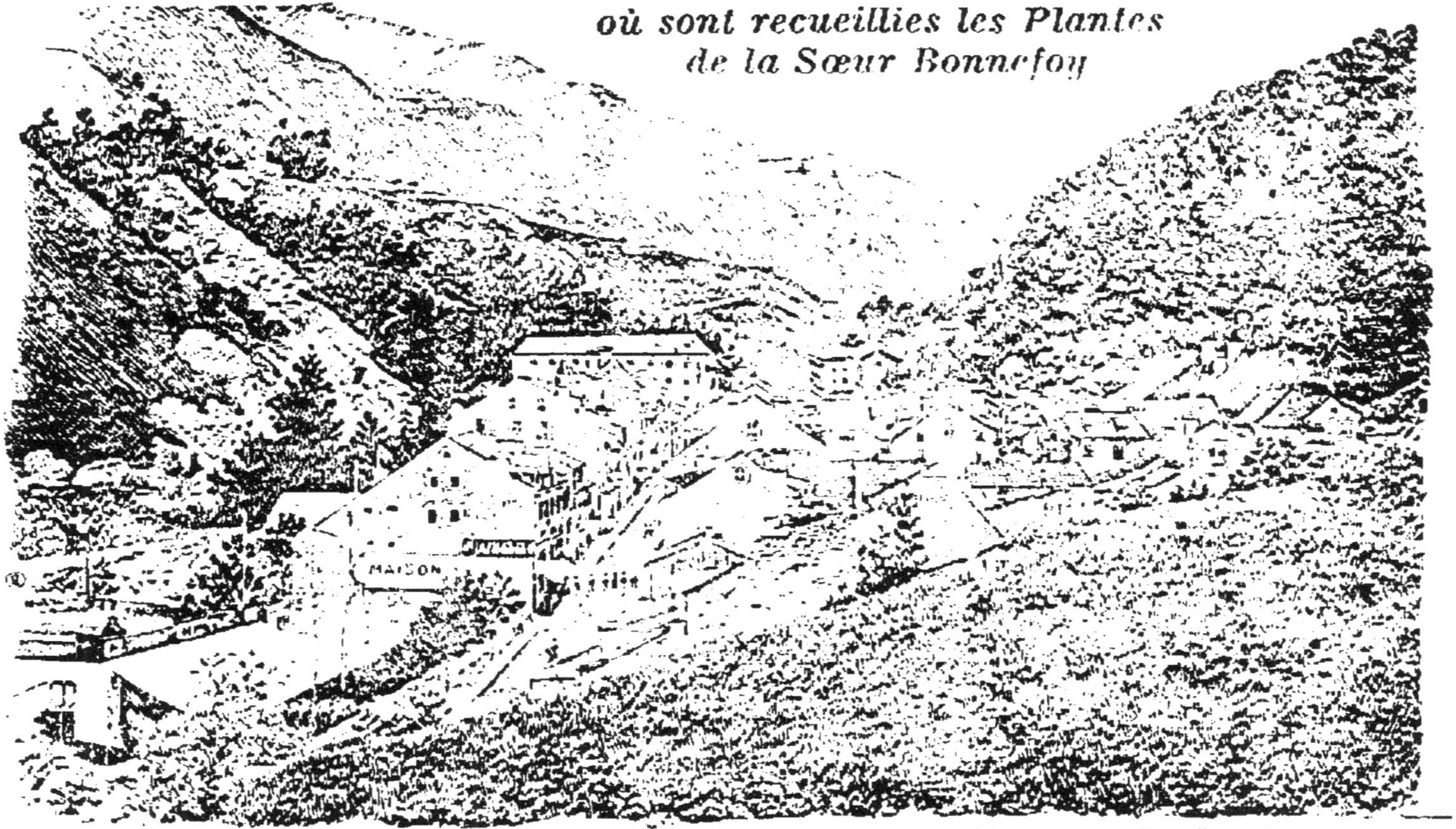

Altitude 1420 mètres : (1) Hôpital militaire; (2) Gave le Bastan

roi des Français ; en 1856, l'impératrice et l'empereur Napoléon III.

L'Empereur, en « 1859 », après la campagne d'Italie et les victoires de Magenta et de Solférino, y revint se reposer de ses fatigues.

Rosier sauvage.

L'efficacité des plantes de Barèges n'est pas contestable, c'est à Barèges même que sont récoltées les plantes rares pour tous les traitements de la méthode de la Sœur Bonnefoy. La vallée de Barèges est un des sites les plus curieux de France. Située au fond des Hautes-Pyrénées, elle s'ouvre pour laisser passer un gave tumultueux : le Bastan, venant se jeter à Luz, dans le gave de Gavarnie, pour former le gave de Pau. Les plus grands noms, après ceux des rois et des princes : Ramond, Dussaulx, Pasumot, Saint-Amans, proclament la beauté, le mérite de la vallée de Barèges. Le

Tilleul

peuple de la vallée de Barèges est un peuple de pasteurs, on rencontre de nombreux villages de 200 ou 300 habitants, avec des coteaux bien cultivés, des maisons blanches, de beaux peupliers bordant les rives des gaves. Vers le 5 juin, les bourgeons paraissent, la nature se réveille, alors les habitants des villages partent pour les hauts coteaux et n'en descendent qu'en novembre. On peut caractériser d'une façon profonde cette excellente population par ce proverbe des Pyrénées : *La parole d'un homme vaut un acte notarié.*

Houblon.

En août, voici le moment de la récolte. Des mulets, chargés de paniers, partent à l'aube de Barèges. Leurs conducteurs, des montagnards pyrénéens, les conduisent. La route est belle et facile, d'abord cotoyant la rive gauche du Bastan aux eaux bondissantes, blanches d'écume, roulant dans un lit de granit et dont le murmure vous accompagne tout le long du chemin. Après avoir gravi pendant des heures la route qui monte sans cesse, en passant par le Tourmalet, en suivant les flots cascadeurs du Bastan, après avoir laissé encore au loin les dernières fermes encore endormies, notre petite troupe fait halte au pont de la Gaubie, qui sert à passer la rivière d'Escousbous.

Après un arrêt, la troupe repart, la montée s'accentue alors en plein flanc de montagne, on suit le sentier remontant le cours du torrent. Sur la rive droite, dans le bas, des cabanes de bergers. Près de chacune de ces cabanes, un petit torrent cascadeur et, suspendues à des pierres trempant dans le courant, des bassines de lait.

Anémone des bois

Après avoir suivi le chemin en lacets pendant près de quarante minutes, on arrive au col débouchant sur le lac d'Escousbous (1.080 mètres). Ce lac, de forme ovale, mesure environ 500 mètres de longueur sur 250 de largeur, puis on atteint un chaos de rochers que l'on ne quitte que pour traverser le torrent venant de la vallée d'Aiglecluse. Prenant franchement à droite, on traverse à nouveau sur un pont, formé de larges dalles de granit, la rivière d'Escousbous. C'est autour du lac d'Escousbous que se fait la cueillette.

Pin sylvestre

Des montagnes énormes environnent ce lac de toutes parts. On se croirait au fond d'un entonnoir dont le fond serait à mi-rempli. Tout y est sauvage, bizarre. A l'extrémité, au sud, se trouve une source dont l'eau a une réputation très grande parmi les bergers et les guides du pays. O vous qui cherchez des distractions bruyantes et les plaisirs factices des élégantes villes d'eaux, n'allez pas à Barèges, mais si votre oreille est fatiguée du bruit de la cité, si la solitude, le calme, ne vous effraient pas, venez ici, venez, et vous aimerez ce qui vous entoure : le chant du gave, le silence des crêtes neigeuses, où vous n'entendez que le mélancolique refrain du pâtre qu'accompagne le tintement des clochettes des blancs agneaux, vous respirerez un air pur, vous verrez, vous boirez de ces eaux bienfaisantes qui soulagent et guérissent. Taine, l'illustre historien, est venu s'y reposer, et dans un ouvrage : « Luz et Barèges, dit-il, sont les lieux les plus coquets de France, ce sont des stations rieuses, où tout est riant, pimpant, les maisons, les jardins, les bocages ». Les plantes ont encore, la plupart, leurs feuilles repliées sur elles-mêmes, tous les mélilots jaunes sont encore accablés de sommeil, les petites feuilles se serrent étroitement, mais voici les premiers rayons lumineux et voici les feuilles de ces trèfles, de ces mélilots, qui se déploient, c'est le moment de cueillir les plantes de la Sœur Bonnefoy. Le chef préparateur examine soigneusement les plantes et indique les espèces que chacun doit ramasser. Les cueilleurs

Liseron.

Coquelicot.

grimpent au milieu des débris de rochers, des blocs de granit et, à tout instant, ils ramassent et déposent délicatement les plantes rares de ces sommets. Chaque type de plante est recueilli dans un panier spécial. Toute plante ramassée est fleurie. C'est au moment de la floraison que le suc vital de la plante est le plus actif, le plus vivifiant, tonique et régénérateur. On cueille, en ce moment, une belle variété de crucifères qui poussent à mi-côte, sous la sève humide de la terre ; des cytises qui couvrent la nudité de la roche et l'habillent de vert tendre. Ce sont ensuite des labiées, aux tiges carrées, aux fleurs remplies d'essences et de terpènes. Vers le sud, au dernier plan de ce vaste panorama, à l'horizon, mises en relief par le ciel bleu d'Espagne, se dressent les cimes géantes : le Mont Perdu, le Casque-du-Marboré, la Brèche-de-Rolland, le Vignemale, faisant briller au soleil leur manteau de glaces éternelles. A côté, sur le bord inférieur du vallon, des sapins et des cèdres, montrent timidement leur tête et semblent jeter un regard d'envie sur ces verdoyantes prairies qu'ils voudraient escalader.

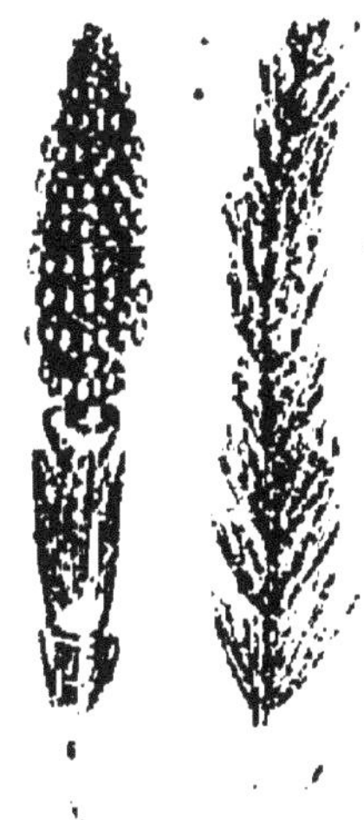
Prêle.

Pendant tout l'hiver, la combe est balayée par les avalanches de neige déracinant et emportant tout ce qu'elles rencontrent sur leur passage. Aussi, pour se mettre à l'abri de leur fureur, ils se sont prudemment établis sur le versant où l'avalanche qui passe effleure à peine leur cime. Mais, dans leur asile impénétrable, sans être jamais touchés de la main de l'homme, ils deviennent des arbres géants et s'étendent sur le flanc de Barada, à côté des jeunes cèdres et des pins adolescents, enlacés par les liens gracieux et souples de la clématite et de la vigne vierge. Vous voyez, çà et là, des troncs dénudés, terrassés, par les tempêtes d'hiver. Nous montons toujours. Nous voici près de ces lacs pyrénéens, si majestueux, si

Alchimille.

beaux. Qui croirait qu'à l'altitude où nous sommes : **2.000 mètres,** alors qu'à côté s'écroule en cascades de 60 à 80 mètres de chute, un torrent mugissant à quelques mètres au-dessus, dort, depuis des siècles, un lac tranquille. Pas une oscillation, pas un souffle, un ciel éclatant bleu, se réfléchissant dans l'eau du lac Bleu.

Bourrache.

Là, des cabanes de chaume, sur les plateaux supérieurs, refuges pour en cas de mauvais temps.

Tout autour croissent les gentianes, aux pétales bleu d'azur. Le soleil inonde tous les coins et recoins de sa lumière éclatante, éblouissante. Les fleurs des sommets commencent à paraître, car, hier soir, dès l'arrivée du crépuscule, elles avaient disparu : Les rouges somptueux des gentianes s'éclairent ; les œillets sauvages ouvrent leur corolle ; le jaune flambant des digitales s'épanouit. Durant toute la nuit, toutes les fleurs ont pris une position de sommeil, toutes ont fermé leur corolle la nuit ; d'autres, comme les campanules, les pensées sauvages, ont laissé pendre leur petite tête fleurie comme si elle était fanée. C'est pourquoi la splendeur des fleurs de la montagne s'éteint avec le jour et ne s'éclaire que par le soleil du matin. Seulement, toutes les plantes n'ouvrent et ne ferment pas leur corolle en même temps. Chacune se lève à son heure, toute parfumée, embaumée d'essences vitales et sourit à la vie. C'est le moment précis de la cueillir pour les bons remèdes, et voilà pourquoi, avec la même plante, on n'obtient pas les mêmes bons résultats. Pour la cueillette des plantes, il faut suivre exactement et fidèlement un *Horaire floral*. Si le temps est à l'orage, il ne faut pas cueillir, car la corolle n'est pas ouverte. La fleur n'a pas distillé l'essence génératrice. Même mieux, certaines plantes ouvrent leur corolle au soleil et la referment si un

Capillaire.

Velar.

nuage le cache pour la rouvrir s'il apparaît. Les montagnards ramassent. Nous gravissons un défilé où les rocs forment des pyramides de 15 à 20 mètres de haut. C'est un chaos de blocs écroulés. Nous voici au lac Nègre. On ramasse l'arnica aux fleurs rougeâtres, accroché aux fentes des rochers. Plus nous nous élevons, plus les plantes deviennent odorantes et de couleurs vives.

Grenadier.

Voici l'iris et l'asphodèle. La vue de ces petites plantes fleuries s'étend au loin. Une traînée de parfums odorants plane autour. Toutes leurs petites têtes fleuries ressemblent à des diamants colorés par un soleil éclatant. Voici sur cette belle masse de rochers arrondis, sans arêtes vives, que recouvre une superbe végétation de [illegible], de buis et de fougère. Ces rochers supportent une petite

Alliaire.

plaine tapissée de gazon, de fleurs rares que ne fournit pas la plaine ; petite fleur bleue, de la réglisse, saxifrages, campanules et, butinant sur ces fleurs, un joli essaim de papillons.

De ces prairies, de ce vaste parc que Dieu a fait si beau, monte une fraîcheur délicieuse qui fait éprouver une douce sensation de vie, apaise les battements de cœur et rafraîchit le front enfiévré.

Parmi les montagnes qui nous cernent, apparaissent au loin des cimes les plus hautes des Pyrénées et leurs neiges éternelles doucement colorées d'un rose pâle. Dans les coins, des voiles brumeuses de brouillards. D'un côté, au nord, les vastes plaines au loin de Toulouse et de la Gascogne ; de l'autre, au sud, les flancs de Saragosse, d'Espagne. Nous sommes à l'altitude de 2,600 mètres. L'air pur est vif dans ces régions sereines, aucun bruit artificiel, seuls, quelques froussements délitres. Voici les saxifrages, dont les panaches blancs ondulent sous le souffle de la brise qui les berce. Le ciel semble se réfléter dans leurs corolles. Qu'il est agréable de contempler ces plantes dans un site si beau, sous un soleil éclatant.

— Ricin —

Quelle vie calme et paisible ; ces fleurs ne vivent-elles pas au milieu d'éléments si calmes et si beaux.

Quelle différence avec la vie agitée de là-bas, et comme il ferait bon vivre ici.

Ces fleurs vivent là leur vie providentielle, sans savants, ni électriciens, elles fleurissent, puis passent, et d'autres fleurs semblables prennent leur place dans cette vallée du Bastan, entourée de cimes immenses des montagnes, et protégée par les pics recouverts de neige étincelante de toutes les couleurs de l'arc-en-ciel.

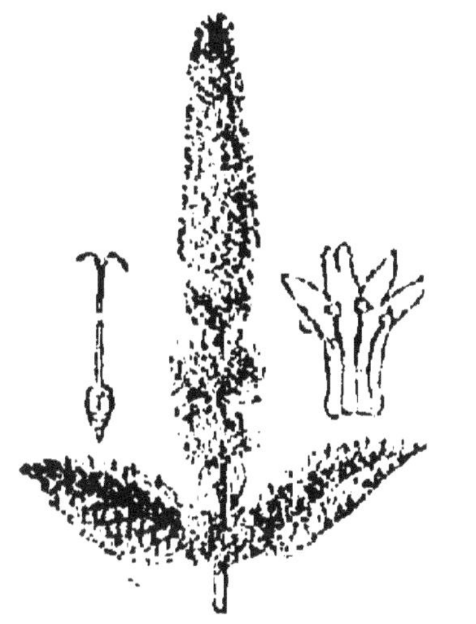
Menthe poivrée.

On rêve, dans ce site enchanteur, une vie presque immatérielle. La cueillette touche à sa fin.

On ramasse encore des aconits, des renoncules diverses, primula, verna, viola, cornuta, des scabieuses rouges et bleues, des petites fleurs de pavots jaunes, des capillaires, des fougères naines,des ulmaires, des petites menthes, des fragariées, des serpolets. Mais la chaleur devient assez forte, certains capillaires, poussés dans les anfractuosités du rocher, voient leurs petites tiges s'élever et s'abaisser autour de leurs racines, c'est une indication de l'horaire floral, c'est que les plantes, par suite de la grosse chaleur, n'ont plus d'activité médicinale. C'est le son de cloche botanique, et, par ces jolis petits capillaires, nous en sommes avertis.

C'est l'indication, par les petites plantes minuscules, du départ.

Donc, l'*Horaire floral de la Sœur Bonnefoy* indique à quelle heure et à quel moment il faut ramasser les plantes médicinales, pour avoir la certitude de bons effets. Au contact de la vie des plantes, on arrive à les connaître et à les aimer et on croit alors aux sens des plantes et à leur rôle merveilleux et privilégié, qui est de nous faire du bien.

ÉTUDE des PLANTES

Son Ancienneté. — Les Légendes.
Les Paysans. — Les Religieux.

De tout temps, l'homme a cherché à réparer ses forces, son état affaibli, son état souffrant, par divers procédés. Il est un fait d'expériences. Plus le procédé auquel l'homme malade a recours est simple, plus la certitude d'être guéri et soulagé s'est affirmée. La cause de la maladie, c'est l'introduction dans l'organisme d'un être infiniment petit, qu'on appelle le microbe, qui vient lutter contre les cellules saines. Il faut donc porter secours aux cellules saines pour détruire les microbes morbides, sans apporter aucun dérangement aux autres fonctions. La méthode la plus simple, la plus sûre, pour remplir ce but, c'est la méthode de la Sœur Bonnefoy, par les plantes.

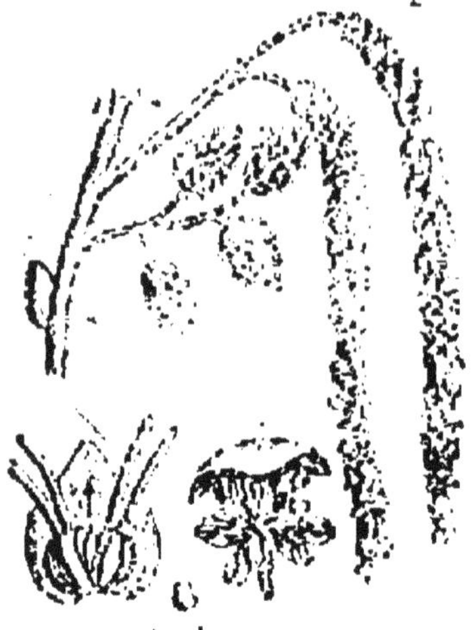

Bouleau.

De tous temps, la médecine s'est adressée aux plantes comme moyen de guérison ; notre siècle les a, en partie, abandonnées. Seuls, les gens de la campagne et les montagnards y sont restés fidèles. Ces vérités, de la bonté des plantes pour nos maux, des temps les plus reculés à nos jours, nous sont encore présentées sous forme de fables, de contes.

[illegible]

Ces contes nous montrent les plantes sous les bons génies, les fées, qui fréquentaient les forêts. Les habitants de la Germanie ont toujours considéré les bois et les prairies comme étant peuplés d'êtres vivants chargés de les guérir. Dans les Indes, cette croyance obscure y est encore très vivace. Cette croyance jaillit de toutes les vieilles sources où nous remontons. Nous la retrouvons dans les légendes du moyen âge où le vulnéraire parle dans les nuits sacrées, où la mandragore jette des plaintes déchirantes quand on l'arrache du sol. Dans les chants russes et norvégiens la plante est une créature vivante, sensible, bienfaisante, qui guérit les maux.

Aujourd'hui on nous a trop éloignés de la nature. Depuis Aristote jusqu'à Linné, les grands savants n'ont plus voulu faire de la botanique vulgaire, ils ont voulu faire de la botanique scientifi-

BARDANE

que et passer des jours et des nuits à cataloguer et à compter les détails infimes de la plante ; nombre d'étamine, ovaire supère ou infère. Aussi, la botanique scientifique actuelle n'est qu'une fastidieuse classification où les mots les plus extraordinaires sont mélangés. La bonne botanique est dans la nature, et celui qui en sait le plus est cette paysanne qui vous dira : « *Le séneçon est bon pour les hémorragies ; pour les souffrances du mois, le meilleur remède est la bourse à pasteur.* »

Arnica.

La bonne botanique est ce paysan qui vous dira : « *L'écorce fine du sureau est le meilleur remède pour l'albumine.* » Voilà où la Sœur Bonnefoy s'est adressée pour rédiger et créer cette belle méthode. Elle s'adressa au paysan qui lui montrait, de ses yeux ravis, cette petite plante qui se protège la nuit et qui vit. Que de petits détails, si intéressants, devraient paraître ici, mais, faute d'espace, nous en donnerons un court résumé : « La plante vit une vie « sensible, elle se défend par de légers « mouvements, contre l'ennemi, contre « l'insecte, contre le mauvais temps, le

« soleil, la nuit. Elle vit dans la lutte.
« Il y a mille relations contre la vie des
« plantes et la vie des animaux. Il y a
« donc, comme le di-
« sent de vieux pro-
« verbes, une circu-
« lation analogue dans
« la plante : celle qui
« existe en nous. Les
« forces qui régissent
« les arbres et les
« fleurs sont de même
« nature que celles
« qui existent en nous.
« Il faut avoir la pa-
« tience et le temps
« de les regarder.

Airelle.

« Alors, on voit parfaitement la plante
« sensible aux inter-
« ventions brutales, et
« on la voit donner
« des signes de grati-
« tude profonde pour
« les bienfaits. Alors,
« avec de la patience,
« on voit les racines
« fouiller la terre, les
« bourgeons tracer des
« cercles parfaits, les
« vrilles se mouvoir
« comme nos bras,
« tandis que le passant pressé ne voit
« rien. La plante a le temps dans la vie,

Mélilot.

« elle ne se hâte pas. La plante dort la « nuit. ».

L'université, après avoir délaissé les plantes de France, a accueilli avec empressement les plantes dont se servent, depuis des siècles, les noirs d'Afrique et les sauvages d'Amérique. Elle a eu grandement raison, et l'étude des botaniques étrangères la ramènera à la botanique française.

L'Université a délaissé les plantes de France, parce qu'elles ne donnaient pas de résultats certains !

Les résultats n'étaient pas certains à cause d'une cueillette défectueuse et d'un choix pas assez judicieux, pas assez étudié, et sans tenir compte de l'*Horaire floral*.

Pour bien connaître le moment précis de la cueillette, le choix judicieux et les mélanges nécessaires, il fallait s'adresser à ceux qui, par expérience séculaire, en avaient toujours obtenu des résultats certains et merveilleux.

Pour bien connaître les plantes et leurs vertus, il faut vivre continuellement avec elles, et s'adresser à ceux qui vivent avec elles pour avoir des renseignements certains. Il faut s'adresser à ceux qui en ont fait leur vie, leur domaine, et qui les connaissent, elles et leurs habitudes, mieux que ne le peut un botaniste passager. C'est en vivant avec elles que l'on observe des faits qu'à la condition que le contact soit permanent et fidèle avec elles.

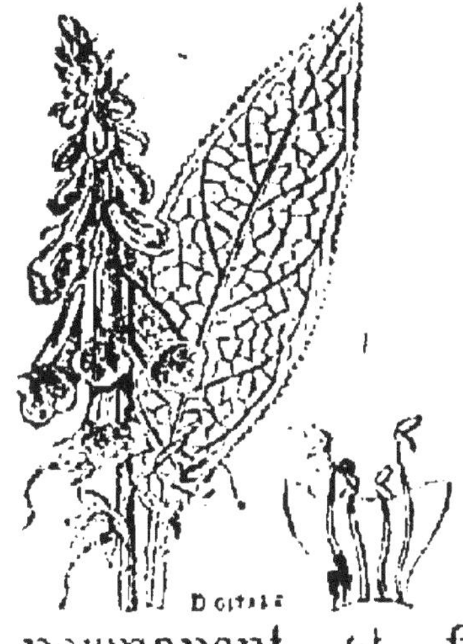

Les peuples primitifs n'ignoraient rien de ce qu'on peut savoir sur les plantes. Nous l'avons vu, les observations se dissimulaient sous des légendes. La science moderne les a trop dédaignées. Seuls, les religieux, vivant en contact avec les montagnards, les étudièrent et c'est grâce à eux que d'immenses bienfaits nous ont été conservés.

L'apparition du christianisme amena et fixa, sur toute l'étendue de notre territoire, de nombreux couvents. C'est autour du couvent et de l'abbaye que naquirent tous les éléments de notre civilisation actuelle. Le couvent, avec son église, fut le refuge du voyageur égaré, fut la halte de nuit du fatigué, fut le premier hôpital et la première école, fut la première protection pour ceux qui fuyaient devant les troupes de brigandages des routes peu fréquentées. Les moines consacraient leur temps à la prière et à la charité. Le soin des malades fut une de leurs occupations sacrées. Dans tous les pays s'élevèrent des hôpitaux où les malades étaient hébergés et soignés. Ils les soignaient avec les herbes, avec les plantes de leurs montagnes. Tous les jours, grâce aux indications des paysans, des montagnards, ils perfectionnaient leurs soins. Tous les jours, ils devenaient plus savants des secrets de la nature. Ils offraient au voyageur épuisé un cordial, et leur hospitalité était le port et le refuge à bien des maux.

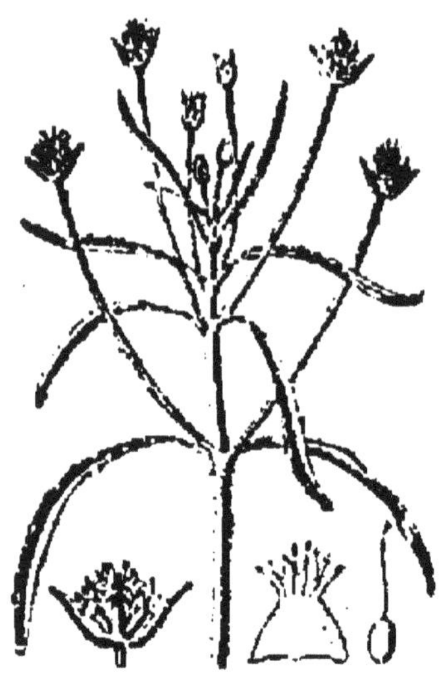
Plantain Psyllium.

Bourse à pasteur.

L'évêque Albertus Magnus, au XIVe siècle, étudia les plantes d'une façon absolument supérieure et rendit de grands services.

PRIMEVÈRE.

Taine, dans sa célèbre histoire contemporaine, écrit, en parlant des religieux : « Pendant « 12 à 14 siècles, « on doit à leur ascendant la police « telle quelle, in« termittente, in« complète, qui a « empêché l'Europe de devenir une anar« chie mongole. Dans les églises, dans « les couvents, se sont « conservés les an« ciennes acquisitions « du genre humain, la « langue latine, la lit« térature, la théolo« gie chrétienne, une « portion de la litté« rature et des sciences « païennes, l'architec« ture, la sculpture, « la peinture, les arts « et les industries qui « servent au culte; les industries, plus

Tabac.

« précieuses, qui donnent à l'homme le « pain, le vêtement et l'habitation, sur« tout la meilleure de toutes les acqui« sitions humaines et la plus contraire à « l'humeur vagabonde du barbare pillard « et paresseux, je veux dire l'habitude et « le goût du travail. Dans les campagnes « dépeuplées par le fisc romain, par la « révolte des Bagaudes, par l'invasion « des Germains, par « les courses de bri« gands, le moine bé« nédictin bâtit sa ca« bane de brancha« ges, parmi les épi« nes et les ronces ; « autour de lui, de « grands espaces, ja« dis cultivés, ne sont « plus que des halliers « déserts.

« Avec ses compa« gnons, il défriche et « construit, il domestique les animaux de« mi-sauvages, établit une ferme, un « moulin, un four, des ateliers de chaus« sures et d'habillements. Selon sa règle, « chaque jour il lit, priant deux heures; « sept heures durant il travaille de ses « mains, et il ne mange et ne boit que le « strict nécessaire. Par son travail intel« ligent volontaire, exécuté en conscience « et conduit en vue de l'avenir, il produit

« plus que le laïque. Par son régime so-
« bre, concentré, économique, il con-
« somme moins que le laïque. C'est pour-
« quoi, là où le laïque
« avait défailli, il se
« soutient et même il
« prospère. Il recueil-
« le les misérables, les
« nourrit, les occupe,
« les marie ; men-
« diants, vagabonds,
« paysans fugitifs, af-
« fluent autour du
« sanctuaire. Par de-
« gré, leur campe-
« ment devient un vil-
« lage, puis une bourgade. L'homme la-
« boure dès qu'il peut compter sur sa ré-
« colte et devient père de famille sitôt
« qu'il se croit en état de nourrir ses
« enfants. Ainsi se
« forment de nou-
« veaux centres d'a-
« griculture et d'in-
« dustrie, qui de-
« viennent aussi
« des centres nou-
« veaux de popula-
« tion. Au pain du
« corps, ajouter ce-
« lui de l'âme, tel
« est son rôle émi-
« nent. »

Cigue (petite)

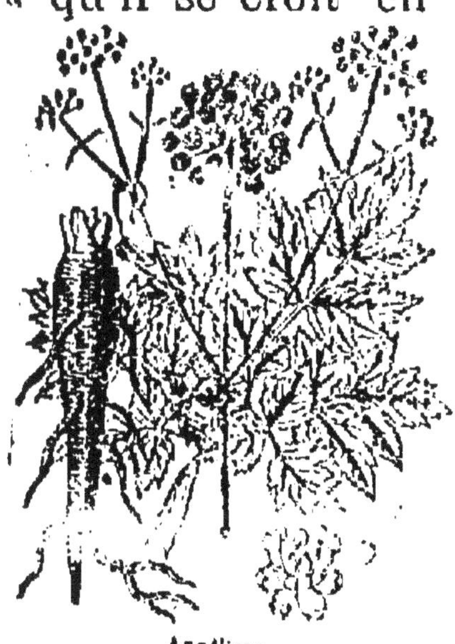
Angélique.

En parcourant l'Europe, partout nous retrouvons des établisements et des monuments de reconnaissance. Voici celui de Luz :

Aux côtés du chevet s'élèvent deux tours, dont l'une ressemble à un donjon. Une de ces tours renferme un petit musée local où l'on voit des armes anciennes, une urne romaine, un glaive. Au fond de la nef existe une chapelle du XVIe siècle, voûtée en bois. Le bénitier est un tombeau d'enfant. Cette église du couvent des Templiers a été bâtie au XIIe et XIIIe siècle. Elle est fortifiée. Un chemin de ronde, du XVIe siècle, avec des ouvertures arquées en mitre la couronne. De plus, une enceinte de remparts, complètement crénelée et percée d'un double rang de meurtrières entoure le cimetière.

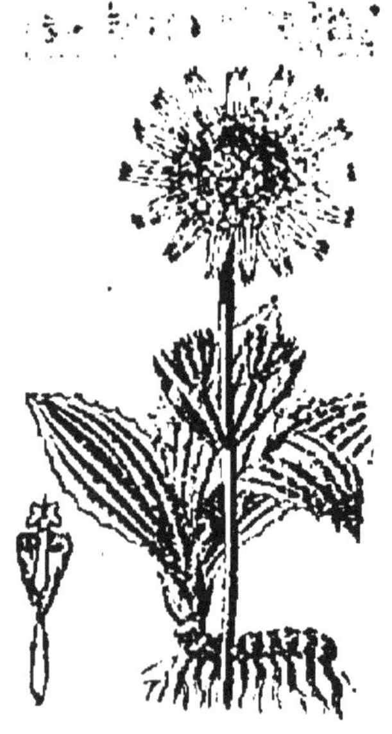
Arnica.

L'église a deux portes principales, l'une au croisillon nord, sous la tour la plus

Vue de l'Eglise de Luz et de son couvent.

élevée, l'autre aussi au nord, vers le fond de la nef. C'est la plus remarquable. Les bases des colonnes portent des inscriptions.

En prodiguant leurs soins aux malades, les moines trouvèrent dans les plantes les remèdes aux maux qui leur étaient présentés. Tous les jours, ils apprirent davantage les secrets de la montagne, les enregistrèrent et se les passèrent de générations en générations.

L'ensemble de ces documents constituerait la plus belle thérapeutique des simples que l'on puisse étudier. La Sœur Bonnefoy eut le bonheur d'en posséder de nombreux, qui furent trouvés dans le Lazaret des Pères Bénédictins de la Beaumette, à Sarrians (Vaucluse). Nous avons un tableau nous donnant les armes de leur couvent.

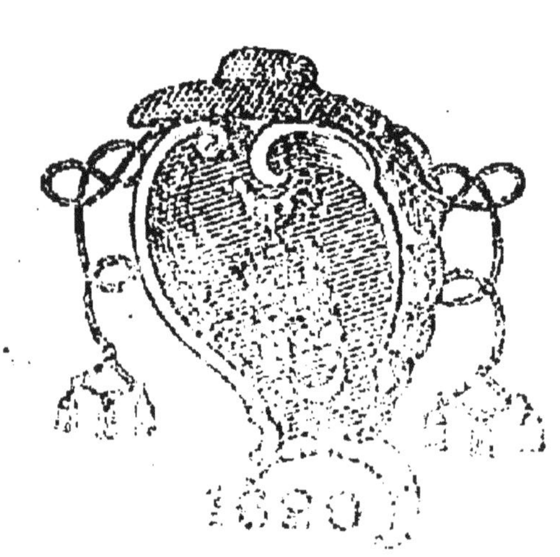

Voici le commencement des documents nous donnant toutes les formules et les principes directeurs de cette méthode.

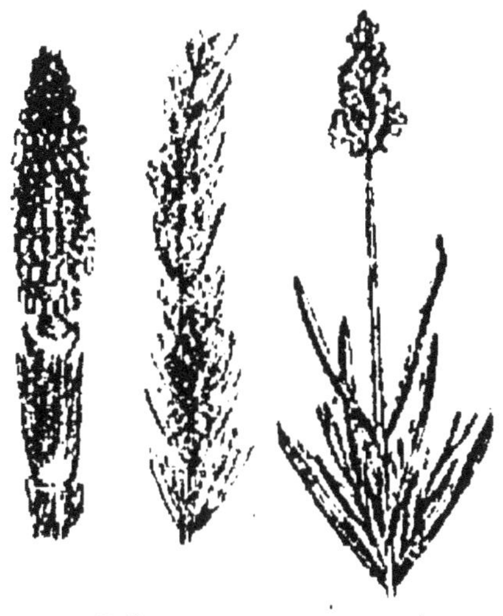

Prêle. Lavande

« Dieu a créé les « mondes et ce qui « existe sur les mon- « des pour sa gloire « et pour le bonheur « de l'homme.

« L'homme a à sa « disposition la na- « ture entière pour « vivre, se nourrir, « s'habiller, se gué- « rir de ses maux, afin qu'il puisse remplir « son rôle : Glorifier Dieu et être heureux.

« Regardons ce qui se passe sur cette « terre, que Dieu a disciplinée, comme il a « discipliné par des « lois immuables, les « trajectoires des as- « tres.

« Dans le domaine « de la vie, le rôle « des végétaux est le « plus important. Le « végétal est l'inter- « médiaire providen- « tiel le plus utile à « notre vie, soit di- « rectement, soit in- « directement, par les animaux herbivo-

Arum Gouet.

« res. Notre nourriture vient uniquement « de cette source. Le végétal puise sa force « dans le minéral, et nous transmet sa « force par les aliments végétaux ou par la « chair de l'animal herbivore. De même « que la plante est « notre nourriture, elle « est notre remède.

« De même que la dis- « cipline vitale permet « aux végétaux de pro- « duire leur graine, « c'est-à-dire leur source « de reproduction, tout « en offrant à l'homme « une nourriture subs- « tantielle puisée aux « entrailles de la terre.

« De même que la dis- « cipline vitale permet « à la brebis, à la va- « che, de transformer en lait vivifiant les « pâturages, formés des plantes des prai- « ries, de même la discipline vitale permet « aux plantes médicinales de régénérer « et de guérir le malade.

« D'ailleurs, voyez les animaux qu'on n'a « pas domestiqués, c'est-à-dire habitués à « chercher eux-mêmes leur nourriture et « les plantes dont ils ont besoin. Ils ne « connaissent pas la maladie, ou s'ils « sont malades, ils vont d'instinct vers « le remède naturel que la Providence

« a disséminé dans l'univers. Parcourez « la campagne, les bois, et voyez ce règne « végétal qui couvre la « terre. Voyez le nombre « infini de plantes aux « senteurs parfumées. « Aucune n'existe sans « raison, chacune vit et « se propage d'après des « lois fixes, afin d'offrir « aux générations d'hu- « mains qui se succè- « dent, sa vertu parti- « culière, appropriée au « mal dont vous souf- « frez. Chacune est là, à son poste. Il faut « donc la cueillir et s'en servir pour en « extraire son suc générateur. Pour agir « activement, ce suc devra pénétrer dans « le sang, siège de la « maladie, pour le ré- « générer. Donc, le « remède est tou- « jours à côté du mal.

Que de vérités en ces quelques lignes. Nous y voyons d'abord l'affirmation « que l'avenir de « la médecine est « dans la méthode « naturelle des

Bugle.

« plantes. Nous y voyons ensuite que la

« principe : *Aide-toi, le ciel t'aidera*, reste « vrai pour la recherche de la santé. Nous « y voyons ensuite que c'est dans le sang « que se fixe la maladie ; ayons donc de « nombreux soins pour nous conserver « un sang fort et puis- « sant, et le jour que « nous tombons ma- « lade, sachons que « c'est dans le sang « que réside le mal, et « que notre grande « préoccupation doit « être de purifier no- « tre sang. Le suc des « plantes est donc le « purificateur du sang, « un aliment et un re- « remède. Le suc des plantes augmente « la force vitale du sang et lui permet de « surmonter les at- « teintes du mal. « La vie est donc « dans le sang de « l'homme. La ma- « ladie y est aussi, « il y a lutte vitale « continuelle entre « ces deux élé- « ments. Notre de- « voir est de soute- « nir la vie. »

Toute la méthode

que nous étudions ici repose sur ces principes. C'est donc dans les dons naturels de la nature que nous chercherons la santé.

Suivre les principes des plantes est d'abord le meilleur chemin à suivre dans la conduite de la vie et de la santé. Pour cela, nous avons à notre disposition trois éléments : le régime hygiénique, le régime alimentaire, le régime des plantes. La Sœur Bonnefoy a consacré toute sa vie à l'étude de ces trois régimes. Toutes les pages qui vont suivre sont des pages d'expériences, on doit les méditer profondément et en profiter.

Tous les conseils donnés, basés sur les préceptes ci-dessus, sont des conseils d'expériences, qui ont permis à des milliers de malades de se guérir. Que de précieux témoignages de reconnaissance, que d'attestations chaleureuses et amicales.

ATTESTATION

Il y a vingt ans, je fus atteinte d'un eczéma. J'étais, en même temps faible, à la suite d'une fluxion de poitrine contractée l'année auparavant; et je passais, d'après les dire de mes voisines, pour tuberculeuse. L'eczéma, sur mon tempérament faible, se développa rapidement. Tout s'aggravait, et ma toux incessante, ma respiration haletante et mon eczéma. De violentes démangeaisons me faisaient beaucoup souffrir. Ne trouvant aucun soulagement dans les spécialités connues, je cherchai moi-même quelque principe de méthode nouvelle, et, grâce à Dieu, je combinai la méthode, à laquelle j'ai donné mon nom. Dès que, durant quinze jours, je fis sur moi-même le premier essai de la *Tisane dépurative*, je fus délivrée de mon eczéma, de mes démangeaisons, et de mes insomnies. J'étudiai davantage et je continuai. Ce qui a fait du bien à l'eczéma, a fait du bien à mon sang. Or, c'est de mon sang faible que mes poumons sont restés attaqués, qui sait si mon sang, se saturant du principe régénérateur et affluant par les phénomènes de la circulation aux poumons,ne les régénérera-t-il pas à son tour? Je continuai. Tous les jours je me reprenais. Au bout de deux mois, je n'étais plus reconnaissable, j'étais guérie complètement.

Sœur Bonnefoy.

HISTORIQUE

Voilà longtemps qu'à la suite des fouilles opérées dans les archives de la Beaumette, de Sarrians, que furent trouvées ces précieuses indications. Les Observantins-Bénédictins s'établirent, en 1620, à Sarrians. Ils établirent un lazaret avec chapelle à la Beaumette. Ils reçurent et soignèrent, lors de la peste de 1629 et de 1721, les habitants de Sarrians. Le R. P. Antoine en était le prieur. Les terrains et les restes du lazaret sont la propriété de la pharmacie. Ce sont les formules mêmes du R. P. Antoine, prieur du monastère, en 1721, qui guide toute cette méthode.

Ces formules, miraculeusement conservées, nous en avons suivi méticuleusement les indications et, après une foule d'expériences, toutes plus convaincantes les unes que les autres, M. Bouyer, pharmacien de 1re classe, a dû reconnaître que les formules du R. P. Antoine possédaient incontestablement les merveilleuses propriétés que leur attribuait le R. P. Antoine.

Dès lors, vivant au milieu des malades, encouragé par de nombreuses guérisons obtenues, nous avons poursuivi nos expériences, et bientôt de nombreuses preuves sont venues nous attester, par la voix, le témoignage, la signature des malades guéris, que le R. P. Antoine, prieur, était dans la vérité.

Les remèdes de la méthode, ainsi travaillés et étudiés, composés d'antiseptiques puissants, inoffensifs, par le suc des plantes, constituaient une heureuse découverte. C'est alors qu'en présence de ces nombreuses qualités curatives, nous avons conclu que cette précieuse méthode ne pouvait demeurer plus longtemps ignorée et, qu'en l'offrant au public, c'était rendre à l'humanité un immense service. Les résultats ont dépassé nos espérances. Les spécifiques séculaires des Pères Observantins de l'abbaye de la Beaumette sont aujourd'hui universellement célèbres. Les effets sont sûrs, rapides, énergiques.

Mode de Préparation des Remèdes de la Sœur Bonnefoy

Les plantes fleuries, recueillies par même famille, sont desséchées avec les plus grands soins en évitant le soleil et l'humidité. Elles sont ensuite expédiées à la Pharmacie à Avignon. M. Bouyer, pharmacien de 1re classe, procède alors au mélange pour faire les boites des plantes des Vallées, d'Aiguecluse, du Lac Bleu, des Plantes régulatrices, etc., dont les plantes de Barèges sont la base. Il y est joint les plantes recueillies sur d'autres parties du globe, dont notre expérience a reconnu les effets bienfaisants. Dans l'étude préliminaire, nous avons reconnu que des plantes croissant chez les pays sauvages donnaient des guérisons merveilleuses. Il était donc de notre devoir de les utiliser concurremment avec les plantes de France. Chaque latitude, chaque pays, par suite du climat, du temps, du sol, de l'espèce, voit pousser des

Bourrache.

plantes extrêmement utiles pour la santé et d'activité médicinale, à la condition de pousser dans leur pays d'origine. Un exemple : le caféier. Essayez de récolter du café en France, vous n'aurez jamais le grain contenant de la caféine et de la théine. De même du cacao, du cotonnier, des oranges, des citrons, des bananes, etc. Donc, notre méthode est raisonnable, rationnelle et non exclusive. Nous utilisons tous les dons de la nature dans la méthode de la Sœur Bonnefoy. C'est ce qui fait sa supériorité.

Les mélanges opérés, on procède par la forme des extraits à la préparation des capsulines, des cachets, des granules, des pilules, pour obtenir et faire prendre ces remèdes sous forme la plus active et la plus pratique.
forme la plus active et la plus pratique.

Tous ces remèdes ont pour base les plantes. Il y est joint les remèdes que nous savons, par expérience, actifs et inoffensifs. Les prix les plus justes ont été établis d'après les frais de cueillette, de port et de transformation en extraits. Notre pharmacie, ouverte depuis de longues années, tous les jours de 7 heures du matin à 9 heures du soir, en vend tous les jours aux clients, amis, et voisins qui viennent chercher eux-mêmes ces remèdes guérisseurs.

Temps nécessaire à la Guérison

Il varie avec les cas. Un seul traitement suffit à l'immense majorité de nos malades. Certains en ont besoin de deux.

Liseron

Dans les cas les plus difficiles, trois traitements, sont rarement nécessaires. Vu que la maladie a commencé, en général lentement, il faut donc du temps pour regagner sur la maladie les ravages produits lentement. Si pendant des années vous avez été malade, la guérison ne peut être rapide. De par la nature, rien ne peut redevenir vigoureux, après avoir été affaibli, en un instant, sinon il y a miracle, c'est-à-dire action surnaturelle. Il faut donc au traitement un temps raisonnable pour guérir. Mais vous promettre un soulagement, une grosse amélioration au premier traitement, cela est certain, sûr, inévitable.

Lisez à la fin de la brochure, les nombreuses personnes attestant leur guérison par des lettres de reconnaissance. Nous pouvons vous donner l'adresse de personnes qui ont pris durant de nombreuses années d'innombrables spécialités, et qui, par la méthode des remèdes de la Sœur Bonnefoy, ont été guéries en un mois. Nous nous ferons un plaisir de vous donner l'adresse de personnes que nous avons guéries et qui souffraient de la même maladie que vous. Nous vous demandons un peu de confiance et un essai. Puisque des milliers de malades ont été guéris par cette méthode, pourquoi ne le seriez-vous pas ?

La méthode de la Sœur Bonnefoy n'a pas de critique sérieuse.

Nous l'avons vu, la méthode de la Sœur Bonnefoy repose sur la purification du sang par les sucs des plantes. Par cette méthode simple, on obtient la guérison. Cela peut paraître d'abord peu probable. Sachez que bien des choses nous paraissent absurdes parce que nous ne les comprenons pas. Pour les anciens, ils n'auraient pu admettre que l'homme puisse se mouvoir par l'électricité, puisse voler dans les airs par les aéroplanes, et parcourir de Paris au Puy-de-Dôme en cinq heures. Il semblait absurde de croire que le catholique Branly pourrait transmettre sa pensée, sans fil, par les ondes aériennes. Il peut paraître absurde que par le suc des plantes vos nerfs, affaiblis, recevront de nouvelles forces ; votre estomac malade soit ramené à un état sain. Que votre sang, affaibli, puisse redevenir vigoureux; que tout votre organisme, débilité, puisse redevenir normal. Cependant, lisez les attestations de nos personnes guéries. Cette guérison inattendue s'est produite dans des milliers de cas.

Donc, la guérison des maladies par la méthode de la Sœur Bonnefoy n'est pas une affirmation en l'air ; c'est un fait accompli. Donc, si vous entretenez des préjugés contre notre méthode, laissez-les de côté. Ce traitement, ne peut vous produire aucun mal et des milliers de personnes ont été guéries. Pourquoi donc n'essayeriez-vous pas ?

Nous admettons volontiers que les drogues et les remèdes toxiques et vénéneux font plus de mal que de bien et détraquent l'estomac. Mais les plantes rentrent beaucoup dans notre alimentation. La Sœur Bonnefoy a cherché les plantes qui, pouvant guérir, étaient, en même temps, aliments. Sa méthode est donc ce qu'il y a de plus rationnel.

Ce qui nous fait vivre doit nous guérir, à la condition qu'une main expérimentée sache nous en présenter la dose utile.

Les remèdes de la Sœur Bonnefoy sont donc des toniques, fournis par la nature elle-même. Ils représentent l'idéal des préparations.

Pourquoi sommes-nous malades ?

Nous sommes malades : 1° Parce que nous n'avons pas reçu un sang pur par hérédité ;

2° Parce que nous n'avons pas conservé notre sang pur par l'hygiène.

Nous allons étudier ces deux cas.

ETUDE DE L'HEREDITE

Nos parents, en nous passant la vie, nous passent leur sang : « Fluide vital de la vie ».

Nous pouvons considérer le sang comme une éponge qui absorbe sans cesse les éléments autour de lui pour les transmettre intégralement aux organes dans lesquels il circule. Dans le retour du mouvement circulatoire, il enlève aux organes tous les déchets, toutes les impuretés, pour expulser tout ce qui est impropre à la vie. Si le sang est le fluide vital, il en est d'autres qui, tous, concourent par une organisation merveilleuse à la vie : la salive concourt à la mastication des aliments, le suc gastrique divise et fait digérer les aliments, la bile émulsionne les huiles et les graisses, etc. Mais tous ces fluides secondaires ont leur source et leur vie dans le sang. En naissant, nous avons reçu un sang faible ou vigoureux, acte biologique appelé hérédité. Dans ce sang reçu, il existe des germes à l'état latent ou à l'état actif. Des parents sains peuvent transmettre un sang impur ; cela provient de ce que, chez ces parents sains, les germes étaient à l'état latent, c'est-à-dire endormis.

Un sang peut être transmis pendant plusieurs générations avec des germes à l'état latent, puis, ce germe latent peut se réveiller brusquement en germe actif dans un descendant et produire la maladie. Presque toutes les maladies chroniques peuvent être transmises ou reçues par hérédité. C'est ainsi que les maladies de peau, la neurasthénie, la scrofule, la phtisie, l'épilepsie, la goutte, l'herpétisme, les rhumatismes, la syphilis, etc., peuvent être héréditaires.

L'hérédité ou germe latent, c'est-à-dire endormi, peut se réveiller et devenir germe actif, à une époque plus ou moins avancée de la vie. Le germe de la maladie, en se réveillant, produit les accidents ou symptômes caractéristiques pour chaque germe.

Dans le cours de ce volume, il sera exposé pour chaque cas les accidents ou symptômes permettant au malade lui-même de reconnaître sa maladie.

Les symptômes d'une maladie ne sont pas exclusifs ; exemple : Un eczéma s'est porté à la jambe. Ne croyez pas qu'il suffira de traiter et de guérir la jambe par des pommades diverses; en agissant ainsi d'une façon locale, l'eczéma se transformera et pourra devenir dartre ou dyspepsie ou diarrhée ou maladie d'estomac ayant un principe eczémateux, c'est donc une preuve que, pour guérir une maladie, il faut non pas la guérir localement, mais la guérir dans le sang. Dès les premiers symptômes de germe héréditaire se réveillant, il faut apporter au sang qui le contient le principe régénérateur. Il faut chasser la cause de mort que nous portons en nous en l'ignorant. Nombreux sont les malades qui meurent ainsi en peu de jours par germe héréditaire et qui pourraient être sauvés. Pour toute une série de maladies, on est parvenu à déterminer les germes morbides, sous formes de ces êtres vivants infiniment petits (microbes), dont nous avons déjà parlé plusieurs fois jusqu'ici. Pour chacune de ces maladies, on a constamment trouvé les mêmes formes dans le sang, dans les tissus, dans les humeurs ou dans les déjections naturelles du corps, tandis qu'on les a cherchées vainement chez les individus bien portants ou chez les malades atteints d'autres affections.

Quelques espèces de ces germes ont pu être cultivées dans des milieux nutritifs artificiels, par exemple dans du bouillon solidifié par l'addition de gélatine ; en transportant ensuite chez un animal les germes morbides de cette manière, on voit se développer chez lui tous les symptômes propres à la maladie contagieuse primitive ; on a même pu démontrer, soit par des faits fournis par le hasard ou l'imprudence, soit par des expériences faites sur eux-mêmes, par des savants courageux, que les microbes cultivés artificiellement provoquaient la maladie chez l'homme également.

Donc, si dès le premier symptôme, on soignait sa maladie, il n'y aurait pas de maladie incurable. Donc, si dès le premier symptôme, on s'attaquait aux microbes du sang, on conserverait la vie à beaucoup de malades ; on guérirait les autres des maladies dont ils souffrent.

Au lieu de traîner en longueur et de suivre toutes sortes de traitements, la méthode dépurative de la Sœur Bonnefoy employée préserverait de toutes les affections chroniques.

Les personnes maladives qui ont essayé toutes sortes de remèdes, qui ne croient plus à la guérison, changeront d'avis quand elles auront étudié nos explications. Sans s'affaiblir, au contraire, en se fortifiant, elles verront leur santé refleurir et devenir excellente, et cela, en détruisant les microbes d'hérédité apportés dans notre sang par nos parents.

La nature a donné à l'organisme une force de reconstruction cellulaire constante; tous les jours, cette force de reconstruction cellulaire lutte pour perfectionner ces organes. En l'aidant dans la lutte, l'organisme devient rapidement vigoureux et sain, donc aucun mal n'est irrémédiable. Donc, être malade, n'est pas un vice de nature, c'est un état passager. Tous ceux qui le veulent peuvent supprimer cet état passager par la méthode dépurative.

Si des personnes n'éprouvent, durant leur vie, aucun malaise et arrivent à la vieillesse sans infirmité, c'est que leur sang fut pur et que, par leur genre de vivre, ils n'ont pas transgressé les lois naturelles de la vie.

Ce sera l'étude de notre deuxième chapitre.

ETUDE DE L'HYGIÈNE

Le but de l'hygiène est de conserver un sang pur ; celui qui porte un sang pur ne peut craindre la maladie. Si notre sang est pur tous nos organes fonctionnent normalement. L'hygiène la meilleure consiste d'avoir recours au traitement dépuratif deux fois par an : en mars et en octobre.

A ces deux mois de l'année, où la température est moyenne, il est bon de réparer la perte des forces, suite des grands froids et des grandes chaleurs. De cette façon, on peut prévenir les maladies dans tous les tempéraments et augmenter ses forces de résistance contre leurs attaques. Durant les autres mois de l'année, toute maladie, avant de se développer, s'annonce par quelques signes : *Douleurs*, *chaleur au visage*, *frissons*, *mal de tête*, *froid*, *rhume*, *coliques*, *pertes blanches*, *crampes*, *insomnies*, *douleurs dentaires*, *renvois*, *forte haleine*, *mauvaise bouche*, etc., etc.

Voilà des symptômes qui nous indiquent ou une faible santé ou une prochaine maladie. Tous ces symptômes nous avertissent que, pour l'éviter, il nous faut dépurer le sang. Ainsi, si, sans hésiter, on adoptait, toutes les fois qu'on en sent le besoin, la méthode dépurative de la Sœur Bonnefoy, que de maux, que d'ennuis, que de peine, on s'éviterait. On éviterait ainsi ces longues convalescences, qui traînent par faiblesse du sang et qui se transforment peu à peu; de longues maladies chroniques, qui persistent durant de longues périodes et amènent fatalement vers la mort, au milieu de longues souffrances.

A quoi bon, contre la maladie, tous ces traitements d'eaux minérales qu'on suit, en se débilitant sans cesse par ces trop grandes quantités d'eau absorbée ; on enlève à l'estomac le pouvoir de digérer.

La nature, aidée de la méthode dépurative, ne compromet pas la santé des malades ; elle débarrasse l'estomac des acides, des vapeurs corrompues, des toxines, qui, si elles ne sont pas balayées tous les jours par la digestion et emportées dans les selles, s'accumulent dans notre organiseme pour pénétrer,par la circulation du sang, dans tous les fibres de notre être.

Donc, c'est un point bien fixé. Ne vivons pas de théorie illusoire : la vie, pour se guérir, veut la simplicité. La méthode la plus simple, la plus efficace, la moins dangereuse, celle qui donne toujours un résultat, celle qui doit vivifier l'organisme, est la méthode dépurative de la Sœur Bonnefoy. Par elle, notre cœur ne se fatigue pas à diriger la circulation, parce que le sang est trop lourd ou trop âcre ; notre foie parvient à remplir complètement sa fonction glycogénique et élabore la bile ; le rein filtre le sang et le dépouille de ses éléments morbides d'une façon très facile. Les réactions de l'estomac et les fonctions digestives se font sans aucune difficulté, la digestion est bonne, l'appétit est vif. Les poumons, irrigués par un sang sain, ne craignent aucun refroidissement de température; les sécrétions urinaires sont régulières; les veines et les artères, pleines d'un sang pur, nourrissent pleinement les tissus et les muscles qu'elles ont mission d'entretenir en bel état. Le cerveau, vibrant dans un sang pur, offre toutes ses facultés viriles à l'intelligence ; pas de congestion à craindre, pas de méningite à craindre ; les articulations, souples au milieu de la synovie qui les lubrifie, ne s'encombrent pas de produits de désassimilation, d'où aucune crainte d'arthritisme.

En un mot, si le sang est pur, tout va dans la machine humaine. Tel est le résultat merveilleux qu'a obtenu la Sœur Bonnefoy par ses traitements.

TRAITEMENTS

PREMIÈRE PARTIE

TRAITEMENTS DEPURATIFS
de Mars et d'Octobre

Pour les gens bien portants, pour éviter les maladies.

Le traitement comprend :

Une boîte Capsulines d'Escoubous ..	3 »
Une boîte Tisane dépurative	4 »
Une boîte Pilules du Dr Allard	3 »
Une boîte Pilules laxatives	1 50

On prend tous les jours, jusqu'à la fin de la boîte : 1° une cuillerée à café de Tisane dépurative avant dîner et avant souper;

2° Deux Pilules du Dr Allard, après ce même dîner ;

3° Pilules laxatives, une par semaine, en soupant;

4° Une Capsuline d'Escoubous en se levant et une en se couchant.

IMPORTANT. — Ce traitement est simple, commode, peu coûteux et suffit, deux fois par an, pour se conserver une bonne santé, don le plus précieux qu'il soit concédé à l'homme de posséder. Moyennant ce système, chacun est en état de fortifier sa santé. Quel avantage pour l'humanité que de ne pas être exposé à se faire vicier le sang et de pouvoir guérir, dès le commencement, une maladie grave au lieu de se perdre en vaines conjectures par une quantité de remèdes, sans qu'aucun d'eux ait jamais produit la moindre guérison ! Il est vraiment pénible de voir des personnes à la fleur de l'âge, de traits avenants, languir comme une plante dans un terrain aride. Qu'elles se servent de la méthode de la Sœur Bonnefoy.

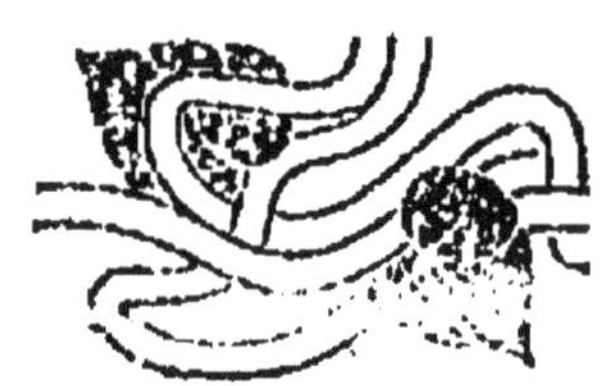

Quelques mots sur la TISANE DEPURATIVE et quelques mots des PILULES du Dr ALLARD.

Tisane Dépurative de la Sœur Bonnefoy

Nous avons assisté, d'après les premières pages de notre livre, à la cueillette des plantes médicinales sur les sommets et aux bords des lacs d'Escousbous, Blanc et Nègre, à l'altitude d'environ 2.000 mèt. A cette altitude, au milieu de l'air vivifiant des Pyrénées, ces plantes médicinales possèdent des propriétés thérapeutiques bien plus actives que celles des plaines.

Le sol des montagnes pyrénéennes fournit aux plantes qui croissent sur lui des sucs nourriciers d'une activité incomparable. De plus, l'eau qui suinte de toutes les fissures des rochers, au milieu d'un terrain volcanique et sulfureux, s'imprègne de principes sulfureux, arrive, dans certains endroits, chaude à la température de 47° centigrades, et constitue pour toutes les plantes de la région, un aliment sulfureux, imprégnant le suc de la plante de ses qualités sulfureuses qui décuplent leurs propriétés dépuratives.

De plus, il se constitue pour les plantes de ce climat, une atmosphère sulfureuse, résultat des émanations de tout le sol qui décuple encore l'activité dépurative des plantes. Toutes les années, M. Bouyer, pharmacien militaire, ancien interne des Hôpitaux de Lyon, ancien soldat à l'Hôpital militaire de Barèges, se rend dans ces merveilleuses contrées pour diriger la cueillette. Des personnes (Mlle Louise Haurine, aux Astels, hameau de Luz (Hautes-Pyrénées), les classent et en font l'expédition à Avignon.

M. Bouyer, pendant son séjour militaire à Barèges, a acquis, sur la valeur thérapeutique des plantes médicinales des hauts sommets, une expérience incontestable, il a vu et noté toutes les altitudes et les plantes qui poussent aux divers sommets.

Des plantes, poussées dans les terrains des sources chaudes, de 47° centigrades, possèdent des puissances sulfureuses uniques au monde. Ce sont ces plantes qui composent la **Tisane de la Sœur Bonnefoy** et les **Remèdes de la Sœur Bonnefoy**.

Pilules du Docteur Allard

Les **Pilules du Dr Allard** donnent au sang pur une force nouvelle et en augmentent la quantité. Pour les prendre, elles n'exigent ni repos, ni cessation de travail. Leur mérite et leur efficacité ne sont plus en doute. Le corps médical les ordonne tous les jours dans le monde entier. Elles sont composées par les sucs des plantes des sommets de Barèges.

Ce traitement dépuratif, **Tisane dépurative et Pilules du Dr Allard**, par les personnes qu'il a guéries, s'est fait connaître peu à peu.

Ce sont les personnes guéries qui, par reconnaissance, en ont parlé à leurs parents qui, à leur tour, les ont indiqué à d'autres. C'est une preuve encore plus sûre de toutes nos affirmations. C'est donc en toute confiance que nous vous envoyons ce livre ; nous avons la certitude de vous rendre service, et nous avons la certitude que vous nous remercierez.

A ceux qui diraient :

J'ai tout essayé, j'ai dépensé beaucoup d'argent sans guérison, j'hésite.

Je réponds :

Vous n'avez rien employé de semblable à ce que je vous offre, et je suis certain que la **Méthode de la Sœur Bonnefoy** réussit là où toutes les autres ont échoué.

Traitement des Vices du sang

Certaines maladies s'étant guéries chez nos parents ou dans notre jeunesse, laissent dans notre sang un virus, un vice qui, un beau jour, arrive à manifester des effets morbides, dartreux, scrofuleux, phtisiques, syphilitiques, sous forme de boutons, de démangeaisons, de rougeurs, de furoncles, d'anthrax, d'engorgements, de glandes, etc. A ce moment précis, ne pas se purger sans cesse. La purge balaie l'estomac et les intestins, mais ne balaie pas le sang. Prendre, à ce moment, le traitement suivant :

Une boîte Tisane dépurative	1	»
Une boîte Pilules du Dr Allard	3	»
Une boîte Capsulines d'Escousbous ..	3	»
Une boîte Pilules laxatives	1	50

Franco domicile contre un mandat poste de **11** fr. 50.

Par ce traitement, le virus latent est endormi et détruit, et l'on n'a plus l'ennui de voir ce virus se réveiller encore par de nouvelles maladies.

Que tous ceux qui souffrent de ces maladies mal soignées, de ces affections de la peau d'une éternelle durée, de ces accidents scrofuleux, qui jettent les malades dans la tristesse continue, veuillent bien recourir à ce traitement.

Le mode d'emploi est marqué sur les remèdes.

Avantages et raisons de l'emploi de la TISANE DEPURATIVE DE LA SŒUR BONNEFOY.

Le traitement dépuratif communique à notre sang une force de résistance aux maladies.

Nous l'avons vu, nous sommes assiégés de toutes parts par les microbes des maladies.

Or, deux individus de même tempérament apparent, se trouvant dans le même milieu infecté, l'un prend la maladie et l'autre non. Pourquoi ? C'est parce que le sang de celui qui ne prend pas la maladie est résistant, tandis que le sang de celui qui a pris la maladie a constitué, pour le microbe, un milieu favorable. L'avantage du traitement dépuratif, c'est de constituer à celui qui le prend un milieu résistant aux microbes pathogènes. Le traitement dépuratif immunise des maladies et nous en préserve. Ce traitement dépuratif, absorbé, traverse l'estomac, est fixé par l'intestin et, de là, pénètre dans le sang. Là, il fait vibrer les phagocytes, chargés de notre défense, et ces phagocytes vibrant, surviennent l'infection pathogène, se portent au point de l'infection pour en chasser les microbes et leur sécrétion : les toxines.

Dès les premiers jours de l'usage du traitement dépuratif, on se sent une force et une vigueur nouvelle. Dès que les forces reviennent, la gaieté arrive, la fatigue part, d'où plus d'ennuis, plus d'idées tristes. Ces effets surprenants ont créé la réputation universelle du **Traitement dépuratif de la Sœur Bonnefoy**. Les personnes qui en font usage sont surprises de leurs effets surprenants, et sont prémunies des maladies aiguës et chroniques. Guérir le mal, c'est bien, mais le prémunir, c'est encore mieux. Le sang, par son usage, est dans un état de défense continue, et les petites maladies, qui, tous les jours, affaiblissent la vie humaine, la conduisent lentement à la mort, disparaissent et, par là, la vie humaine se trouve prolongée. L'usage de ce traitement dépuratif est si excellent, si inoffensif, qu'on peut le donner aux enfants et en faire un usage journalier. Il permet aux enfants faibles, anémiques, de se développer et de prendre de belles couleurs. Les mamans, les nourrices, peuvent en user, leur lait s'en imprégnera et communiquera un sang vigoureux au nouveau-né.

Donc, en résumé, le nombre des avantages d'user de cette bienfaisante tisane est infini et il ne s'élève aucune raison pour s'opposer à son emploi. Donc, par elle, on se préserve de toutes les maladies, que ce soit des voies digestives, des bronches, des voies urinaires, des intestins, et on se préserve aussi des maladies aiguës et on aura le grand avantage d'arriver à une heureuse vieillesse sans infirmité et possédant toutes ses facultés physiques, intellectuelles et morales. Elle est donc à conseiller à n'importe quel malade, même si la maladie est aiguë.

La Tisane dépurative est, pour ainsi dire, un aliment concentré du sang. Elle contient, sous une forme concentrée, les substances vitales du sang. Elle contient tous les éléments nutritifs des tissus. Nous empruntons ces éléments aux plantes, par les extraits — au règne animal et au règne minéral —, car notre estomac, par sa capacité, est fait pour user, dans son alimentation, des trois règnes. Il n'est pas assez grand pour se nourrir exclusivement de végétaux, comme les animaux herbivores ; il n'est pas fait pour se nourrir exclusivement de viande, car il n'a pas la puissance, comme celui des animaux carnivores, de transformer en ammoniaque la totalité de leurs éléments azotés. La tisane dépurative redonne au sang tous les éléments qu'il perd quotidiennement par l'usure de la vie. Les éléments nécessaires à renouveler par le sang sont un mélange complexe composé d'albumine, de matière phosphorique, de sucre, de glycogène, de phosphates de chaux, de magnésie, de potasse, etc., etc.

La tisane dépurative contient ces principes primordiaux sous la forme assimilable. C'est, par excellence, l'aliment du sang. Absorbée avant les repas, elle englobe le bol alimentaire, l'entoure de ses principes digestifs et communique au sang, aux tissus, la force nouvelle.

TRAITEMENT SPÉCIAL

Ce traitement spécial comprend :

4 boites de Tisane dépurative ...... 16 »
4 boites de Pilules du Dr Allard .... 12 »

Prix du traitement complet, 28 francs, par un colis postal franco domicile.

Ce traitement doit être pris pour assurer au père et à la mère un sang parfaitement pur. Tous ceux qui doivent se marier et qui ont subi des maladies de nature contagieuses, comme *Maladie de peau*, *Eczéma*, *Maladie syphilitique*, *Blennorrhagie*, etc. Et qui ont été soignés par d'autres systèmes, doivent suivre ce traitement, afin d'éviter tout retour de l'ancienne maladie, afin d'engendrer des enfants qui ne relèvent d'aucune tare congénitale, afin que ces enfants, ne soient ni syphitiques, ni scrofuleux, ni rachitiques, ni affaiblis.

Tous ceux qui ont pris du mercure et beaucoup d'autres traitements pour soigner ces maladies, doivent suivre ce traitement avant de se marier ou dans les premières années de leur mariage.

Tous ceux qui ont eu dans leur jeunesse des maladies comme : *Fièvre typhoïde*, *Fièvre Paludéenne*, *Fièvre erruptite*, dont les convalescences ont été longues, doivent suivre ce traitement.

VUE DE LA PHARMACIE OUVERTE TOUS LES JOURS, SAUF LE DIMANCHE

Maladies de la Peau

HERPÈS

L'Herpès est une maladie de peau caractérisée par une plaque rouge sur laquelle se développent des vésicules au contact les unes des autres et se fusionnant parfois pour former une vésicule conique de dimension beaucoup plus grande. Les douleurs que provoquent les plaques d'Herpès sont comparables à de la brûlure d'un feu.

TRAITEMENT. — Protéger les plaques d'Herpès pour épargner au malade des douleurs de l'ouverture des vésicules.

Traitement externe .

Extrait antiseptique .... **2** »

pour préparer 1 litre de solution antiseptique, pour lotions sur les plaques d'Herpès le matin.

Baume Sœur Bonnefoy .... 2 »
pour passer le soir.

Poudre Artring .... 2 »
pour poudrer matin et soir après avoir passé le Baume ou après les lotions.

Traitement à l'intérieur :

Tisane dépurative .... 4 »
Pilules du Dr Allard .... 3 »

Total, franco à votre maison contre mandat de 13 francs.

ECZÉMA

L'Eczéma est une éruption de petites vésicules auxquelles succède un suintement rougeux et démangeaison. L'Eczéma commence par de la cuisson et de la démangeaison sur une partie du corps ou sur une surface rouge, intense, plus ou moins étendue, se forment des vésicules petites ou plus ou moins nombreuses. Ces petites vésicules ne passent point à la pustulation. Elles se dessèchent ou s'ouvrent, versant leur contenu à la surface de la peau et y formant des croûtes habituellement minces. Le tout est suivi d'une desquamation le plus souvent furfuracée. L'Eczéma est une porte ouverte à toutes les infections microbiennes, même tuberculeuses. L'étendue de l'éruption de l'Eczéma varie, elle peut n'exister que sur une petite surface, grande comme l'ongle. Tantôt il existe sur tout un membre, tantôt il disparait sur un point pour paraître à un autre. L'Eczéma peut

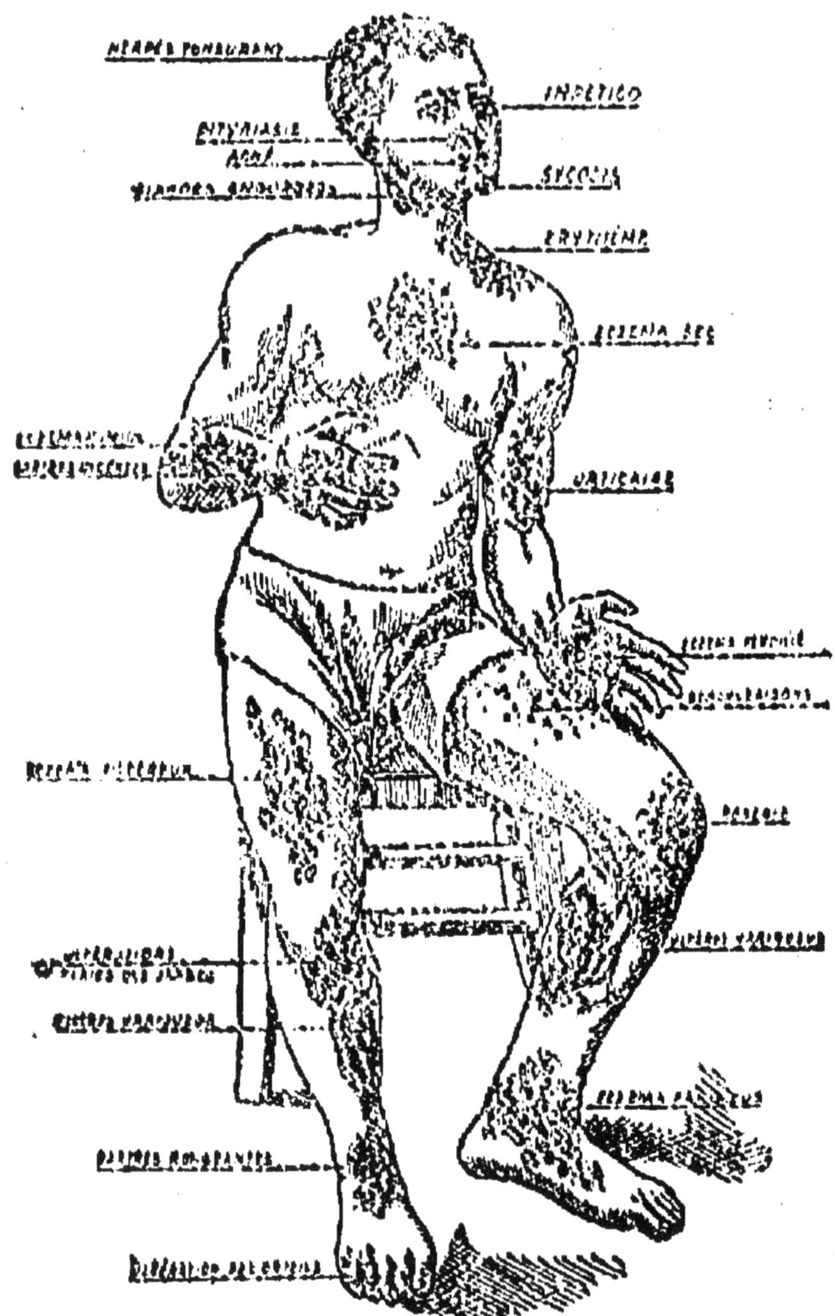

SIÉGE DES PRINCIPALES MALADIES DE LA PEAU
ET VICES DU SANG

exister chez l'enfant, chez l'adulte, chez le vieillard. La cause de l'Eczéma, c'est l'annonce que, à la suite de l'Eczéma, il viendra les maladies arthritiques, c'est-à-dire *Coliques néphrétiques, hépatiques*, la *Goutte*, etc. Il faut donc soigner cette affection dès le début.

Traitement à l'intérieur :

Tisane dépurative	1 »
Pilules du Dr Allard	3 »
Capsules d'Escoushous	3 »
Pilules laxatives	1 50

Traitement externe : Protéger l'Eczéma contre toute irritation, chaleur, soleil, poussières. Pas de lavages ni à l'eau, ni alcool, ni au savon.

Baume Sœur Bonnefoy .... 2 »
en passer le soir.

Poudre Artelug .... 2 »
en poudrer toutes les parties atteintes le matin et le soir.

Total franco contre mandat de 15 fr. 50.

Suivre le régime antiarthritique. Empêcher le contact des plis du corps entre eux, après les repas, faire du mouvement pour faire une bonne digestion et tenir l'intestin libre.

ACNÉ

L'Acné est caractérisée par de petites pustules reposant sur une base rouge. Cette maladie affecte surtout la figure, le nez, le derrière du cou, les épaules, le dos, par des rougeurs, des boutons rouges ou blancs, des points noirs. Il se forme un petit bouton qui grossit, qui se vide à un moment donné et l'inflammation continue quelques jours. Chez beaucoup de jeunes filles, il y a une poussée aiguë d'Acné à chaque période mensuelle. Les désordres qu'il occasionne sont parfois si graves, qu'ils peuvent donner à la physionomie la plus agréable un aspect repoussant. L'Acné n'est pas grave par lui-même, mais il avertit ceux qui l'ont, qu'ils ont un sang impur et qu'ils doivent le purifier et fortifier leur estomac.

Traitement à l'intérieur :

Tisane dépurative .... 1 »
Pilules du Dr Allaré .... 3 »
Pilules laxatives 1 50

Traitement à l'extérieur : Lotions légères le matin avec la Solution antiseptique préparée avec l'Extrait antiseptique .... 2 »

Le soir passer aux parties atteintes le **Baume de la Sœur Bonnefoy** .... 2 »

Total franco contre mandat de 12 fr. 50.

Régime antiarthritique.

Même traitement pour les loupes.

ULCÈRE

Ulcères simples et ulcères variqueux.

Les Ulcères sont caractérisés par une perte de substances. Ils existent surtout aux membres inférieurs, surtout aux jambes. Ils sont souvent variqueux, suite d'un travail pénible et debout. Ces maladies se manifestent par des plaies pénétrantes qui suppurent et qui, lorsqu'elles ne sont pas soignées, s'agrandissent continuellement. Les contours de ces plaies sont irréguliers, avec un fond grisâtre. La suppuration à laquelle ils donnent lieu est nauséabonde et d'autant plus active que le malade souvent se gratte et n'apporte pas tous les soins nécessaires de propreté à aseptiser ces plaies. Une telle affection nécessite à la fois un traitement interne et externe, et voici le moyen sûr de réaliser la guérison. Il faut le plus possible se reposer au lit si l'on peut.

Traitement à l'intérieur :

Tisane dépurative	4 »
Pilules du Dr Allard	3 »
Pilules laxatives	1 50

Traitement à l'extérieur : 3 lotions par jour avec la Solution antiseptique, matin, midi et soir, préparée avec

L'extrait antiseptique	2 »

après chaque lotion, saupoudrer avec la

Poudre Artring	2 »

Total franco à votre maison, contre mandat de 12 fr. 50.

Boutons, Prurit et Démangeaisons

Les boutons surviennent à la suite de viciation du sang, ils sont suivis ou accompagnés de démangeaisons. Le caractère de ce malaise c'est le besoin et l'ennui de se gratter. On est mal partout, et c'est surtout au lit que le besoin de se gratter se fait sentir. Ces boutons et ces démangeaisons surviennent à n'importe quel endroit du corps.

Traitement à l'intérieur :

Tisane dépurative .... 1 »

Pilules du Dr Allard .... 3 »

Pilules laxatives 1 50

Traitement extérieur: Sur les boutons et les démangeaisons, faire le matin, une lotion chaude avec la Solution antiseptique faite avec l'Extrait antiseptique, puis poudrer ensuite avec la **Poudre Artring** .... 2 »

Le soir en se couchant, une légère couche du Baume et poudrer avec la Poudre Artring.

Baume de la Sœur Bonnefoy .... 2 »

Poudre Artring .... 2 »

Total franco à votre maison, contre mandat poste de 11 fr. 50.

Démangeaisons et Prurit de l'anus.

Cette démangeaison a un traitement spécial, car il provient de l'irritation du sang. il faut suivre le régime antiarthritique, se tenir minutieusement propre et se laver avec un linge humide après chaque selle.

Traitement à l'intérieur :

Tisane dépurative .... 1 »
Pilules du Dr Allard .... 3 »

Traitement à l'extérieur : Sur les démangeaisons une lotion chaude le matin et le soir avec la Solution antiseptique préparée avec **l'Extrait antiseptique** .... 2 »

Après chaque lotion poudrer avec la **Poudre Artrin** .... 2 »

A l'intérieur de l'anus, introduire le soir en se couchant, un

Suppositoire du Dr Allard .... 1 »

Total franco à votre maison contre mandat poste de 15 francs.

Démangeaisons et Prurit des Parties génitales et Voies urinaires

C'est encore le sang vicié cause du mal.

Traitement à l'intérieur :

Tisane dépurative .... 1 »
Pilules du Dr Allard .... 3 »
Pilules laxatives 1 50

Traitement à l'extérieur : Sur les démangeaisons application, matin et soir, de lotions chaudes préparées avec une mesure de Poudre pour injections par litre d'eau .... 2 »
Après soupoudrer avec la
Poudre Artring .... 2 »

Total 12 fr. 50 franco à votre maison contre mandat poste.

DARTRES

Les **Dartres** sont des éruptions sèches de la peau, elles ne suppurent pas. La peau s'exfolie lorsqu'on la gratte et donne ainsi une poudre farineuse et sur la peau une trace rougeâtre. C'est une preuve que le sang a besoin d'être dépuré et fortifié.

Traitement à l'intérieur :

Tisane dépurative .... 4 »
Capsules d'Escousbous .... 3 »
Pilules laxatives 1 50
Pilules du Dr Allard .... 3 »

Traitement à l'extérieur : Sur les Dartres,
Baume de la Sœur Bonnefoy .... 2 »
Le soir en se couchant.

Franco à votre maison contre mandat de 13 fr. 50.

IMPÉTIGO, GOURMÉ

L'Impétigo est caractérisé par des boutons gros comme la tête d'une grosse épingle, entourés d'une collerette plus ou moins rosée. La cause de la maladie est un microbe qu'on appelle le streptocoque. C'est par contagion qu'on prend la maladie. On peut donc prendre la maladie partout quand on est en contact avec quelqu'un qui a lui-même l'Impétigo. Ces boutons percent ensuite, versent leur contenu à la surface de la peau pour former des croûtes jaunes et molles. Son siège est habituellement le visage ou le cuir chevelu. Cette maladie atteignant les enfants s'appelle *Gourme*. L'Impétigo prouve un tempérament sujet à beaucoup de maladies.

Traitement à l'extérieur : Lotionner les croûtes par trois lotions par jour avec de la Solution antiseptique préparée avec **l'Extrait antiseptique** .... 2 »

Après chaque lotion poudrer avec la **Poudre Artring** .... 2 »

Traitement à l'intérieur :

Tisane dépurative .... 4 »

Pilules du Dr Allard .... 3 »

Pilules laxatives 1 50

Suivre le régime antiarthritique. Si le mal est au cuir chevelu, avant de faire les lotions, faire couper les cheveux le plus ras possible.

Franco à votre maison contre mandat de 12 fr. 50.

PITYRIASIS — PSORIASIS

Ce sont des maladies formées de squames d'un blanc nacré, couchées les unes sur les autres comme des écailles de poissons. Ces maladies peuvent exister partout : tantôt au cuir chevelu, tantôt aux oreilles, aux mains, aux pieds, aux coudes, aux genoux.

TRAITEMENT. — Lotions le matin des parties atteintes avec la Solution antiseptique préparée avec l'**Extrait antiseptique**, 2 fr. Supprimer toute cause d'irritation pour la peau; prendre si l'on peut des bains alcalins, sulfureux. Le soir passer une couche du

Baume de la Sœur Bonnefoy .... 2 »

Régime antiarthritique.

Traitement à l'intérieur :

Capsules d'Escousbous .... 3 »

Tisane dépurative .... 1 »

Pilules laxatives 1 50

Pilules du Dr Allard .... 3 »

Traitement à l'extérieur : Désinfecter les vêtements et la literie par des vapeurs sulfureuses obtenues en faisant brûler du soufre.

Total franco à votre maison contre mandat de 13 fr. 50.

LE LABORATOIRE

TEIGNE ET PELADE

La Teigne a pour siège de prédilection le cuir chevelu, cils, sourcils, barbe. Elle est contagieuse et parasitaire. Il se forme un petit amas de la grosseur d'un demi-pois, de couleur jaune soufre, avec un creux. Dans ce creux, il se trouve quelques cheveux pris. Il se produit des démangeaisons violentes et le mal s'étend. La **Pelade** est une maladie du cuir chevelu caractérisée par de petites tonsures sur la tête du malade. Il se forme des surfaces vides, dépourvues de cheveux. La maladie est contagieuse Le *traitement* est identique pour la Teigne et la Pelade : 1° Le matin, laver au savon et avec la Solution antiseptique les parties ordinaires malades, après, faire une friction avec la **Lotion du Dr Allard**; 2° Le soir en se couchant passer sur les parties malades de la **Pommade pelladique**.

Extrait antiseptique	2 »
Lotion du Dr Allard	3 »
Pommade pelladique	5 »

Envoi franco à votre maison contre mandat de 11 francs. Indiquer la gare qui vous dessert, car le colis doit être envoyé par la gare.

Traitement à l'intérieur :

Tisane dépurative	1 »

MALADIES DU CUIR CHEVELU
Séborrhée — Alopécie

Pour détruire les pellicules, arrêter la chute des cheveux et les faire repousser, enlever les démangeaisons du cuir chevelu, il faut :

Traitement à l'extérieur : Faire une friction avec la Solution antiseptique tous les soirs; l'on prépare cette Solution avec

1 pot d'extrait antiseptique .... **2 »**
Lotion du Dr Allard .... **3 »**

pour faire une friction le matin avec une petite éponge.

Traitement à l'intérieur :

Tisane dépurative .... **4 »**
Pilules du Dr Allard .... **3 »**

Total franco à votre maison contre mandat de **12** francs.

ANTHRAX — ABCES
FURONCLES — BOUTONS

L'Abcès est un vice du sang. Il se produit une agglomération de pus ou de matière qui se forme sous la peau et dans l'épaisseur des organes. Ils sont de deux sortes : chauds ou froids. Les Abcès chauds se manifestent avec les signes d'une inflammation violente, de douleur vive, chaleur, gonflement, rougeur de la peau, élancement, fièvre, insomnie. Les

Abcès froids n'ont pas de douleur, pas de fièvre, leur développement est lent. Pour les prévenir et les faire avorter il faut dépurer le sang des humeurs par :

Traitement à l'intérieur :

Tisane dépurative .... 4 »
Pilules du Dr Allard .... 3 »
Pilules laxatives 1 50
Capsules d'Escoubous .... 3 »

Traitement à l'extérieur : Le soir en se couchant, onction avec **Pommade fondante** dont le prix est de .... 2 »

Comme boisson, tisane d'orge et de chiendent.

Total franco contre 13 fr. 50.

MALADIES DES YEUX

Les Maladies des yeux sont causées par des microbes qui se fixent sous les paupières et y causent de l'inflammation, de l'irritation et du larmoiement. Les paupières tuméfiées et rouges au début, le deviennent davantage par la suite; un écoulement purulent ne tarde pas à se faire jour dans leurs intervalles, sur leurs bords libres et surtout aux angles internes et externes de l'œil.

Les Maux d'yeux et larmoiements ont toujours pour cause le sang vicié, nous l'avons vu en étudiant la scrofule. Nous avons vu que l'humeur gardé dans le sang pendant de longues années se porte sur un point faible du corps et souvent cause une maladie des yeux longue et pénible. Dans les tissus cellulaires se concentrent ces humeurs mauvaises, donc le mal est dans le sang, dans l'économie. Quel avantage n'en résulterait-il donc pas pour ces malades s'ils savaient se rendre compte de l'heureux résultat du système dépuratif, afin de détruire ce vice, cause de la maladie des maux d'yeux. Par ce traitement dépuratif, le sang purifié et ennobli, chasse les maladies des yeux les plus rebelles.

Traitement à l'intérieur :

Tisane dépurative .... 4 »
Pilules laxatives 1 50
Pilules du Dr Allard .... 3 »

Traitement à l'extérieur : **Pommade ophtalmique** pour les yeux .... 3 »

Total franco contre mandat de **11** fr. 50.

MALADIES DE L'OREILLE ET DU NEZ

Etourdissements, Surdité, Bourdonnements Ecoulements d'oreilles, Otorrhée.

Les affections de l'oreille ont des causes très différentes; elles sont en général locales et doivent être soignées par le spécialiste, et ne proviennent pas des vices du sang en général. Il y a une exception pour les écoulements d'oreilles, Ces écoulements, qui se produisent aussi bien chez les enfants que chez les grandes personnes, proviennent d'un vice du sang.

Il ne faut pas croire, comme beaucoup, qu'il faille laisser couler ces écoulements, car ils peuvent infecter toute l'oreille et détruire tout le mécanisme qui fait que nous entendons. Les impuretés du sang s'accumulent dans l'organe de l'oreille, cherchent à faire une trouée; l'oreille étant un endroit très sensible et faible, c'est par là que les humeurs cherchent à passer. Comme vous le comprenez, ces humeurs acides et âcres ravagent les tissus qu'elles rencontrent, le pus de l'écoulement peut séjourner dans le tympan, par là, arriver aux lobes du cerveau et y causer la mort. Il est un devoir pour les parents de bien veiller sur les oreilles de leurs enfants. Les adultes eux-mêmes doivent se soigner dès la première heure; il ne faut pas traîner en longueur et laisser la maladie s'aggraver. Plus on attend, plus la maladie devient incurable, plus on se réserve de souffrances.

Surdité. — La Surdité est une obstruction du conduit auditif par un amas de cérumen.

Bourdonnements d'oreille. — Ils siègent soit dans la tête, soit dans les oreilles. Dans le premier cas, ils sont causés par un trouble dans la circulation du sang. Dans le deuxième cas, ils sont généralement la conséquence d'une maladie des oreilles.

Traitement à l'intérieur :

Tisane dépurative .... 4 »
Pilules du Dr Allard .... 3 »
Pilules laxatives 1 50

Traitement à l'extérieur : Faire avec l'Extrait antiseptique 1 litre de Solution antiseptique, la faire tiédir et irriguer l'oreille avec une petite seringue matin et soir. En même temps se laver la bouche et se gargariser la gorge avec de l'eau tiède, contenant une pincée de gros sel de cuisine.

Seringue spéciale pour les oreilles .. 1 »

Franco contre mandat de 11 fr. 50.

OZENE — PUNAISIE

Ecoulements du nez

Les organes sensibles de notre corps s'appellent muqueuses. Les muqueuses sont des tissus chez lesquels une multitude de petits filets nerveux viennent se ramifier: les fosses nasales, c'est-à-dire l'intérieur du nez, sont recouverts de ces tissus. A l'état ordinaire, c'est-à-dire santé, ces muqueuses sont garnies de petits poils tactiles et humides, par des glandes placées au-dessus se produit la sécrétion naturelle du nez. Mais, si l'état de santé cesse, si le sang se vicie, si la circulation ne remplit plus son rôle excrétoire, que que le sang s'anémie, s'affaiblisse, ces glandes ne fourniront plus le liquide sécréteur, les muqueuses se dessécheront. Une inflammation se forme et il se produira cette mauvaise odeur de l'haleine qu'on appelle Ozène ou Punaisie. Cette maladie est donc caractérisée par l'odeur mauvaise que porte avec lui le malade. Les parents, les amis s'en éloignent; des soins immédiats sont utiles et voici ce qu'il faut faire :

Traitement à l'intérieur :

Tisane dépurative .... 4 »
Pilules du Dr Allard .... 3 »
Pilules laxatives 1 50

Traitement à l'extérieur : Lavages du nez avec de l'eau bouillie très souvent, et matin et soir, avec une petite seringue, faire passer dans le nez un peu de la Solution antiseptique préparée avec l'Extrait antiseptique 2 »

Se gargariser trois fois par jour la bouche avec un verre d'eau contenant une cuillerée à bouche de la Solution antiseptique préparée.

Seringue spéciale pour le nez .... 1 »

Franco contre mandat de 11 fr. 50.

ECOULEMENTS DU NEZ

L'Ecoulement du nez annonce une viciation du sang. Ce sont les humeurs âcres et acides qui, passant à travers les muqueuses, les détruisent. Cette sécrétion mauvaise entraîne avec elle des produits nutritifs du sang.

Traitement à l'intérieur :

Tisane dépurative .... 4 »
Pilules du Dr Allard .... 3 »

Traitement à l'extérieur : Lavages du nez avec de l'eau bouillie, très souvent, et matin et soir avec une petite seringue, faire passer dans le nez avec un peu de la Solution antiseptique préparée avec
l'Extrait antiseptique .... 2 »

Se gargariser trois fois par jour la bouche avec un verre d'eau contenant une cuillerée à bouche de la Solution antiseptique préparée.

Seringue pour le nez .... 1 »

Total franco à votre maison contre mandat de 10 francs.

HALEINE FETIDE

Il faut, dans l'intérêt des parents et des amis qui entourent celui qui a l'haleine fétide, soigner et guérir au plus tôt cette affection par le traitement suivant :

Traitement à l'intérieur :

Capsulines Bouyer .... 3 »

Pilules du Dr Allard .... 3 »

Tisane dépurative .... 4 »

Traitement à l'extérieur : Gargarismes et lavages de la bouche trois fois par jour avec un verre d'eau contenant une cuillerée à soupe de Solution antiseptique. On prépare 1 litre de Solution antiseptique avec un pot d'Extrait antiseptique .... 2 »

Total franco à votre maison contre mandat de 12 francs.

SCROFULE

Glandes, Engorgement,

Faiblesse congénitale

Par hérédité et à la suite de soins et d'hygiène manqués dans la première enfance, le corps se trouve avoir une faiblesse débile. Pendant longtemps, l'état de la scrofule reste caché, puis, par suite du développement de la vie, il se produit une période secondaire plus fréquente en maux et par où, le sang vicié recause des ennuis. Elle apparaît sous diverses formes, toutes plus ennuyeuses les unes que les autres. Elle prédispose à la tuberculose, sa manifestation est partout sans avoir un point de bien précis.

C'est une prédisposition morbide; tout peut se présenter dans la Scrofule, d'abord le simple eczéma impétigineux de la face et du cuir chevelu, jusqu'à des suppurations osseuses, des glandes répandues aux divers points du corps. On la trouve encore aux muqueuses sous forme de coryza. On la trouve au poumon sous forme de bronchite.

C'est surtout les glandes qui suppurent, laissant souvent à leur suite de grandes cicatrices connues sous le nom de *Gourme* ou d'*Ecrouelles* que l'on considère la Scrofule comme caractéristique.

Le scrofuleux a la face généralement large, étendue, et suivant le malade, tantôt vivement rouge, tantôt pâle et décolorée, la peau est rugueuse, le nez est large et épaté, les narines fortement ouvertes, les lèvres épaisses. Mais à un point du corps on retrouve le stigmate de la Scrofule. Les tissus sont flasques et mous.

La Scrofule est un vice du sang dont les germes occupent les ganglions et le système lymphatique. La plupart des lésions muqueuses sont scrofuleuses. La Scrofule, qui ne tue point par elle-même, d'ordinaire constitue une maladie que l'on doit soignre, elle conduit, non soignée, vers la consomption tuberculeuse. La Gourme est une éruption d'humeur en forme de plaques ou de boutons qui apparaissent principalement sur la tête et le visage. C'est le traitement de la Scrofule qu'il faut suivre :

Traitement à l'intérieur :

Tisane dépurative .... 4 »
Pilules toniques .... 3 »
Capsules d'Escoubous .... 3 »

Il est utile de prendre de temps en temps des bains salés, une livre de sel pour un bain. Avoir soin de prendre les aliments que l'on absorbe un peu salés.

Traitement à l'extérieur : Aux engorgements ganglionnaires, avant la suppuration, il faut passer un peu de **Pommade fondante** .... 2 »

Total franco à votre maison contre mandat de 12 francs.

GOITRE

Le Goitre est un engorgement et une hypertrophie du corps thyroïde, c'est une des manifestation de la Scrofule et du lymphatisme. Le Goitre est une grosseur qui vient au cou, comme une masse graisseuse, et qui se développe d'abord de la grosseur d'une bille, puis d'un œuf. Certains Goitres atteignent même des grosseurs plus considérables. Les Goitres apparaissent surtout dans les régions où l'on boit de l'eau peu aérée, provenant de la fonte des neiges ou de celles des glaciers. C'est donc à un manque d'oxygénation qu'est dû le goitre. Pour y remédier, il faut prendre un traitement oxygéné augmentant la circulation du sang et faisant disparaître les engorgements des tissus.

Traitement à l'intérieur :
Tisane dépurative .... 4 »
Pilules du Dr Allard .... 3 »
Capsulines de Viey .... 3 »

Traitement à l'extérieur : Pour passer au Goitre, **Pommade fondante** .... 2 »

Total franco à votre maison contre mandat de 11 francs.

Pour toutes les maladies de la peau, comme traitement préventif, curatif et de convalescence, il est utile de boire des infusions, de **Plantes de Luz**, dont voici le mode d'emploi : une mesure pour une tasse d'eau bouillante. Laissez infuser dix minutes, passez, sucrez à volonté; en boire une tasse dans la matinée et une autre l'après-midi, quand on veut. Le prix est de 3 francs franco à votre maison contre mandat.

IIe PARTIE

Maladies de l'Appareil digestif

MALADIES DE L'ESTOMAC

L'*Estomac* est une poche recouverte d'une peau très fine dite muqueuse, dans laquelle passent, après mastication, les aliments. C'est donc un des organes principaux de la vie.

Fonctions de l'Estomac

1° *La digestion.*

Sous le nom de digestion, on comprend les opérations successives qui consistent à apporter les matières liquides et solides à l'économie de l'organisme.

Les aliments sont d'abord portés à la bouche où ils sont mastiqués. L'œsophage les fait passer dans l'estomac. Le rôle de l'estomac est de faire la digestion de la nourriture. Pour cela, la muqueuse stomacale émet, lors de l'introduction de la nourriture, un suc gastrique, et les aliments entrent immédiatement en combinaison avec cet acide. L'estomac à ce moment-là digère. Il est comme le foyer d'une machine. Comme l'eau de la machine, doit être changée en vapeur, c'est-à-dire en force motrice, grâce à un feu bien entretenu, de même notre nourriture exige un estomac bien entretenu pour transformer en forces vitales, nos aliments.

L'*Estomac* est donc un intermédiaire forcé dont nous devons nous servir, aucun aliment pour devenir sang, force et vie ne peut se passer de lui. Donc, l'estomac est un point capital de la vie; on voit de suite l'intérêt de soigner son estomac. La base primordiale d'un arbre, pour vivre, ce sont les racines. Pour nous, la base primordiale de la santé, c'est un bon estomac. De même qu'une plante à laquelle on a coupé les racines meurt rapidement après avoir vu ses branches, ses feuilles, ses fruits dépérir rapidement, de même, les personnes qui ont un mauvais estomac, qui digèrent mal, voient bientôt toutes les parties de leur corps s'affaiblir, s'annihiler, pour aller fatalement vers la mort de l'organisme entier.

Les principales maladies de l'estomac sont :

Le Catarrhe ou Gastrite, la Dilatation, la Gastralgie, la Dyspepsie, l'Indigestion et l'Embarras gastrique.

La *Gastrite*, est une inflammation des muqueuses, ses symptômes sont : des douleurs aiguës qui partent de l'estomac et des aigreurs continuelles, pas d'appétit, fièvre et bouffées de chaleur après le repas, bouche sèche et à l'estomac, sensation de brûlure.

Le malade est assez surrexcité, de mauvaise humeur et tout l'ennuie. Les excès de table produisent souvent la *Gastrite*. Le traitement de la Sœur Bonnefoy la guérit d'une façon complète.

La *Dilatation :* Cet état se produit lorsque l'estomac et une partie de l'intestin étant remplis de gaz, suite de la mauvaise digestion, gonflent le ventre; elle est caractérisée par un manque d'appétit, des vomissements, parfois constipation, clapotement stomacal parfaitement entendu. Notre traitement s'adresse et guérit la Dilatation d'estomac.

Renvois acides et Gastralgie

C'est une douleur d'estomac intermittente et venant par périodes. Elle est caractérisée par une chaleur brûlante très forte qui remonte de l'estomac à la gorge en amenant un goût salé et acide. Cela peut revenir tous les jours ou par périodes. C'est alors une névralgie de l'estomac; la douleur est spontanée, presque toujours vive, rarement continue, se manifeste surtout après les repas.

Dyspepsie

La *Dyspepsie* est caractérisée par une digestion lente, difficile et douloureuse; elle est due à ce que les muqueuses, ne sécrètent pas assez le suc gastrique. Après les repas, on sent que la digestion ne passe pas. Le malade bâille, et entend les glouglous dans son estomac. Toutes les Dyspepsies : *Hépatiques, utérines, intestinales, flatulentes, acides et putrides*, ont la même origine et seront guéries par le traitement de la Sœur Bonnefoy.

Indigestion, Congestion

L'*Indigestion* est l'arrêt subit de la digestion, la tête devient lourde et chaude, on ne se sent pas bien, on est suffoqué; on arrive à vomir tous les aliments absorbés et le repos vient seulement alors. L'Indigestion et la Congestion arrivent aux estomacs faibles qui ne peuvent supporter les aliments absorbés. Par le traitement de la Sœur Bonnefoy on se refait un estomac fort d'où plus d'indigestion.

Embarras gastrique

L'*Embarras gastrique* est une infection de l'estomac. La cause, c'est un microbe, qui a pénétré avec les aliments et qui a résisté aux actes de la digestion parce que le suc gastrique n'était pas suffisant. Il s'annonce par un malaise général, ennui d'aller manger, pas d'appétit, la langue se couvre d'un enduit blanchâtre; bouche sèche, amère, on sent dans l'estomac une espèce de fermentation qui rend l'haleine mauvaise. Il est de toute nécessité de faire le traitement de la Sœur Bonnefoy pour se guérir. Les maladies d'estomac donnent des flatuosités, vents, gaz. C'est une preuve de son inflammation.

TRAITEMENT. — Le principe de ce traitement c'est de guérir le germe de la maladie de l'estomac en reconstituant la muqueuse, des causes si diverses des maladies d'estomac. Toutes ont pour racine l'état irrité, malade, enflammé de la muqueuse. Pour les cas ordinaires un traitement suffit.

Pour les cas plus compliqués il n'y a qu'à continuer le traitement avec un peu de persévérance. Ce qui fait que beaucoup de produits que vous avez essayé n'ont pas réussi pour le mal d'estomac, c'est qu'on n'avait point recherché le point de départ de la maladie. Les traitements essayés soulageaient, calmaient, mais ne guérissaient pas; on donnait toute sorte de remèdes et on ne trouvait pas de bon résultat, car la maladie d'estomac est difficile à guérir. Le traitement de la Sœur Bonnefoy permet d'affirmer aujourd'hui que, sans danger, sans ennuis, on guérit, avec le même traitement, toutes les maladies d'estomac. Il est un devoir, pour ceux qui connaissent des maladies de l'estomac, de leur signaler ce traitement. Les maladies de l'estomac donnent souvent un sommeil agité, des rêves pénibles, des cauchemars. C'est la digestion difficile et la présence de gaz dans l'estomac qui en est la cause. Faire le traitement des maladies d'estomac.

Traitement intérieur :

Pilules du Dr Allard	3	»
Pilules laxatives	1	50
Poudre rafraîchissante	3	50
Capsulines de Gavarnie	3	»
Total franco contre mandat de	11	»

APHTES — INFLAMMATIONS DE LA BOUCHE

Stomatite — Gingivite

Les *Aphtes* sont de petites ulcérations arrondies de la dimension de la tête d'une grosse épingle, que l'on trouve disséminées à la surface de la muqueuse buccale dans les points les plus divers.

Les aphtes sont souvent l'indice d'une inflammation des voies digestives.

Traitement intérieur :

Pastilles de la Sœur Bonnefoy ...... 2 »
Cachets de la Sœur Bonnefoy 2 50
Pilules de la Sœur Bonnefoy 1 70

Franco à votre maison contre mandat de .... 6 »

ANGINE CHRONIQUE

L'*Angine chronique* est une inflammation persistante de la gorge, apyrétique, le plus souvent portant plus spécialement sur les organes lymphoïdes qui tapissent ou constituent cette partie postérieure de la cavité buccale. L'infection en est la cause.

TRAITEMENT. — Fermer la bouche pour respirer aussi souvent qu'on y pensera, surtout quand on se trouvera dans la rue et au vent par un temps froid. Se gargariser matin et soir avec un verre d'eau contenant une cuillerée à soupe de la Solution antiseptique préparée avec l'Extrait antiseptique .. 2 »

Traitement intérieur :

Pastilles de la Sœur Bonnefoy	2 »
Capsulines Bouyer	3 »
Pilules toniques	3 »
Poudre rafraîchissante	3 50

Total franco à votre maison contre mandat de 13 50

MALADIES DE L'INTESTIN

Dis enterie, Entéro-Colite, Diarrhée

La *Dysenterie* est l'inflammation du gros intestin. Le froid, les acides contenus dans les aliments (oseilles, tomates, fruits pas mûrs, vinaigre, vin piqué), et surtout de mélanges d'aliments mal associés au même repas, par exemple : citron, mayonnaise, civet avec substances sucrées, riz sucré, crème, gâteaux. Ce qui caractérise la Dysenterie ou Entérocolite, ce sont surtout les coliques et envies fréquentes d'aller à la selle. Ces envies restent non satisfaites, presque toujours à peine le malade a-t-il quitté la selle, qu'il éprouve le besoin d'y revenir. Toutes les maladies de l'intestin doivent être soignées par le traitement de la Sœur Bonnefoy, ce traitement est simple, commode et sûr.

Traitement intérieur :

Graines des Vallées	3 »
Cachets de la Sœur Bonnefoy	2 50
Capsulines de Gavarnie	3 »
Total franco contre mandat de	8 50

ENTERITE

Quand la saison le permet, manger des nèfles mûres.

Pour les coliques intenses, le mieux, ce sont des cataplasmes de linge imbibé d'eau chaude ou mieux, si l'on en a, des cataplasmes de farine de lin à l'huile camphrée.

C'est une inflammation d'intestin. Comme symptômes on ressent des douleurs à la région ombilicale, les selles sont liquides, abondantes, bilieuses, quelquefois sanguinolentes. Observer le régime : lait, potages, tisane de riz, régime doux, moitié viandes, moitié légumes herbacés ou féculents bien cuits.

Traitement intérieur :

Capsulines de Gavarnie	3 »
Cachets de la Sœur Bonnefoy	2 50
Graines des Vallées	3 »
Total franco contre mandat de	8 50

CONSTIPATION

habituelle ou Embarras intestinal

La *Constipation* est constituée par la rareté des selles qui, au lieu d'être quotiennes ou même multiquotiennes, ne se produisent qu'au bout de 48 heures ou plus, et par la dureté des matières évacuées au moment de la défécation. La Constipaiton exerce une fâcheuse influence sur les fonctions digestives, sur le système nerveux et sur toutes les fonctions. 1° Troubles digestifs. L'accumulation des matières dans l'intestin peut produire des contractions qui se répercutent jusqu'au tube digestif, il se produit parfois des vomissements, de la flatulence des éructations, le constipé n'a aucun appétit, il s'empoisonne son sang lui-même, car les gaz des matières fécales ne trouvant pas de sortie du côté de l'anus, remontent vers l'appareil digestif, il se produit des fermentations anormales, et le sang se chargeant de ces gaz, se charge en toxines ou poisons. D'où alors ces migraines, cet état de lourdeur, d'apathie, d'avachissement où se trouve le constipé. Nous nous occupons ici de la constipation habituelle, constante. Une rare selle se produit avec peine tous les deux jours, suivie parfois de diarrhée ou non.

Symptômes : Une bonne santé exige qu'on aille du corps tous les jours, sinon on est constipé.

Causes : C'est la vie sédentaire, les repas pris trop vite. Nourriture trop bonne, nourriture trop pauvre en légumes verts et fruits, ces causes diminuent la sécrétion des glandes de l'intestin qui en lubréfient les tuniques ou muqueuses. Parmi ces sécrétions, la plus importante est la sécrétion biliaire.

Résultat de la constipation. — La Constipation donne des migraines, et la peau se charge de petits boutons rouges. Le caractère du constipé s'aigrit, d'où humeurs noires, et tout travail intellectuel le fatigue. Les anciens médecins avaient remarqué cet état et croyaient, par des purgations, chasser les ennuis et les idées noires. Les personnes dont les intestins s'acquittent tous les matins de leur rôle, sont douces et bien disposées pour n'importe quel travail. La langue du constipé, est pâle, blanchâtre, l'haleine forte.

Maladies engendrées par la Constipation

Les matières fécales comprimées et comprimant les parties internes peuvent donner de la congestion de l'utérus chez la femme, et de la cystite chez l'homme. L'apoplexie, chez les gros tempéraments, est une de ses malheureuses conséquences. L'appendicite est une de ses suites. Les hémorroïdes y trouvent leur origine et ne peuvent être guéries qu'en guérissant la constipation.

TRAITEMENT. — Eviter tout purgatif et tout lavement. Le régime est un bon adjuvant mais il ne peut suffire, car l'intestin a contracté une paresse dont il faut le guérir. De plus, certaines personnes ne peuvent suivre le régime dans tout son ensemble. Les employés de bureaux peuvent-ils faire le mouvement prescrit? Voici l'opinion du célèbre médecin Trousseau, sur les lavements et les purgatifs, les lavements l'accentuent et la rendent invincible », car ils paralysent par leur action irritante les fibres de l'intestin. Personne moins que le constipé a besoin d'être irrité, qui n'a pas remarqué que le lendemain d'une purge on ne va plus du corps. On voit combien sont nuisibles toutes ces pilules, presque toutes composées d'aloès, de scammonée, de jalap, de coloquinte, gomme gutte. Leurs effets sont tellement désastreux que de toutes les parties du monde, les docteurs interdisent aux femmes enceintes n'importe quelle préparation, grains ou pilules, ou comprimés ou pastilles purgatives. Pourquoi ce qu'on défend à une personne dans la situation délicate de femme enceinte, pourquoi les personnes constipées se le permettent-elles ne comprennent-elles pas, que, en prenant ce qui est défendu à celles-là, elles s'abîment davantage, elles s'irritent, s'enflamment l'intestin, et au lieu d'avancer leur guérison la reculent. Donc, que les constipés qui veulent guérir, suivent le traitement suivant en usage à l'hôpital de la Charité où sont soignées les femmes enceintes.

TRAITEMENT. — Ce traitement fait fonctionner l'intestin tous les jours à la même heure, et se présenter à la selle tous les jours, demi-heure après le petit déjeuner du matin. Ce traitement agit doucement et faiblement et ne cause aucune irritation.

Paillettes de la Sœur Bonnefoy	3 »
Poudre rafraichissante	3 50
Capsulines de Lienz	3 »
Graines des Vallées	3 »

Envoi franco du traitement contre mandat de 12 50

HEMORROIDES
et Fissures à l'Anus

Les *Hémorroïdes* sont produites par la dilatation des veines du rectum.

Les Hémorroïdes sont des dilatations variqueuses de l'intestin inférieur, lequel est sillonné de nombreux petits canaux veineux, qui se congestionnent et forment de petites tumeurs fort douloureuses au pourtour de l'anus. La constipation en est en général la cause. Le retour d'âge, le gros sang, un gros tempérament y prédisposent. La congestion hépatique y mène aussi, quand les hémorroïdes se montrent au dehors sous forme de bourrelets autour de l'anus, elles sont dites externes, quand elles sont situées plus profondément, elles sont dites internes. Lorsqu'elles saignent, on les dit fluentes, sinon sèches.

Quand la constipation et les hémorroïdes marchent de pair, il n'est pas rare de voir se produire la fissure anale par simple déchirure de la muqueuse, au moment d'aller à la selles, causée par le volume trop gros de matières fécales expulsées, dont la dureté est parfois considérable. Donc, le traitement absolument sûr pour les hémorroïdes et la fissure anale est d'abord de suivre le traitement de la constipation et le régime du constipé.

Traitement intérieur :

Graines des Vallées	3 »
Capsulines de Lieuz	3 »
Cachets de la Sœur Bonnefoy	2 50
Paillettes de la Sœur Bonnefoy	3 »

Traitement externe :

Le soir à l'intérieur, au siège des Hémorroïdes et de la fissure anale, un jour

Pommade contre les hémorroïdes .. 2 »
et le lendemain, le soir, introduire à l'intérieur de l'anus un

Suppositoire spécial .. la boîte de 12 4 »
et ainsi de suite un jour non l'autre.

Total franco à votre maison contre mandat de **17 fr. 50.**

MALADIES DU FOIE

Jaunisse, Glaires, Ictère, Bile, Coliques hépatiques

Ceux qui ont le tempérament bilieux, sont malheureux, le fiel de la bile ne pouvant prendre sa sortie naturelle leur empoisonne le sang, leur brûle les nerfs et leur donne un mauvais caractère.

Qu'est-ce que la bile? C'est une excrétion du foie. Donc, dans tout tempérament la bile existe. Là où elle existe normalement, il y a santé parfaite, là où il y a excès ou défaut, il y a maladie.

Son rôle. — Le rôle de la bile est de première importance, elle est nécessaire à la digestion; 1° elle aide le suc pancréatique pour l'émulsion des corps gras. Comme la bile est antiseptique, elle empêche les fermentations putrides, elle désinfecte l'intestin, elle emporte avec elle les éléments épitéliaux anciens et fait faire place pour les nouveaux, elle lubréfie les mouvements péristaltiques de l'intestin. Donc, en résumé, la bile nettoye l'intestin, en excite les mouvements et en graisse les replis. Si la sécrétion de la bile, s'arrête ou diminue voilà que l'intestin devient paresseux et alors, cette sécrétion de bile tarit, se répand dans le sang et donne le tempérament bilieux. Donc, pour les tempéraments bilieux, pour les constipés, pour ceux qui ont de l'entérite, ils doivent prendre un traitement pour refaire suer le foie et pour faire prendre à la bile la direction des replis tortueux de l'intestin. De quoi se compos le *traitement* de la bile? D'abord de **Capsulines de Lienz,** qui sont à base d'extrait biliaire,chargées de faire refonctionner le foie; 2°de la **Poudre rafraîchissante** qui est chargée de rétablir toutes les sécrétions glandulaires; 3° des **Pilules du Dr Allard,** chargées de faire du sang nouveau afin que toutes les fonctions marchent à l'harmonie.

La *Bile* donne lieu à la jaunisse, à l'ictère. L'ictère est l'infection des foies biliaires par un microbe. La bile reste là et ne descend plus dans l'intestin pour en chasser les matières. L'ictère est donc que l'écoulement de la bile ne se fait pas, d'où des perturbations dans le foie et circulation sanguine entravée, l'équilibre des mouvements vitaux est rompu. Le foie au lieu d'être normalement exprimé de son contenu par les contractions du diaphragme, et de déverser librement et abondamment dans l'intestin grêle la bile qu'il sécrète, la conserve; d'où stase, rétention, résorption même de ce liquide. Tous les symptômes de la jaunisse où si l'on préfère de la présence d'éléments biliaires dans le sang.

Caractères : On reconnaît la jaunisse à la

coloration jaune de la peau, les urines sont formées et colorées par les pigments biliaires.

Bile ou foie. — Le foie a pour rôle de fabriquer la bile et aussi l'urée, par faiblesse, le foie peut imparfaitement préparer l'urée, d'où formation de cristaux d'acide urique qui obstruent les canaux hépatiques, occasionnent des douleurs terribles qu'on appelle coliques hépatiques. Quelle que soit la cause des troubles du foie décrits ci-dessus, il est urgent pour obtenir la guérison de recourir au traitement suivant :

Traitement intérieur :

Tous les jours

Pilules du Dr Allard		3 »
Poudre rafraîchissante		3 50
Capsulines de Lienz		3 »
et une fois par semaine une		
Pilules laxatives	la boîte	1 50
Total franco à votre maison contre mandat de		11 »

AVIS. — *Les remèdes pour l'estomac et l'intestin sont préparés avec les* **Plantes des Vallées** *dont le prix est de 3 francs franco. Voici le mode d'emploi des plantes des Vallées : une mesure pour une tasse ordinaire d'eau bouillante. Laissez infuser dix minutes, passez, sucrez à volonté. En boire une tasse dans la matinée et une autre l'après-midi quand on veut.*

IIIe PARTIE

MALADIES DE L'APPAREIL RESPIRATOIRE

Coryza ou Rhume de cerveau chronique

Le *Coryza* est l'inflammation aiguë, chronique, de la muqueuse du nez.

TRAITEMENT. — Séjourner dans une atmosphère à peu près constante, 16° environ, éviter avec soin les refroidissements, surtout le froid aux pieds, les chaussures mouillées, porter des souliers fourrés quand on est dehors et pendant la saison froide, fermer la bouche en respirant. Aspirer dans le nez, un verre d'eau contenant une cuillerée à soupe de Solution antiseptique. On prépare 1 litre de Solution antiseptique avec l'**Extrait antiseptique**, 2 francs. Sucer dans la journée quelques pastilles de la **Sœur Bonnefoy** dont le prix est de 2 francs.

Total, envoi franco à votre maison contre mandat de 4 francs.

Laryngite chronique — Maux de gorge Amygdalite

Ce sont des froids successifs qui causent la laryngite. C'est une inflammation du larynx donnant de la suffocation.

Traitement intérieur :

Pilules du Dr Allard	3 »
Tisane dépurative	4 »
Capsulines Bouyer	3 »
Pastilles de la Sœur Bonnefoy	2 »

A sucer quatre par jour quand on veut entre les repas.

Total, envoi franco à votre maison contre mandat de 12 francs.

BRONCHITE CHRONIQUE

Maladie du Poumon, Suite de Broncho-Pneumonie, de Pneumonie, de Pleurésie, Tuberculose pulmonaire, Phtisie.

La *Bronchite* est l'inflammation de la muqueuse des bronches. Les causes les plus habituelles de la bronchite, sont le froid, les poussières, les infections diverses, les rhumes négligés, et par contagion, et par hérédité.

Symptômes : C'est la toux qui est le symptôme premier de la bronchite, puis expectorations, puis hémoptysie, fièvre, amaigrissement, cachexie, phtisie. La phtisie est la maladie qui, sans faire trop de bruit, fait le plus grand nombre de morts. C'est donc une des maladies des plus graves. Elle emporte annuellement le vingt pour cent des habitants d'une contrée. La cause de la phtisie, c'est l'implantation sur des poumons faibles d'un microbe tout petit découvert par l'allemand Koch. Cette maladie est curable quoique, pendant de longues années, on l'ait cru incurable. Dans les hôpitaux, sur la table d'autopsie, on trouve souvent en étudiant des corps de malades morts de diverses maladies, des poumons tuberculeux garnis de cicatrices guéries de points tuberculeux. Nous l'avons vu, cette maladie se donne par contagion. Mais pourquoi par exemple, tous ceux qui fréquentent un tuberculeux ne prennent-ils pas la tuberculose? Il est reconnu que dans un milieu tuberculeux, certains prennent la tuberculose et d'autres ne la prennent pas. La vérité, c'est que le bacille tuberculeux est le même et que le sang que nous avons varie avec chaque individu. Dans un milieu tuberculeux, celui qui a le sang pur, ne prendra pas la tuberculose, et celui qui a le sang impur la prendra. Il importe donc que nous nous préparions à avoir un sang pur et que nous défendions notre sang par des mesures de prophylaxie. Qui que vous soyez, défendez-vous violemment contre cette maladie en vous soignant dès le moindre indice. Que de traitements n'a-t-on pas proposés. Nous les avons tous étudiés, et nous allons indiquer parmi toutes ces études celui qui donne un résultat certain. On a essayé vainement les vésicatoires, les expectorants, le lait d'ânesse, les pointes de feu, et les poisons. Et on a essayé vainement de faire dépenser des monceaux d'or aux malades pour les envoyer dans des sanatoriums où ils trouvent un milieu plus contaminé qu'eux-mêmes. Tous ces procédés ne réussissent pas, parce qu'ils s'éloignent de la nature. Par ce traitement, on peut se soigner chez soi. Il a pour base la dépuration du sang, afin que le sang pur affluent aux poumons en chasse les toxines produites par les tubercules. Vous le voyez, la base du traitement est simple, basée sur la raison et sur l'expérience.

Au fond, les tubercules, ce sont de petites plaies qui ne peuvent être guéries que par le traitement qui arrive par le sang pur, jusqu'à elles; c'est le rôle de notre traitement. **La Tisane dépurative de la Sœur Bonnefoy** en est la base. Dès qu'elle s'est répandue dans l'estomac elle vivifie le sang, se répand dans toutes les parties du corps, arrive jusqu'aux poumons, et là, attaque les bacilles de Koch, les cerne, détruit leurs germes et, finalement, en débarrasse l'organisme. Pendant ce temps, les **Pilules toniques** font du sang nouveau, vif, jeune, ardent, qui donne une vitalité et une force considérable qui est la guérison certaine de la maladie.

Traitement intérieur :

Tisane dépurative	4	»
Pilules du Dr Allard	3	»
Capsulines Bouyer	3	»
Pommade reconstituante	2	»
Total franco à votre maison contre mandat de	12	»

Voici le mode d'emploi de la **Pommade reconstituante** : Dans le dos et sur la poitrine, **frictions** avec la **Pommade reconstituante**, **(2 fr.)**, matin et soir.

BRONCHITE SIMPLE

Rhumes, Enrouements, Irritations, Toux, Grippe, Influenza

Pour guérir rapidement, voici le traitement :

Capsulines Bouyer	3 »
Pilules du Dr Allard	3 »
Emplâtre de la Sœur Bonnefoy	» 75

Envoi franco à votre maison contre mandat de 6 75

COQUELUCHE

C'est une maladie qui atteint en général les enfants et jeunes personnes. Son principe contagieux se trouve dans les sécrétions muqueuses que la toux projette souvent au dehors, en particules très fines. La maladie se propage facilement, soit directement par le contact des enfants malades avec d'autres bien portants, soit par l'intermédiaire d'objets contaminés (mouchoirs). Je recommande la cuisson, c'est-à-dire la lessive du linge. C'est une maladie fort commune d'enfance, constituée par un catarrhe brorchique contagieux, donnant lieu à une toux spéciale et convulsive venant par quintes, avec aspirations sonores. C'est un microbe qui produit la coqueluche, c'est par contagion qu'on le prend.

Caractères de la quinte de la coqueluche

La quinte est caractérisée par un ensemble de secousses de toux plus ou moins nom-

breuses et de force variable. Ces secousses se font coup sur coup. L'enfant sent venir la quinte, abandonne ce qu'il fait, s'appuye à quelque endroit, se met à tousser et reste là jusqu'à la fin de la quinte, le visage devient rouge à la fin de la quinte, le malade crache un peu des crachats muqueux et visqueux, souvent l'enfant vomit. Aussi nous recommandons de faire manger l'enfant de suite après la quinte.

Traitement intérieur :

Sirop Violet .... 2 »

Traitement externe :

Arroser les appartements où séjourne le malade. Solution antiseptique dont on prépare 1 litre avec 1 pot d'**Extrait antiseptique** .... 2 »

Essence de la Sœur Bonnefoy, quelques gouttes sur l'oreiller ou repose l'enfant durant la nuit .... 4 »

Pommade reconstituante .... 2 »

A appliquer sur la gorge, le soir.

Envoi franco à votre maison contre mandat de 10 francs par colis postal, indiquez donc votre gare.

Tenir les enfants toujours à la même température 18°. Repas peu abondants, mais rapprochés, pas d'aliments excitants.

ASTHME et EMPHYSEME

L'*Emphysèmè* est une dilatation des vésicules pulmonaires empêchant les parties du poumon qui en sont affectées de contribuer à l'acte respiratoire. Le mot *Asthme* signifie difficulté pour respirer. C'est une maladie caractérisée par des accès d'oppression, de suffocation, d'étouffements. Le matin au lever, la maladie est particulièrement bénigne; après une marche, le malade est obligé de s'arrêter, de respirer bruyamment et de ne parler à personne. Le soir en se couchant, il ne peut s'étendre dans la position horizontale, parce que l'air lui manque. Le malade tousse un peu et donne des crachats visqueux, si on n'a pas soin de remédier à cet état la maladie devient chronique. Il faut donc y veiller dès les premières attaques pour enrayer la maladie. Les accès d'asthme s'annonçent par des flatuosités, des bâillements, gêne de la poitrine, toux sèche, étouffement.

Traitement intérieur :

Capsulines Bouyer .... 3 »

Tisane dépurative .... 4 »

Traitement extérieur :

Poudre antiasthmatique .... 2 »

pour faire brûler en se couchant, afin d'en respirer les vapeurs; **Cigarettes de la Sœur Bonnefoy, 2** francs, pour fumer quand on veut.

Envoi franco à votre maison contre mandat de **11** francs.

Veiller à la propreté du nez et de la gorge par des lavages ou gargarismes d'eau salée. Suivre une bonne hygiène, éviter le froid, l'humidité, le brouillard, se vêtir d'une flanelle, vivre sobrement, ne point s'exposer à respirer des poussières irritantes.

CATARRHE

Le *Catarrhe* est le reste d'un rhume peu soigné ou des suites de fluxions de poitrine, pneumonie, irritation des bronches. Il est caractérisé par une toux violente en se levant, et par des engorgements des tissus capillaires des bronches. Il est caractérisé par de l'inflammation chronique de la poitrine. On doit soigner le catarrhe, car il prédispose aux maladies de poitrine plus dangereuses.

Traitement intérieur :

Capsulines Bouyer deux par jour .. 3 »
Sucer cinq à six
Pastilles de la Sœur Bonnefoy ...... 2 »
Emplâtre de la Sœur Bonnefoy .... » 75

Total, franco à votre maison 5 fr. 75.

Dans le catarrhe les membranes muqueuses des bronches donnent une sécrétion exagérée.

L'emplâtre s'applique et se laisse sur la poitrine jusqu'à ce qu'il tombe. Il ne fait ni plaies, ni boutons.

Tous les remèdes des voies respiratoires sont préparés avec les Plantes du Lac Bleu, dont le prix est de **3** *francs.*

MALADIES DU CŒUR

Affaiblissement du cœur

Le cœur est le centre de la vie. Il est situé au centre des poumons, au milieu de la poitrine. Il est divisé en deux compartiments qu'on appelle oreilles, l'oreillette droite et l'oreillette gauche. C'est un muscle dont la propriété caractéristique est de se contracter. Par une contraction, le sang veineux est reçu dans le ventricule droit qui l'envoie aux poumons. Le sang arrive aux poumons chargé d'acide carbonique résultant de l'usure de la vie. Là, au contact de l'air, inspiré, le sang se débarrasse de son acide carbonique. Par une nouvelle contraction, ce sang revient au ventricule gauche qui l'expédie dans la circulation générale, c'est le sang artériel. Les maladies dont le cœur est le siège sont nombreuses et cachées, de sorte que beaucoup de malades ignorent leur maladie qui peut les emporter un jour. Le cœur a besoin d'être tonifié pour le soutenir dans son rôle. Il ne faut pas que cet organe faiblisse dans son action; il ne faut pas que sa force fléchisse si dans le cours de la vie, on a supporté de gros chagrins, de grosses privations. Si un vice de la nutrition générale s'est produit, conséquence de maladie respiratoire ou infectieuse (Fièvre thyphoïde, Pleurésie, etc.), le cœur a besoin d'être réconforté par un traitement tonique, Le lait et le régime lacté favorisent l'élimination des principes toxiques, reste des anciennes maladies. Il allège le travail du cœur et augmente la diurèse ou lavage de l'organisme. Dans ces circonstances-là, le malade devra éviter les efforts, les excitants comme le café, l'alcool, le vin pur, éviter de trop boire. Il faudra faire une alimentation douce, peu épicée, des viandes blanches, des œufs. En général, c'est par suite d'un ralentissement, d'une paresse de l'organe, d'une faiblesse consécutive que se produisent diverses maladies du cœur dont on peut être victime; on reconnaîtra le mauvais état du cœur lorsqu'on retrouvera de l'oppression, des palpitations, un pouls irrégulier ou bien encore trop rapide ou trop lent. Le nombre des pulsations cardiaques par minute est de 70 à 72 normalement. On doit donc admettre que lorsque les chocs successifs contractés au poignet n'atteignent pas ou dépassent ce nombre, le cœur est dans un été d'infériorité nombre, le cœur est dans un état d'infériorité marquée et nécessite le traitement de la **Sœur Bonnefoy.**

Traitement intérieur :

Pilules du Dr Allard	3	»
Tisane dépurative	4	»
Cardiaque de la Sœur Bonnefoy	5	»
Total, franco contre mandat de	12	»

IVe PARTIE

Maladies de l'Appareil Génito-Urinaire

Albuminuerie et Néphrites chroniques Mal de reins

La *Néphrite* est l'inflammation du rein; les causes de la néphrite sont d'ordres infectieux et d'ordres toxiques.

La plupart des maladies aiguës infectieuses (pneumonie, fièvres éruptives, scarlatine surtout, fièvre thyphoïde, tuberculose même) la laissent assez facilement. Les reins sont les filtres de l'organisme, le corps, par eux, se débarrasse des substances nuisibles; ils sont postés dans la partie inférieure et supérieure de l'abdomen. Ils se composent de cellules et de tubes très petits qui séparent d'une façon constante l'urine du sang. Ces organes très compliqués sont sujets à des maladies par les causes suivantes :

Le froid, qui arrête la sueur, est une cause d'irritation des reins, la grande chaleur fait travailler les reins davantage, les fatiguent et les excitent. Des aliments de digestion difficile, l'usage de l'eau-de-vie, du rhum, des liqueurs, prédispose à cette maladie. On comprend le travail et, par suite, la fatigue que supportent les reins en se rappelant que tout le sang de la circulation passe constamment chez lui, et qu'il doit séparer les divers éléments contenus, conserver les uns, expulser les autres; si les reins se désorganisent, voilà l'albumine, pour en arriver progressivement peu à peu, si on ne se soigne pas, à la destruction de la muqueuse.

Caractères de l'albumine. — Cette maladie débute par un état de faiblesse générale, maux de tête, maux de reins, le caractère devient triste, le sommeil est mauvais, la vue s'affaiblit, l'enflure commence par la figure et les jambes, et les urines sont mousseuses Faire usage des caleçons de laine.

Symptômes. — Les premiers symptômes sont : l'albumine dans les urines, puis l'enflure persistante et siégeant de préférence à la face et aux paupières, puis des migraines, des palpitations, des suffocations. Cette maladie débute par un état de faiblesse générale, par des maux de tête, par des maux de reins. Le caractère devient triste, irritable, le sommeil est mauvais, la vue s'affaiblit, puis surviennent des névralgies, de la paralysie, de la surdité, des convulsions et autres troubles nerveux, de l'enflure commençant par la feae; les urines sont généralement mousseuses.

La grossesse, les maladies et les lésions du cœur sont des causes fréquentes de l'albuminurie. Voici expliqué par un de nos clients comment on peut reconnaître soi-même l'albumine.

ATTESTATION

Sarrians, 6 février 1910.

Monsieur,

Je viens vous donner de mes nouvelles. Pour vous rappeler que j'ai eu, pendant trois ans, les jambes enflées, des douleurs et des grosses fatigues. Vous m'avez écrit, alors, d'analyser moi-même mon urine pour voir s'il n'y aurait pas de l'albumine. Vous m'avez alors envoyé un appareil bien simple et bien commode pour faire moi-même mon analyse. C'est l'albuminimètre Esbach. Je fais connaître bien volontiers cet appareil à tous mes amis, car il rend de grands services. Si les gens le connaissaient davantage ils feraient eux-mêmes leurs analyses, et de suite, quand ils trouveraient de l'albumine, ils pourraient se soigner.

L'albuminimètre d'Esbach est un simple tube portant dans le fond des degrés, ½, 1, 2, 3, 4, 5, 6, 7.

Puis, au-dessus, un trait avec la lettre U. qui veut dire urine, puis au-dessus, un autre trait avec la lettre R. qui veut dire réactif. Voici comment il faut faire.

Mettre de l'urine à doser jusqu'à U, puis du réactif jusqu'à R. Renverser et redresser le tube douze fois sans le secouer, en fermant avec le bouchon en caoutchouc.

Bien le boucher et laisser en repos 24 heures. Lire ensuite dans le bas du tube la hauteur du dépôt.

Le chiffre qui se trouve en face, à la cime du dépôt, indique en grammes l'albumine contenue dans un litre d'urine.

Si l'urine ne contient pas d'albumine, le réactif ne produit pas de troubles, il n'y a pas de dépôt.

Si l'urine contient de l'albumine, le réactif produit un trouble d'autant plus abondant qu'il y a plus d'albumine, ce trouble, en se déposant, indique sur les graduations la quantité d'albumine par litre.

Le prix de l'appareil, et d'un grand flacon de réactif pour faire 25 analyses, franco à domicile par un colis postal, est de 6 francs. L'appareil sert indéfiniment.

Le flacon de réactif pour 25 analyses coûte 1 fr. 50. J'ai donc fait une fois le traitement complet indiqué à la page 122-125.

Je suis complètement guéri.

Veuillez agréer, etc....

GIRAUD, négociant en fourrages,
à Sarrians (Vaucluse).

TRAITEMENT. — Suivre d'abord comme régime le régime indiqué, porter un maillot de laine, éviter le froid, l'humidité, les émotions morales.

Pilules du Dr Allard	3	»
Poudre rafraîchissante	3	50
Capsulines Cauterets	3	»
Pommade néphrétique sur les reins.	2	»
Total franco contre mandat de	11	50

Coliques néphrétiques, coliques des reins.

Traitement :

Capsulines Cauterets	3	»
Pommade néphrétique	2	»
Plantes d'Aiguecluse	3	»
Total, franco contre mandat de	8	»

Hydropisie

Pour guérir l'Hydropisie il faut suivre le traitement suivant :

Capsulines Cauterets	3 »
Pilules toniques	3 »
Tisane dépurative	4 »
Total, franco contre mandat de	10 »

CYSTITE et CATARRHE VESICAL

La *Cystite* est l'inflammation de la vessie.

Les causes de la Cystite sont donc infectives.

L'alcoolisme et les suites d'hérédité par alcoolisme, prédisposent à la Cystite.

L'hérédité provenant de gravelleux, de goutteux, une mauvaise hygiène alimentaire longtemps suivie prédisposent aussi à la Cystite.

Symptômes : C'est l'envie fréquente d'uriner; ensuite on urine peu, et quand on urine, on souffre. Les urines quand on les laisse reposer pendant un certain temps, abandonnent un dépôt au fond du vase qui les contient. Ce dépôt est surtout très visible quand on recueille les urines dans un récipient transparent, bocal ou verre à pied. Ce dépôt est-il léger? Il prend l'aspect d'un nuage plus ou moins épais, qui trouble peu à prou la transparence de la partie inférieure du liquide. Ce nuage est constitué, le plus souvent, par des mucosités plus ou moins denses et abondantes. Fréquemment et pour peu que la Cystite passe à l'état chronique ou dure un certain temps, il ne tarde pas à s'ajouter au nuage précédent un dépôt blanc grisâtre, occupant la partie tout à fait inférieure du récipient qui contient l'urine.

La couche de ce dépôt est plus ou moins épaisse et va de un millimètre à un centimètre ou même plus, variant, d'ailleurs pour une même urine, suivant la surface du fond du vase qui la contient. Sa nature est purulente ou phosphatique.

Le besoin d'uriner peut s'élever jusqu'à 30 fois par 24 heures. Le malade ressent une sensation de brûlure cuisante et malgré ses efforts, la vessie ne se vide pas, le malade appréhende pour uriner encore. Si on laisse avancer la maladie, le dépôt d'urine est une masse glaireuse de couleur rougeâtre qui sent vite l'ammoniaque. La persistance de la cystite est que l'on doit la soigner de suite, sinon elle apporte des troubles à l'organisme qui ne font que s'accroître. Un cas léger pas soigné, en arrive à ces complications décrites ci-dessus.

Traitement intérieur :

Une poudre rafraîchissante	3 50
Capsulines d'Espadc	3 »
Pilules du Dr Allard	3 »
Total, franco contre mandat de	9 50

Incontinence nocturne d'urine chez les enfants et les vieillards

L'*Incontinence d'urine* est une maladie caractérisée par la perte involontaire des urines sans lésion apparente du moins de l'appareil urinaire. Elle est principalement nocturne; mais aussi diurne dans certains cas. Les crises de l'Incontinence d'urine sont diverses. les uns l'ont attribuée à la paresse des enfants à se lever pour uriner, d'autres l'ont attribuée à la peur des enfants pour se lever, d'autres au sommeil trop profond. Le savant le plus incontesté sur cette matière, Trousseau, dit : c'est une maladie ayant sa base dans l'iperexcitabilité de la vesie.

Symptômes : L'enfant mouille son lit la nuit, et ses vêtements le jour. Cette infirmité désole de nombreuses familles, on a essayé divers remèdes pour délivrer la jeunesse de cette dégoûtante infirmité. On a essayé la cantharide, les douches froides, la faradisation, l'électro-homéopathie, l'hypnotisme, la noix vomique, la strychnine elle-même. Tout cela n'a pas réussi, on a essayé aussi des moyens empiriques les plus bizarres, on a fait avaler aux pauvres petits les choses les plus dégoûtantes, souris grillées, taupes rôties, galettes d'os de morts, on leur a fait peur par toutes sortes de moyens, on leur à appliqué sur la poitrine le gésier d'un coq rôti, un lapin vivant coupé en deux, la vessie d'une chèvre ou d'un cochon. On leur a fait pour en leur faisant écraser à eux-mêmes des crapauds, on ou les mettait brusquement en présence d'un mort, ou on leur faisait brusquement retentir une détonation de pistolet à leurs oreilles. Je m'élève vivement contre les parents qui ont recours à de telles pratiques. Ces moyens sont ridicules et ne peuvent que procurer une nouvelle maladie aux enfants et qui ne peuvent pas guérir en aucune façon l'Incontinence. Que tous ces parents aient recours au traitement ci-dessous. Nous n'avons pas vu aucun cas, quelque intense qu'il fût d'ailleurs, résister au traitement.

Traitement intérieur :

Granulé de la Sœur Bonnefoy	5	»
Capsulines Aullan	1	»
Extrait de Sirop Allard	[illegible]	»
Pilules Toniques	3	»

Recommandations

1° Ne pas interrompre le traitement, sauf le cas de maladies;

2° Continuer le traitement, même après la disparition des accidents, pour éviter les rechutes;

3° Suivre le régime indiqué;

4° Eviter de les coucher immédiatement après le repas du soir qui devra être peu abondant, et surtout s'abstenir à ce repas de boire et se priver de fruits;

5° Ne pas donner ce traitement aux enfants ayant moins de deux ans;

Veiller quotidiennement à la propreté des organes génito-urinaires;

6° **Très important.** — Placer dans le lit de l'enfant, sous les reins, un coussin ou un oreiller, de façon à surhausser le bassin pendant le sommeil; ou ce qui est préférable, coucher l'enfant le plus horizontalement possible et rehausser le lit du côté des pieds. On y parvient graduellement. Cette disposition devra être maintenue pendant une quinzaine de jours après la guérison. Nous insistons sur ce point d'une façon toute spéciale, et nous devons ajouter que, malgré la croyance populaire, cette disposition n'offre aucun inconvénient;

7° Ce traitement n'a aucune action nuisible sur l'organisme, quelque prolongé qu'il soit. Les enfants qui le suivent en ressentent un grand bien-être. Notre médication mérite donc d'être bien accueillie par les familles qui ont des enfants affligés de cette infirmité.

Calculs biliaires. — Ce sont des concrétions formées dans la vésicule biliaire.

Traitement :

Pilules laxatives 1 50

Poudre alcaline-rafraichissante ..... 3 »

Gravelle, Calcul des Voies urinaires, Pierre et Rétention d'urine

La *Gravelle* consiste en la présence dans les urines d'un sable jaune plus ou moins abondant.

Les calculs sont des concrétions qui se forment dans les reins et la vessie. Si ces calculs deviennent trop gros et se posent au passage de l'urine, c'est la pierre.

La rétention d'urine, c'est l'urine qui reste stagnante dans la vessie; cet accident se produit par paralysie de la vessie, rétrécissements ou calculs obstruant le canal de l'urèthre. On le voit, il faut, pour guérir ces maladies, un traitement qui puisse dissoudre les fines particules arrivant peu à peu à obstruer l'appareil génito-urinaire. De plus, ce traitement, par son emploi régulier, guérit les inflammations aiguës ou chroniques de la vessie, maladies de la prostate et de l'urèthre. C'est à un ralentissement des fonctions digestives et des fonctions sécrétantes que sont dues ces maladies.

Le traitement sera pour ainsi dire une lessive de l'organisme et entraînera les fines particules. Si la gravelle est commencée, si des calculs existent, l'effet du traitement sera d'attaquer les calculs et la gravelle formés, de les user par entraînement, en dissolvant leurs atomes. La guérison de ces cas repose donc dans une lixibiliation, un lavage et une augmentation de toutes les sécrétions, les résidus alimentaires ne séjournent plus dans l'intestin et sont emportés dans leur voie naturelle. Par son usage, l'élimination des produits urinaires se fait sans aucune douleur, l'évacuation des graviers se fait lentement mais sûrement, l'urine redevient limpide, claire et normale.

Traitement :

Poudre rafraichissante	3 50
Plantes d'Aiguecluse	3 »
Capsulines de Viscos	3 »
Pommade néphrétique	2 »
Régime anti-arthritique.	
Total, franco contre mandat de	11 50

Tous les remèdes des maladies des voies urinaires sont préparés avec les **Plantes d'Aiguecluse**, dont le prix est de 3 fr. franco.

MODE D'EMPLOI. — Une mesure pour une tasse ordinaire d'eau bouillante; laisser infuser dix minutes, passer, sucrer à volonté. En boire une tasse dans la matinée et une autre l'après-midi quand on veut.

MALADIES DES FEMMES

Guérison sans poisons ni opérations de toutes les maladies intérieures de la femme, par le traitement de la Sœur Bonnefoy.

Gouttes merveilleuses : Les Gouttes merveilleuses de la Sœur Bonnefoy ont pour but de conserver à celles qui en font usage, une bonne santé. Les Gouttes merveilleuses s'adressent à la femme, lui assurent la parfaite circulation du sang et maintiennent ou remettent en bon état tous les organes chargés de ce but : système nerveux, estomac, intestin, etc. Donc, chaque fois que l'on constatera un trouble dans ces fonctions, il faut y avoir recours. La femme a une fonction et des organes spéciaux qui demandent une circulation du sang très intense. C'est la raison de ce traitement **spécial.**

LA JEUNE FILLE

Beaucoup de jeunes filles doivent être soignées dès le moment critique de la puberté. A ce moment-là, la jeune fille ressent des maux d'estomac, de la constipation, des migraines, des maux de tête, des douleurs de reins et de ventre. La jeune fille veut s'isoler, des idées noires trottent dans sa cervelle; la maman remarquera avec attention les troubles nerveux qui peuvent se produire et qui conduisent par l'ennui, le découragement et les peines, aux maladies de langueur. C'est le moment précis pour que les mamans fassent prendre à leurs jeunes filles les Gouttes merveilleuses qui ramèneraient la gaieté, les bonnes couleurs, l'appétit, la bonne digestion, en un mot, la bonne santé.

Si des pertes blanches existent ce traitement les guérit.

La transformation de la jeune fille se ferait sans douleurs, sans peines et tout naturellement. Elle régulariserait aussi le flux mensuel qui aurait lieu sans secousse. Si la jeune fille est déjà souffrante, à plus forte raison, doit-on se servir immédiatement des **Gouttes merveilleuses** et des **Pilules toniques.**

Total, 7 francs, franco contre mandat.

Aménorrhée

C'est la suppression des règles en dehors de l'état de grossesse. L'Aménorrhée dépend, en général, d'un défaut de circulation du sang. A combattre par le traitement :

Plantes régulatrices	3 »
Pilules du Dr Allard	3 »
Pilules névrosines	1 75
Total, franco contre mandat de	7 75

On appelle dysménorrhée des règles difficiles et douloureuses. Le traitement est le même que ci-dessus.

LA FEMME

La femme porte le beau nom de jeune femme jusqu'à l'âge critique, c'est-à-dire jusqu'à l'époque de la cessation des règles. Pendant toute cette période la femme, au point de vue maladie, est d'une grand sensibilité, et voici les divers accidents auxquels elle peut être sujette : 1° La Métrite. Souvent à la suite des enfants, ils se produit des suites de couches mauvaises, soit que l'accouchement ait été laborieux, soit qu'il y ait eu quelques imprudences. La Métrite survient assez brusquement, un jour, la femme ressent des douleurs au moment des règles, puis ces règles deviennent irrégulières, tantôt en avance, tantôt en retard, puis des pertes blanches se produisent, par suite l'anémie prend le sang, la femme perd ses couleurs, ses traits roses, sa figure devient terreuse. Elle n'a plus de courage et elle est ennuyée tout le temps.

La femme atteinte de métrite, devra au plus tôt se soigner par le traitement.

Traitement intérieur :

Capsulines de Pierrefitte	3 »
Pilules du Dr Allard	3 »
Gouttes merveilleuses de la Sœur Bonnefoy	4 »
Traitement extérieur :	
Poudre de la Sœur pour injection.	2 »
Total, franco contre mandat de	12 »

Le traitement est à faire pendant quelques temps avec persévérance, afin d'obtenir une guérison complète.

Mal de la Mère — Fibrôme

Le *Fibrôme* est un épanchement sanguin, suite des organes congestionnés. Le Fibrôme peut devenir assez gros, il pèse sur l'utérus et les ovaires et cause des hémorragies, les hémorragies affaiblissent graduellement la femme qui les souffre. Les Gouttes merveilleuses décongestionnent les tissus et augmentant la circulation du sang, le font diminuer sans cesse pour le rendre anodin.

Traitement :

Gouttes merveilleuses	4 »
Emplâtre	» 75
Capsulines Pierrefitte	3 »
Total, franco contre mandat de	7 75

Hématurie — Hémorragies

L'*Hémorragie menstruelle* trop abondante, s'appelle Ménorragie, l'Hémorragie inopinée entre les époques, s'appelle Métrorragie. Les suites de ces Hémorragies sont l'anémie profonde et la faiblesse générale. Ces Hémorragies sont aussi fréquentes chez la femme forte que chez la femme maigre. Elles ont pour cause l'afflux trop grand du sang et une preuve de maladie intérieure de la femme qu'il faut soigner au plus tôt. Pendant les hémorragies, la femme doit restée couchée et prendre des injections très chaudes avec de l'eau bouillie, avec une cuillerée à café pour les deux litres de la **Poudre de la Sœur Bonnefoy.** En même temps faire un usage persévérant des **Gouttes merveilleuses** pour que les règles redeviennent naturelles, et des **Pilules du Dr Allard.**

Gouttes merveilleuses	4	»
Pilules du Dr Allard	3	»
Poudre pour injections	2	»
Total, franco à votre maison contre mandat de	9	»

Grossesse

Pendant la durée de la grossesse, éviter les exercices violents, les veilles, les excès de table, café, thé, liqueurs, éviter les émotions et préoccupations, et éviter la constipation par les Graines des vallées. Porter une bande ventrière très facile à mettre, on n'a qu'à l'enrouler autour de la taille, sans la comprimer, le prix de la bande, 6 francs. On dit que pendant la grossesse, il ne faut prendre aucun médicament, c'est une erreur. Oui, il ne faut prendre aucun médicament avec des poisons, mais on peut parfaitement prendre, et avec juste raison le traitement de la Sœur Bonnefoy à base de plantes. Nous déclarons hautement et sous notre entière responsabilité que, une femme enceinte, qui aura souffert précédemment des maladies de femmes, qui serait sujette aux fausses couches, devra user des Gouttes merveilleuses de la Sœur

Bonnefoy et des Pilules toniques du Dr Allard, afin d'obtenir un bon accouchement, d'obtenir une santé de premier ordre à elle et à son enfant.

Gouttes merveilleuses de la Sœur Bonnefoy .... 4 »

Pilules du Dr Allard .... 3 »

Total, **7 francs,** franco à votre maison contre mandat.

Age critique, Retour d'âge, Ménopause

A l'époque de la vie où, pour les femmes, s'espacent les phénomènes périodiques et où les règles cessent de se produire avec la régularité de l'âge adulte, des maladies et des troubles spéciaux assiègent la femme. Les femmes éprouvent à ce moment-là des douleurs vives dans les reins, des congestions au visage, de l'étouffement, des palpitations, leur humeur devient irascible et changeante et parfois même des désordres mentaux surviennent. On constate d'abord des hémorragies progressives qui, pendant un an ou deux avant que la ménopause ne survienne affaiblissent la malade; c'est le début du mal. Les règles disparaissent ensuite avec des alternatives de retour qui, toujours, sont douloureuses, et le phénomène menstruel étant complètement aboli, l'affection s'installe définitivement. On conçoit certainement que l'approche de l'âge critique doit être observé très attentivement par les femmes qui, dès qu'elles le sentiront venir, devront s'évertuer par une médication appropriée à éviter les désordres de toutes sortes qui sont sur le point de se produire. Le retour d'âge ou âge critique, ou ménopause mérite d'être soigné, car la cessation des règles entraîne souvent chez la femme divers troubles, tels que : maux de reins, maux de tête. On doit alors faciliter et régulariser le cours du sang.

Traitement :

Plantes régulatrices	3 »
Gouttes merveilleuses de la Sœur Bonnefoy	4 »
Pilules laxatives	1 50
Capsulines de Pierrefitte	3 »
Total, franco contre mandat de	11 50

Tous les remèdes des maladies de femme sont préparés avec les plantes régulatrices dont le prix est de 3 francs franco.

Maladies du Système Nerveux

Fièvres intermittentes, Migraines, Insomnies, Névralgies, Maux de tête Faciales, Intercostales et Sciatiques

On désigne sous le nom de *Névralgies*, un état particulier des nerfs sensitifs, caractérisé par l'élément douleur. La cause des névralgies c'est l'anémie et le nervosisme. La névralgie sciatique a sa cause dans le rhumatisme; la névralgie faciale est la plus fréquente de toutes, elle commence par le mal de tête. Dans la majorité des cas ce sont les nerfs maxillaires qui sont les plus douloureux. La mastication est douloureuse et, de là, mastication incomplète pour l'estomac, de là, des dilatations d'estomac, d'où nécessité de soigner cette affection au plus tôt.

La névralgie a comme voisine la migraine; la migraine est une maladie ayant pour point douloureux la tête. Le nerf sciatique qui descend le long de la face postérieure de la cuisse, parcourt les jambes depuis le talon jusqu'à la fesse, sous des influences assez difficiles à déterminer, mais qui reconnaissent les mêmes causes que le rhumatisme. En général, ce nerf s'irrite et l'on ressent des douleurs absolument insupportables qui empêchent la marche. C'est ce qu'on appelle la névralgie sciatique. Elle ne se produit généralement que d'un seul côté.

Le lumbago a les mêmes symptômes, mais son siège se trouve dans les reins, et la douleur peut se propager jusqu'aux épaules et au cou.

Traitement :

1° Donner aux malades des aliments demi-liquides, suivre le régime des choréiques; laver la bouche après chaque repas.

Granulé de la Sœur Bonnefoy	5	»
Pilules du Dr Allard	3	»
Pilules de Névrosine	1	75
Pilules laxatives	1	50
Total, franco contre mandat de	11	25

Maladies de la Moëlle épinière
Paralysie — Maladies cérébrales

La paralysie n'est autre chose que la privation ou la suppression du mouvement volontaire, sous l'influence d'une lésion nerveuse, centrale ou périphérique.

Traitement :

Pilules du Dr Allard	3	»
Baume Allard	2	»
Granulé de la Sœur Bonnefoy	5	»
Total, franco contre mandat de	10	»

TICS

Le *Tic* n'est autre chose qu'un mouvement convulsif faisant exécuter à la tête, d'une façon presque rythmée, les déplacements oscillatoires de flexion antérieure ou de latéralité. Les causes du tic sont dues à l'hérédité nerveuse, parfois à l'influence de l'imitation.

TRAITEMENT. — Eviter les frayeurs de toutes natures, diriger d'une façon ferme le malade, mais sans brusquerie ni violence.

Pilules du Dr Allard	3 »
Pilules de Névrosine	1 75
Granulé de la Sœur Bonnefoy	5 »
Pilules laxatives	1 50
Total, franco contre mandat de	11 25

CHOREE ou Danse de Saint-Guy

La *Danse de Saint-Guy* est un état de surexcitation nerveuse, se manifestant par des mouvements irréguliers et involontaires sans fièvre ni désordre intellectuel. La chorée ou danse de Saint-Guy est une névrose de l'enfance caractérisée par des mouvements incoordonnés, dus à des contractions musculaires involontaires. Les causes de cette maladie sont d'abord l'hérédité nerveuse, puis l'anémie, puis l'évolution dentaire.

L'anémie est une cause d'excitation nerveuse, provenant soit de la mastication incomplète, soit de la croissance rapide, soit d'une alimentation vicieuse, soit des suites des maladies infectieuses (directe ou par hérédité, transmise par le sang des parents, rhumatismes, scarlatine, rougeole, etc.). Le sexe féminin semble prédisposé un peu plus à cette névrose, la peur, une grosse frayeur y prédisposent; l'âge de 6 à 7 ans et celui de 13 à 14 ans, sont les moments les plus favorables à son apparition. Que les parents qui remarquent des grimaces où des contractions involontaires de la face, pensent à la chorée au lieu de l'attribuer au mauvais caractère de leurs petits, qu'ils ne les frappent jamais pour cette raison, car on ne fait qu'augmenter la maladie. Les mouvements convulsifs de la chorée apparaissent au visage, puis s'étendent aux autres membres.

TRAITEMENT. — Bien faire mâcher les aliments, donner de préférence des aliments liquides, tels que : purées, potages, lait, œufs,

Traitement intérieur :

Pilules du Dr Allard	3	»
Granulé de la Sœur Bonnefoy	5	»
Capsulines de Sia	3	»

Traitement extérieur :

Pommade reconstituante	2	»
Total, franco contre mandat de	13	»

La Pommade reconstituante s'emploie sur la colonne vertébrale, le soir en se couchant. Eviter les excitants, café, vins, boissons alcooliques.

HYSTÉRIE

L'*Hystérie* est une névrose à peu près exclusive du sexe féminin, elle est caractérisée par des attaques particulières, elle débute principalement au moment de la puberté, de douze à quatorze ans. Elle peut subvenir et se continuer plus tard. Les émotions, la peur, la frayeur, en sont une cause prédisposante. L'anémie, le trop de souci intellectuel, la vie sédentaire, les névralgies dentaires, l'hérédité y prédisposent aussi.

Caractères : Quand une jeune fille ou jeune femme est atteinte de l'Hystérie, son caractère est changeant, variable, fantasque, très impressionnable, les goûts sont plus ou moins bizarres pour tel ou tel aliment, ou telle ou telle boisson. Certains jours il se produit des orages nerveux (agacement, impatience, colères sans motif, fou rire se terminant souvent par des larmes, tantôt par de véritables attaques que les malades sentent venir d'habitude.

Traitement intérieur :

Cachets de la Sœur Bonnefoy 2 50

Pilules du Dr Allard .... 3 »

Sirop antinerveux de la Sœur Bonnefoy .... 6 »

Régime des maladies de l'estomac.

Traitement extérieur :

Pommade reconstituante .... 2 »

Franco à votre maison contre mandat de 13 50

IDIOTIE, IMBÉCILLITÉ

L'*Idiotie* et l'*Imbécillité* sont deux formes d'aliénation mentale propres à l'enfance et dues, l'une et l'autre, à un arrêt de développement cérébral. Ce sont les infections des tissus ou organes qui arrivent à amener ces maladies, le regard du malade est moins vif, moins expressif, rien ne l'intéresse, contrairement à ce qui se passe chez un enfant normal.

TRAITEMENT. — Il faut une alimentation régulière et bonne.

Pilules du Dr Allard .... 3 »

Granulé de la Sœur Bonnefoy ...... 5 »

Veillez à l'éducation morale de ces pauvres enfants.

Convulsions chroniques
Attaques de nerfs

On désigne sous le nom de *Convulsions* des mouvements désordonnés et brusques atterrant le malade. Cette maladie existe surtout chez les enfants. La principale des causes sont les vers, puis les dents, puis la constipation. Les convulsions surviennent brusquement, même au milieu des récréations de l'enfant. Le petit malade se raidit de tout son corps et exécute des mouvements désordonnés.

TRAITEMENT. — Fortifier l'enfant par du granulé .... 5 »

Le purger de temps en temps et lui donner une alimentation légère et bien réglée, combattre les vers par le **Vermifuge Suisse.** 1 »

Epilepsie

L'*Epilepsie* est une maladie nerveuse, caractérisée par l'absence intellectuelle avec pertes momentanées de connaissance. Il se produit parfois des attaques subites terrassant le malade en pleine santé et le réduisant à l'état de mort. Le malade, une fois la crise passée, ne se rappelle plus de rien. Ce sont des lésions au cerveau et la moelle qui provoquent cet état là. C'est un état spécial qui se manifeste par des migraines et des insomnies d'abord, puis par des vertiges, des convulsions, des hallucinations, suivies d'une manière plus ou moins fréquente, par des attaques qui débutent par une perte de connaissance complète et subite. Les membres du malade se raidissent, son visage se contracte, les yeux sont convulsés, la bouche tordue et la respiration est suspendue. Des spasmes qui durent plusieurs secondes et qui se renouvellent agitent tout le corps du sujet, et l'accès, d'une durée variable, laisse le malade étonné, sans mémoire et surtout complètement brisé de fatigue. Avec des malades épileptiques, on ne doit jamais se décourager, c'est par des soins constants qu'on peut arriver à guérir cette maladie si triste.

Evitez tous les excitants nerveux, boissons alcooliques, thés, cafés; comme boisson, du vin coupé par moitié d'eau, bien mastiquer les aliments, prendre bien ses repas d'une façon régulière.

Traitement intérieur :

Pilules laxatives	1 50
Pilules du Dr Allard	3 »
Granulé de la Sœur Bonnefoy	5 »
Antinerveux de la Sœur Bonnefoy ..	6 »

Total, franco à votre maison contre mandat poste de 15 50

Indiquer la gare qui vous dessert.

Impuissance — Stérilité

Cette affection se relie à une débilité du système nerveux, c'est le sang devenu faible, ce sont les nerfs qui ont perdu leurs substances actives qui provoquent cet état de faiblesse. C'est la conséquence d'une vie trop agitée, trop surmenée, ayant supporté des fatigues trop vives.

Chez la femme, l'Impuissance se traduit par la Stérilité, et cette situation peut avoir, au point de vue social, les plus pénibles des conséquences. C'est pourquoi les malades frappés d'impuissance ou de stérilité, devront surveiller leur état et remédier à leur cas particulier. On obtiendra les effets les plus rapides par la médication suivante :

Traitement intérieur :

Capsulines de Sassis	3	»
Pilules du Dr Allard	3	»
Granulé de la Sœur Bonnefoy	5	»
Total, franco	11	»

Neurasthénie — Dyspepsie nerveuse

La vie excessivement active que l'on mène aujourd'hui provoque une grosse dépense nerveuse. Tout vibre en nous, d'une façon continuelle, voyages, soucis, tracas, épuisent le tempérament: ceux qui ont soin de recourir au traitement suivant, tiennent tête à cette vie active, les autres s'anémient et tombent fatalement faute de soins dans la Neurasthénie ou Dyspepsie nerveuse. On a conseillé de remédier à la neurasthénie par une nourriture abondante. Tout irait pour le mieux, si on avait un bon estomac pour bien digérer. Mais lorsque les forces sont affaiblies, l'estomac n'est guère vaillant. Chez lui l'appétit d'abord, et l'assimilation sont bien petits. Le malade atteint de neurasthénie a une humeur maussade, il est triste et cela se comprend, car, presque toutes ses forces sont taries, on l'appellera volontiers malade imaginaire, mais il ne l'est pas, et il mérite d'être soigné. Je supplie les familles qui ont chez eux un malade neurasthénique, de lui éviter des ennuis, des colères et des tracas. Il faut le soigner au plutôt, car le mal non soigné, ne fait que croître.

Traitement pour guérir la neurasthénie :

Pilules du Dr Allard	3 »
Capsulines Gavarnie	3 »
Granulé de la Sœur Bonnefoy	5 »
Cachets de la Sœur Bonnefoy	2 50
Franco	13 50

ANÉMIE

Chlorose, Pauvreté du sang, Amaigrissement, Epuisement nerveux, Affaiblissement, Manque d'appétit, Faiblesse des nerfs, Appauvrissement du sang, Tremblements.

Au commencement et au déclin de la vie, le sang se trouve faible. Au commencement de la vie le sang n'a pas pris sa force et à la fin de la vie, le sang est affaibli par tous les travaux, tracas, peines, soucis, que l'on a supporté. L'anémie, chlorose, est une affection qu'il faut soigner. Elle est caractérisée par une altération du liquide sanguin consistant en la diminution du nombre des globules rouges et par une altération dans la qualité de ses éléments cellulaires.

Outre qu'on doit la redouter, ce qui doit

le plus encore nous en effrayer, c'est qu'elle prédispose à prendre les maladies qui sont autour de nous : épidémies, fièvres, tuberculose, etc.

Causes : Souvent, à la suite de maladies aiguës, de maladies chroniques, elle se déclare brusquement. La croissance y joue un rôle considérable, un estomac faible y contribue aussi, une mastication incomplète y aide.

Caractères : L'anémie, chez l'enfant comme chez l'adulte, se révèle par une décoloration des lèvres, du teint et des muqueuses. La figure est pâle, et l'on voit le sujet qui s'étiole. Bientôt surviennent des palpitations de cœur, de l'essoufflement aux moindres efforts, et pas d'appétit. Les yeux sont cernés, sans éclats,les gencives et les conjonctives des yeux sont pâles. C'est en se basant sur les causes de ce mal que la Sœur Bonnefoy a institué un traitement spécial pour cet état maladif. Par ce traitement, l'atonie de l'organisme est relevé, les digestions deviennent complètes et apportent au sang tous les éléments nécessaires et les principes essentiels de la vie.

Ce traitement est réparateur et s'adresse au sang pour en relever les éléments anatomiques, et s'adresse au fluide nerveux pour développer une action vitale supérieure. Par son action, les globules rouges qui donnent au sang sa coloration particulière deviennent plus nombreux, leur coloration est due au fer qu'ils renferment. Dans une goutte de sang, la quantité de ces globules rouges est innombrable. Ce traitement donne plus de vitalité aux globules blancs qui existent aussi dans le sang, il y a en général, un ou deux globules blancs par mille globules rouges, ces globules vivent les uns à côté des autres et sont portés par un liquide spécial que l'on appelle lymphe, apporte de la vitalité à tous les autres principes qu'on trouve dans le sang : sels de chaux, sels de magnésie, sels de potasse, oxygène, carbone, azote.

La nature, par elle-même, nous défend contre la faiblesse du sang, mais il faut avoir soin de lui aider. Des soins négligés ou tardifs ne permettent pas au moment voulu de vite guérir.

Ce traitement n'a pas un seul cas d'insuccès quand il est pris d'une façon régulière et précise. Le secret des résultats merveilleux obtenus par notre méthode, réside en ceci : que notre traitement est simple, commode, et que sa tolérance est irréprochable, des milliers de nos clients, y ont une confiance absolue, et ne manquent jamais d'y avoir recours pour les différents malades qui, de temps en temps, peuvent se produire dans leur famille. Ce traitement est reconstituant et doit être indiqué dans les convalescences des diverses maladies. A la suite de la grippe, de l'influenza, il est bon d'y avoir recours. Tous ceux qui ont une santé précaire par suite de l'appauvrissement du sang doivent y avoir recours. Le tempérament lymphatique, doit en user, afin que son tempérament devienne puissant et fort. Durant le temps de la grossesse et durant l'allaitement, la maman s'épuise d'une façon constante en faveur de son nourrisson, il faut donc que cette maman pense à ce traitement, afin de se reconstituer son sang et qu'elle continue à donner à son nourrisson, un lait constamment chargé de bons principes.

Régime tonique : Viandes rôties, bains l'été. Ce traitement est de premier ordre, même pour l'anémie cérébrale.

Pilules du Dr Allard	3 »
Cachets de la Sœur Bonnefoy	2 50
Capsulines de Gavarnie	3 »
Pilules laxatives	1 50
Total, franco à votre maison contre mandat de	10 »

NOTA. — *Tous les remèdes pour les maladies nerveuses et anémiques sont préparés avec les* **Plantes du Lac Bleu,** *dont le prix est de 3 francs franco.*

ENGELURES

Pour les *Engelures*, il suffit de mettre pendant dix jours, sans gratter l'engelure, de la Pommade spéciale grande marque.

Prix : 1 fr. 50

CORS

Le *Cor* est un durcissement de l'épiderme, causé par un frottement prolongé. Les cors aux pieds sont toujours produits par une chaussure trop étroite ou mal faite. Sur les observations de nombreux clients qui en ont fait des essais, nous recommandons le Topique grande marque pour guérir les cors aux pieds, la guérison est sûre pour les cors, on en met tous les soirs sur le cor un petit carré du Topique, le laisser 5 jours, l'enlever, puis en remettre du neuf si le cor n'est pas parti. Ne jamais les couper avec couteaux, canifs, ciseaux, user du topique, car des instruments tranchants tenus par des mains non habiles, on court le risque d'une hémorragie ou le tétanos pouvant entraîner la mort.

BRULURES

La *Brûlure* est une inflammation et une désorganisation de l'épiderme, causés par le feu ou un agent caustique. Si la partie brûlée peut être plongée dans l'eau froide, procéder à cette immersion de suite et renouveler l'eau toutes les cinq minutes. Nous avons rendu de grands services avec le Baume pour les brûlures. On devrait toujours en avoir un à la maison.

Prix : 2 francs.

ROUGEURS DU NEZ

Pommade Eukad, grande marque, très utile pour guérir radicalement les rougeurs du nez.

Prix : 3 francs.

VERS INTESTINAUX

De tous les vers intestinaux, les lombrics sont les plus importants, puis les oxyures, puis les tænias.

Lombric ou ascaride lombricoïde.

Les lombrics sont des verts cylindriques, plus volumineux dans leur partie moyenne, effilés au contraire à leurs deux extrémités. Ils sont de dimension différente selon l'âge de l'enfant ou de la grande personne. Larges de quelques millimètres (3 m/m 2 pour le mâle) (5 m/m à 5 m/m 5 pour la femelle), ils ont une longueur qui varie de 15 à 17 centimètres pour le premier, de 20 à 25 pour la seconde. Leur couleur parfois d'un blanc gris, est rougeâtre, le plus souvent, on en trouve d'ordinaire chez le même sujet un grand nombre.

Nous avons connu des enfants qui en ont rendu de 15 à 20, dans l'espace de quelques semaines ou de quelques mois.

Caractères : On sent des picotements douloureux à un point du ventre, il se produit une toux intermittente et fréquente la nuit, de plus, les mamans connaissent elles-mêmes les symptômes des vers.

Traitement :

Un vermifuge Suisse .... 1 »

On peut en donner en toute sécurité aux enfants, même de 6 mois. Les doses sont indiquées sur la boîte pour tous les âges, depuis l'enfant de 6 mois jusqu'à l'adulte.

Pour les enfants à partir de 6 ans, il faut en plus, une boîte de **Pilules laxatives** .. 1 50

Total, franco à votre maison contre mandat de 2 fr. 50.

OXYURES

On désigne sous le nom d'oxyures, de petits vers blancs de 2 à 12 millimètres de long, qui habitent ordinairement le rectum et l'anus.

Symptômes : Ce sont des démangeaisons à l'anus, si c'est un enfant assis sur sa chaise, il remue constamment, et par là, se gratte sans en avoir l'air.

TRAITEMENT. — 1° Saler progressivement les aliments; 2° Donner des lavements de gousses d'aulx, une gousse pour un quart de litre d'eau, ou bien des lavements salés, une cuillerée à café de sel de cuisine pour un litre d'eau.

Pour les adultes, doubler ces doses.

3° Introduire le soir en se couchant, un Suppositoire spécial contre les oxyures, prix de la boîte, 3 francs.

Traitement :

Un vermifuge Suisse .... 1 »
Suppositoires spéciaux .... 3 »

Total, franco à votre maison contre mandat de .... 4 »

TÆNIA ou VER SOLITAIRE

Les *Tœnias* sont des vers plats, longs et blancs, formés de petits anneaux.

Le tænia mou est donné par la viande de cochon.

TRAITEMENT. — Pour enfants de 10 à 16 ans :

Capsules tænifuges .... 5 »

Pour adultes :

Capsules tænifuges .... 6 »

Une notice spéciale en explique le mode d'emploi.

CARIE DENTAIRE

Le spécifique de cette maladie ce sont les **Capsulines d'Argelès.**

Prix : 3 francs.

ROUGEURS et ECORCHURES des Petits Enfants

Le meilleur remède contre les rougeurs et les écorchures des petits enfants, c'est la **Pommade pour les bébés.**

Prix : 1 franc.

CRÈME contre les TACHES DE ROUSSEUR

Excellent remède contre les taches de rousseur, taches hépatiques, rougeurs de la peau.

Prix : 3 francs.

EPILATOIRE DU DOCTEUR ALLARD

Disparition définitive de tout duvet, barbe du visage et du corps, par une simple application de **l'Epilatoire du Dr Allard** perfectionné, le seul diplômé, adopté du conseil d'hygiène de Paris.

Prix du flacon, 5 francs, contre mandat poste ou timbres.

L'Epilatoire du Dr Allard est un produit parfumé, entièrement inoffensif, pour enlever instantanément les poils sur les différentes parties du corps.

L'Epilatoire du Dr Allard n'occasionne ni douleur, ni autre effet fâcheux sur la peau et l'organisme en général

Exempt d'arsenic ou de tout autre poison et sans odeur désagréable.

L'Epilatoire du Dr Allard se distingue avantageusement des préparations similaires par sa parfaite innocuité, de même que par sa conservation indéfinie.

MODE D'EMPLOI. — Verser la valeur d'un dé dans un petit verre; délayer avec quelques gouttes d'eau pour obtenir une pâte ni trop épaisse ni trop liquide. Passer avec le pinceau sur tous les **Poils ou Duvets** que l'on veut faire disparaitre en humectant de temps en temps pour ne pas laisser sécher la pâte sur la peau. Pour les duvets laisser la pâte 5 minutes, pour les poils 10 minutes. Laver ensuite sans frotter avec un linge ou une éponge et essuyer sans frotter. Employer ensuite la **Crème Mousseline** à base de vaseline qui adoucit la peau et entretient la beauté du visage. 2 tubes accompagnent l'Epilatoire.)

MALADIES SECRÈTES

Syphilis — Chancres

La *Syphilis* est une maladie contagieuse que l'on prend par contact direct, contact indirect ou par hérédité. Cette maladie justement redoutée est une affection du sang, d'après la force du sang que l'on a et d'après la force du virus reçu, cette maladie est plus ou moins grave et se présente sous les accidents primaires, secondaires ou tertiaires.

Un micro-organisme paraît être la cause de cette maladie; je désire que l'on comprenne bien le mot par contact indirect. Par l'usage d'ustensiles de ménage, cuillères, fourchettes, verres, n'importe qui peut très bien prendre la syphilis, si la cuillère, fourchette ou verre, ont servi à des syphilitiques. La Syphilis agit donc, nous l'avons dit, d'après la force de son virus, mais si elle tombe sur une personne d'un tempérament faible, lymphatique ou rhumatisant, celle-ci présentera une forme plus aiguë et plus difficile à guérir.

1° *Accident primitif* : L'accident primitif est un chancre induré qui peut siéger à n'importe quelle partie du corps. Après, surviennent les accidents secondaires qui sont caractérisés par des taches cuivrées, des éruptions diverses ou plaques muqueuses, maux de gorge, croûtes au cuir chevelu. Mais, si on combat la maladie, dès le premier abord, dans la majorité des cas, les accidents secondaires ne se produisent pas. Quant aux accidents tertiaires, ils se montrent d'une façon indéterminée et à des temps variables après l'accident primitif, parfois même, sans que les accidents secondaires se soient produits. Il est bien rare de voir cette maladie guérie par des moyens ordinaires. Le sang infecté conserve d'une façon violente son virus; la maladie semble brusquement guérie, puis reparaît brusquement au bout de 4 ou 5 ans, c'est dire qu'on doit soigner cette maladie d'une façon très suivie par la méthode suivante qui ne renferme pas de mercure; ce traitement chasse énergiquement le virus et en détruit tous les effets.

Traitement :

Une tisane dépurative	4	»
Une boite Pilules toniques	3	»
Capsulines de Neouvielle	3	»
Total, franco	10	»

2° S'il y a bubon à l'aine, il faut en plus un pot de **Pommade spéciale, 3 francs.**

Total, 13 francs franco.

Le bubon est un engorgement glandulaire, suppuré, des aines, des aisselles, etc.

Spermatorrhée, Pertes séminales.

L'évacuation de la liqueur spermatique sans mouvement désordonné, constitue la Spermatorrhée. La spermatorrhée se produit par suite de faiblesse des fibres nerveuses. L'impuissance et l'infécondité en sont les conséquences. Le malade se lève avec l'ennui, sans force, faible, se sentant l'estomac délabré, se sentant le courage de rien faire. La spermatorrhée ou les pertes séminales cessent dès que, par l'usage du traitement, le système nerveux reprend sa force et sa vigueur.

Traitement :

Pilules du Dr Allard	3 »
Granulé de la Sœur Bonnefoy	5 »
Pilules de Névrosine	1 75

Total, franco à votre maison contre mandat de 9 75

MALADIES DU TESTICULE

Parfois, à la suite de grosses fatigues, de froids, les testicules peuvent devenir gros et douloureux. Parfois ce sont les deux testicules, parfois c'est l'un, soit de droite, soit de gauche ; en même temps qu'il est gros, il est douloureux et fait souffrir, il faut au plutôt immobiliser les testicules par un suspensoir modèle, dont le prix est de 5 francs. Une notice accompagne le suspensoir et explique comment on doit le porter. Il ne gêne en rien la marche, et de cette façon on peut continuer son travail, en même temps, on doit passer tous les soirs sur le testicule malade une couche légère de Pommade fondante. L'orchite est une inflammation du testicule, si elle est aiguë, elle cause de la fièvre, elle peut passer à l'état chronique. Garder le lit, onctions avec la Pommade fondante, tenir les parties soulevées au-dessus des cuisses avec le suspensoir modèle. Porter le suspensoir, supprimer toute liqueur excitante. L'hydrocèle est une hydropisie de la membrane séreuse qui enveloppe les testicules.

Traitement :

Un pot de Pommade fondante	3 »
Une boîte Capsulines d'Espade	3 »
Une boîte Capsulines Henry's	3 »
Un flacon Poudre rafraîchissante ..	3 50

Total, franco à votre maison contre mandat de 12 50

Ce traitement est très utile et guérit les cas suivants : Varicelle, hydrocèle, hématocèle, orchite, testicule syphilitique, tumeurs du testicule, testicules tuberculeux, ovarie.

Blennorrhagies ou Urétrites aiguës ou chroniques

La *Blennorrhagie* est une inflammation du canal de l'urètre chez l'homme, et du vagin chez la femme, avec écoulement et douleurs en urinant; pendant la période aiguë, cet écoulement est blanc, sale et épais, parfois verdâtre.

De toutes les maladies qui affigent l'espèce humaine, une des plus courantes est la Blennorrhagie, qui s'appelle encore Goutte militaire, Gonorrhée, qui provoque les rétrécissements et les écoulements. La maladie est contagieuse et se prend à la suite de contacts impurs. La maladie est aiguë ou chronique. Elle est aiguë au début de la contagion et c'est plus tard, si elle n'est pas soignée, qu'elle devient chronique. Pour l'un où l'autre cas le traitement est le même. Le système dépuratif réussit dans les deux cas. Le sang a été infecté par le virus impur, et c'est par la dépuration qu'on peut le guérir. Cette méthode est la plus simple et la plus facile pour le guérir. Alors que, de cette façon, cette maladie est si facile à guérir, beaucoup adoptent un grand nombre de médicaments inutiles et plutôt nuisibles qui détruisent la santé.

D'abord, il faut suivre un régime, se priver de bière, de café, de liqueur, de rhum, d'alcool, d'absinthe et enfin de tous les excitants, éviter les exercices violents, le poivre les épices, fromage fermenté et toute nourriture excitante.

Traitement intérieur :

Poudre rafraîchissante	3	50
Capsulines Henrys	3	»
Pilules du Dr Allard	3	»

Traitement extérieur :

Pommade syéciale Henry's	3	»

Total franco à votre maison contre mandat poste de 12 fr. 50.

Il est bon de porter un suspensoir modèle spécial et commode, 5 francs.

Nécessité de porter un bon suspensoir et de bien le placer

Quand un membre est malade, on lui donne tout le repos possible, on lui évite toute fatigue, pour ne pas retarder ou gêner sa guérison.

C'est ainsi, par exemple, qu'on met un bras en écharpe, ou qu'on étend sa jambe sur une chaise placée devant soi.

Pourquoi n'agirait-on pas de même avec les parties génitales?

En raison de leur poids, le seul fait qu'on soit debout dans la journée, ou qu'on marche pour aller à son travail, est, pour les parties génitales, une cause de fatigue.

On atténue, on diminue cette fatigue, en portant un bon suspensoir.

Seulement, il faut que ce suspensoir soit bien placé.

Il ne servirait de rien, en effet, que les parties génitales puissent tomber et flotter librement dans la poche d'un suspensoir mal ajusté, comme elles font dans les pantalons ou dans les caleçons.

La poche du suspensoir doit être remplie, bourrée de coton (jusqu'à en déborder), de façon à former un véritable coussin qui supportera les parties génitales.

Et la ceinture du suspensoir doit être tirée, ajustée de telle façon, que les parties génitales soient relevées, appuyées sur le bas-ventre.

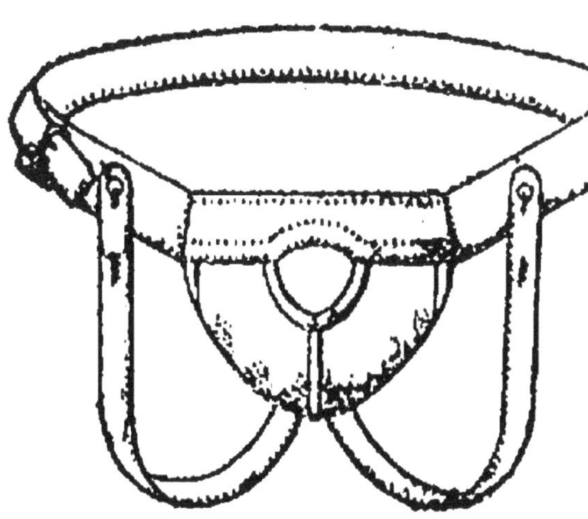

Suspensoir spécial modèle: un triangle en A et B, une ceinture élastique à boucle en C, deux sous-cuisses permettant de le fixer en D et E par une ganse. En F, lunette pour resserrer la verge. En G H I J, attaches pour resserer le suspensoir. Rien n'est plus pratique, ni rien de plus commode. On peut, à l'intérieur, soutenir les parties avec un ancien mouchoir, souple, ou par de la gaze, ou par du coton. Le prix est de 5 francs. Pour la prostatite, le traitement est le même.

Hypertrophie de la Prostate : Prostatite, se rencontre assez fréquemment chez les personnes âgées, elle est caractérisée par un empêchement mécanique à l'émission de l'urine.

La Prostatite est une inflammation de la prostate. Se traduit par un sentiment de pesanteur au siège, de la difficulté pour uriner ou aller à la garde-robe. Le traitement est le suivant :

Traitement intérieur :

Poudre rafraichissante	3 50
Pilules toniques	3 »
Capsulines Henry's	3 »

Traitement extérieur :

Pommade spéciale Henry's	3 »
Total, franco contre mandat de	12 50

Ve PARTIE

ARTHRITISME

RHUMATISMES

Le Rhumatisme ou l'Arthritisme, est une maladie qui est une inflammation des tissus séreux. C'est à la suite de diverses maladies, comme scarlatine, fièvre, pleurésie, que le rhumatisme, à la suite de froid, se déclare.

Caractère : Il commence par des douleurs aux articulations que le simple contact exagère, de plus il se produit un gonflement aux articulations, bien que la peau pâlisse.

Le rhumatisant ou l'arthritique voit son sang se déglobuliser, de là cette pâleur excessive des téguments. En plus, les articulations gonflées sont douloureuses. La constipation est la règle dans le rhumatisme. Par suite de cette dénutrition du sang, l'anémie s'accentue. Le rhumatisme, dans ces douleurs, est d'une mobilité parfois extrême, on le voit subitement s'en aller des articulations prises pour passer à d'autres. Chronique, le rhumatisme présente une forme spéciale qui est la forme noueuse. La forme noueuse se porte particulièrement sur un membre et le déforme.

On appelle arthrite l'inflammation aiguë ou chronique, partielle ou simultanée des tissus qui composent une articulation. On ressent souvent des courbatures, c'est-à-dire une sensation de brisure de tout le corps, Cela est dû à un refroidissement venant se greffer sur le tempérament rhumatisant, alors, il se produit des frissons et malaises.

Le rhumatisme articulaire aigu peut durer de quelques jours jusqu'à environ deux mois. Une fois guéri par ce bon traitement, il ne laisse pas de traces. Le rhumatisme articulaire chronique réapparait de temps en temps, les douleurs et les gonflements articulaires sont moins vifs, mais plus lents. L'articulation malade s'engourdit et ne donne plus ses mouvements qu'avec une grosse peine, l'appétit s'en va, le sommeil aussi; un froid, une pluie reçue le font revenir brusquement, les deux articulations du genou sont les préférées de ce rhumatisme. Le froid humide est ce qu'il y a de plus à craindre. Le rhumatisme vient insensiblement à cause du mauvais fonctionnement des pores de la peau, du tube digestif ou de l'appareil respiratoire, leur organisme n'est pas assez fort pour détruire l'acide urique, produit d'excrétion, qui se localise dans le sang; cet acide urique se réalise spécialement aux jointures et produit des douleurs très vives. On a tort de ne pas soigner dès le début le rhumatisme, car cette maladie, soignée dès le début, n'est rien; de plus, celui sur qui le rhumatisme s'est abattu et qui s'en est bien guéri, doit suivre le régime antiarthritique. De cette façon, il ne laisse pas accumuler dans son sang l'acide urique et, de plus, on évite ainsi les crises, car le rhumatisme pas soigné se porterait davantage sur le cœur et peut ainsi provoquer l'Endo-péricardite et la symphyse du péricarde, ce sont là les complications les plus redoutables du rhumatisme. Parfois, le rhumatisme pas soigné peut se porter au cerveau et donner l'accident redoutable du rhumatisme cérébral ou méningite.

Traitement : D'abord régime antiarthritique :

Un flacon de Rigenyl .... 6 »
Pilules du Dr Allard .... 3 »
Un baume du Dr Allard .... 2 »
Tisane dépurative de la Sœur Bonnefoy .... 4 »

Total, franco à votre maison contre mandat de .... 15 »

LA SCIATIQUE

La Sciatique se soigne par le même traitement.

La Sciatique est une névralgie du nerf de la hanche à la cuisse, elle se guérit par le traitement du rhumatisme. On a soin de recouvrir les endroits douloureux du **Baume Allard**, de recouvrir de flanelle et de passer un fer chaud dessus.

Prix du traitement complet, 15 francs.

GOUTTE — ANKYLOSE

La Goutte est une maladie qui peut se produire aussi bien dans la classe pauvre, dans la classe aisée, que dans la classe riche, elle est caractérisée par une douleur excessivement violente, se portant à un point particulier du corps où se produit un dépôt d'acide urique.

Souvent la Goutte vient d'hérédité, par la suite d'un sang goutteux transmis. Les personnes qui, par profession ou par situation ne font pas assez de mouvements, se reposent trop, n'éliminent pas l'acide urique qui se localise dans leurs tissus,et voilà la Goutte et les points douloureux là où l'acide urique s'est localisé, qu'un froid humide survienne et l'accès de goutte se produira par exemple dans le gros orteil, dans les jointures des doigts du pied, des doigts de la main; les articulations se déforment et se nouent, il se forme dans les voies urinaires du gravier, l'urine dépose du sable rouge.

Au moment du passage de l'urine, il se produit de violentes douleurs dans les canaux des voies urinaires produits par la Gravelle de la Goutte. Dans la vessie, il se forme des calculs d'urate de soude mélangés à l'acide urique. En même temps, il se dépose autour du cœur et dans les membranes de la circulation du sang. Il trouble donc toutes les fonctions de l'organisme : digestions, fonctions intestinales, sécrétions, sueurs, respiration des pores de la peau. Donc, la Goutte est une maladie de nutrition caractérisée par des nodosités ou gonflements des petites jointures, principalement celle des orteils. Cette affection est souvent héréditaire. Lors d'un accès de Goutte aiguë du pied, placer celui-ci plus haut que la jambe et l'envelopper de laine qui favorise la transpiration de la peau et atténue la douleur. Pour remédier à la Goutte, il faut un stimulant qui, faisant circuler le sang davantage, augmente les fonctions digestives et sécrétantes, d'où l'indication du traitement dépuratif absolument nécessaire.

Traitement :

Capsulines de Rious .... 3 »
Tisane dépurative .... 4 »
Un flacon Rygénil .... 6 »
Un baume Allard .... 2 »
Pour passer aux articulations douloureuses.

Total, franco à votre maison contre mandat de .... 15 »

Suivre le régime antiarthritique.

OBÉSITÉ

L'Obésité peut arriver à tout âge, aussi bien jeune qu'au retour d'âge et que plus âgé. Les tissus deviennentadipeux, c'est-à-dire graisseux, sans que pour cela la force musculaire augmente, au contraire, la force vitale diminue et l'Obésité est un véritable embarras. La première des choses à faire est de faire le traitement suivant et de suivre ensuite le régime contre l'Obésité. Que ce soit le traitement ou le régime, par l'expérience qui nous est acquise et par nos connaissances, nous pouvons affirmer que tout est inoffensif. La masse graisseuse produite par l'Obésité se porte principalement sur le ventre, la poitrine, les hanches et à la gorge; outre, l'indisposition du corps que l'obésité provoque, il y a aussi les indispositions de l'organisme, l'obèse ne dispose pas de toutes ses facultés intellectuelles, pour le travail, il n'a pas la même facilité que les autres, la santé générale est atteinte, la digestion est mauvaise, et une envie caractéristique de dormir le prend après les repas, l'Obésité de plus, peut prédisposer au diabète.

Avoir soin de faire le traitement suivant qui est si facile pour guérir :

Une boîte tablettes de Marienbad ..	3	»
Un pot de Pommade fondante	2	»
Une boîte de Plantes des Vallées ..	3	»
Pilules laxatives	1	50
Total, franco contre mandat de ..	9	50

DIABÈTE

Diabète sucré

Le *Diabète sucré* est une maladie caractérisée par la présence du sucre dans l'urine, par la quantité d'urine qui dépasse la normale. Le Diabète se produit quand le pancréas ne fonctionne pas bien. Plusieurs litres d'urine sont produits dans le cas de Diabète et, à la suite, un amaigrissement général, un état cachectique se produit, et le diabète prend alors une marche rapide et funeste. L'organisme laissant perdre par le Diabète le meilleur de ce qui est nécessaire à ses forces, on comprend que le besoin de matériaux nombreux d'assimilation destinés à la vie, s'en allant ainsi par cette voie, on comprend que l'organisme résiste faiblement au Diabète sucré. Quand on a le Diabète, on trouve très facilement, avec la liqueur de Fehling, le sucre qui est renfermé. Pour cela, on prend deux tubes en verre, dans l'un on met deux travers de doigts d'urine, dans l'autre un petit travers de doigt de liqueur de Felhing. On met les deux tubes au-dessus d'une flamme quelconque, par exemple celle d'une bougie. Quand les liquides contenus dans les deux tubes bouillent, on verse quelques gouttes du tube de liqueur de Felhing dans le tube bouillant d'urine, s'il y a du sucre il se produit un dépôt et une collaboration rouge brique foncés. S'il n'y a pas de sucre la liqueur reste bleue. Donc, tous ceux qui reconnaîtront par ce moyen si simple s'ils ont du sucre, doivent suivre notre traitement.

Nous l'avons dit ci-dessus, le Diabète résulte d'un trouble du pancréas. C'est donc au pancréas que s'adresse notre traitement, comme complication du Diabète figurent, au premier rang, le coma, la tuberculose pulmonaire, l'albuminurie, l'assétodurie et l'urémie. L'urine du diabétique est abondante, lourde et sucrée. Le sucre est formé par l'amidon fermenté des aliments. Le diabétique a toujours soif et il urine de trois à six litres par 24 heures. Comme autre caractère, la peau du diabétique s'irrite très facilement et les plaies chez lui sont excessivement lentes pour se fermer. Souvent la peau présente des rougeurs avec démangeaison. La salive est acide, l'haleine est fétide, les dents se déchaussent et tombent facilement. L'estomac s'épuise et la vue devient trouble et paresseuse.

Traitement : D'abord régime antidiabétique :

Pilules du Dr Allard	3 »
Capsulines du Tourmalet	3 »
Granulé de la Sœur Bonnefoy	5 »
Poudre rafraîchissante	3 50

Franco, à votre maison contre mandat de 14 50

MAL DE REINS

Le *Mal de reins* est une douleur que l'on ressent au-dessus des hanches à la suite de froid. Notre traitement les met en mesure de résister à ces froids et de remplir leurs fonctions. Filtre de l'économie, ils sont chargés de débarrasser l'organisme de toutes les matières inutiles. Les traitements habituels pour ces maux-là s'adressent, en général, à l'estomac et aux intestins, notre traitement s'adresse exclusivement aux reins, pour cela il est local et comporte :

2 emplâtres de la Sœur Bonnefoy.

Appliqué un à droite et un à gauche de la colonne vertébrale 1 50

Une poudre rafraîchissante de la Sœur Bonnefoy 3 50

Par là, les maux de reins disparaissent d'une façon complète et la maladie elle-même ne continue plus ses ravages effrayants. Les reins, au lieu d'être condamnés au repos, reçoivent l'action directe de ce traitement et sont ainsi guéris.

Capsulines de Viscos	3 »
Plantes Aiguecluse	3 »
Total, franco	11 »

Diabète insipide

Dans le Diabète insipide, l'urine n'est pas sucrée, le malade urine beaucoup et, suivant le cas, le Diabète peut être phosphaturique, azoturique, albuminurique, peptonurique, oxalurique, urétique.

Les causes du Diabète insipide sont difficiles à saisir, mais néanmoins, il est sûr que cela provient d'un sang faible occasionnant une névrose rénale ayant pour conséquence la filtration trop rapide du liquide urinaire. Dans le diabète insipide, les urines sont d'une densité extrêmement faible, presque aqueuse; sont d'une limpidité grande et gardent l'aspect de l'eau ordinaire; le nombre de litres d'urine que l'on fait augmente peu à peu, la langue est sèche et fendillée, la bouche pâteuse, l'estomac est dilaté, le pancréas est douloureux, le malade rçssant des crampes d'estomac.

Traitement : On doit soigner cette maladie et ne pas la traiter par le mépris, car la soif intense ne ferait qu'augmenter, et les envies fréquentes d'uriner aussi. Durant cette maladie, il se produit aussi une insomnie relative qui ne ferait qu'augmenter, et, de plus, les besoins d'uriner prendraient même durant la nuit. En suivant le traitement ci-dessous, on obtient la guérison sans peine.

Pilules de Névrosine	1 75
Tisane dépurative	4 »
Pilules toniques	3 »

Franco à votre maison contre mandat de 8 75

Suivre le régime antidiabétique.

Maladies de la Circulation du Sang

Congestion, Artério-Sclérose, Varices

CONGESTION

C'est un afflux du sang dans une partie du corps ou dans un organe. Elle diffère de l'inflammation en ce qu'elle ne s'accompagne pas de fièvre et qu'elle se dissipe par le simple rétablissement de la circulation du sang. Il y a la Congestion cérébrale qui fait de nombreuses morts toutes les années. Il faut donc faire tout son possible pour l'éviter. Pour cela, il faut s'abstenir, ceux qui y sont prédisposés, de boissons alcooliques, observer une grande sobriété (éviter les émotions, mener une vie régulière et suivre le traitement pour achever et maintenir sans cesse une bonne circulation du sang.

Traitement :

Tisane dépurative	4 »
Pilules toniques	3 »
Pilules laxatives	1 50

Total, franco à votre maison contre mandat de 8 50

ARTÉRIO-SCLÉROSE

C'est une maladie chronique des artères pouvant prédominer sur tel ou tel organe, le rein, le cœur en particulier; cette maladie débute par des troubles cardiaques, des pulsations, des bruits.

Le meilleur traitement :

Régime lacté : peu de boissons, peu à la fois; exercice modéré. Le matin, friction sur la région cardiaque.

Granulé cardiaque .... 5 »

Pilules toniques .... 3 »

Capsules Argelès .... 3 »

Franco contre mandat de **11** francs.

VARICES

Les varices se produisent à tout âge, mais c'est surtout à la suite de travaux pénibles et ensuite vers l'âge de 35 à 40 ans. Ce sont les veines enflammées qui dilatent le tissu de la veine, qui le tend et qui peut même en briser la membrane et laisser passer le sang qui y circule dedans, les Varices peuvent être externes, alors la dilatation siège aux veines externes. Les Varices peuvent être internes, la dilatation siège alors aux veines profondes et à la surface, il s'y produit des démangeaisons et même une ulcération de l'épiderme. C'est surtout aux jambes que les varices se portent, car les jambes supportant le poids du corps, travaillent davantage. Mais elles peuvent exister aussi sur n'importe quelle partie du corps. Les Varices devront être traitées par le traitement de la Sœur Bonnefoy. Ce traitement est chargé d'apporter aux veines les aliments nutritifs pour les fermer, les tissus des veines, par ce traitement, deviennent plus fermes, plus résistants, plus solides. Donc, pour guérir et éviter le retour des varices, il faut suivre le traitement suivant :

Une boîte de tisane dépurative de la Sœur Bonnefoy	4	»
Pilules toniques	3	»
Capsules de Bergons	3	»

Total, franco à votre maison contre mandat de .... 10 »

Il est nécessaire de porter des bandes à varices, nous avons fait établir des bandes avec tissu spécial, sans couture, au prix de 2 francs la bande, qualité extra.

Le mode d'emploi est marqué sur les remèdes.

PHLEBITE CHRONIQUE

Les coups, contusions, blessures des veines, causent la Phlébite chronique qui peut se développer sur les veines atteintes de varices. La Phlébite est une inflammation des veines. A la suite de phlébite aiguë et de maladies sérieuses, il se produit la Phlébite chronique. Comme les varices, elle se produit particulièrement aux jambes. Il se produit d'abord une douleur dans tous les membres, cette douleur finit par se localiser et se porter sur la partie malade qui enfle, présente de l'œdème, devient blanche, lisse et douloureuse.

Traitement :

Tisane dépurative de la Sœur Bonnefoy .... 4 »

Pilules toniques .... 3 »

Capsules de Bergons .... 3 »

Total, franco à maison contre mandat de .... 10 »

Tous les remèdes de l'arthritisme sont préparés avec les Plantes d'Aigueclusc, dont le prix est de 3 francs franco.

ONGLE INCARNE

Maladie consistant en une ulcération, puis un bourgeonnement de la peau, le long du bord de l'ongle, en sorte que celui-ci semble rentrer dans les chairs. Se montre généralement chez les personnes de tempérament lymphatique ou scrofuleux.

Traitement : Laisser croître l'ongle jusqu'à ce qu'il ait dépassé l'extrémité de l'orteil, puis le séparer de la chair en introduisant, chaque jour, entre son bord libre et celle-ci, une mèche de charpie dont on augmente le volume de plus en plus. Enduire les écorchures de Solution antiseptique préparée avec un pot d'**Extrait antiseptique, 2 francs.**

Si ces moyens échouent, recourir à l'opération de l'ongle incarné, mais n'en confier l'exécution qu'à un chirurgien expérimenté.

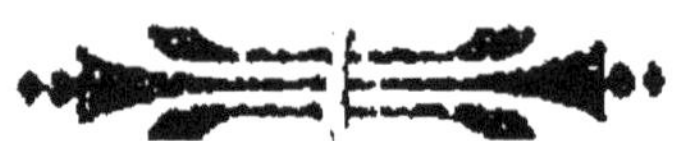

VÉGÉTATIONS

Ce sont des excroissances qui, peu à peu, forment des verrues. On les fait disparaître par le **Topique spécial**, 1 franc.

ALCOOLISME

Le meilleur moyen de se débarrasser de cette mauvaise habitude est de prendre une nourriture abondante et donner au malade le traitement reconstituant par excellence.

Pilules toniques .... 5 »
Granulé .... 5 »
Pilules de Névrosine 1 75

De sorte que l'organisme trouvant en lui toute l'énergie et force nécessaire en surabondance, abandonne peu à peu l'usage de l'alcool. Donc, nourriture solide.

Pour calmer le besoin de boire, prendre de l'eau froide à petites gorgées.

Traitement, franco à vòtre maison .. 11 75

REGIME ET HYGIENE

Une bonne hygiène proscrit les liqueurs fortement alcoolisées. L'eau doit être bue bouillie; si on se trouve dans des régions où la fièvre typhoïde règne à l'état sédentaire et où règnent des épidémies. Là où l'on a la certitude que l'eau est bonne, la boire telle que. On peut faire usage du vin coupé moitié d'eau, et c'est même la meilleure boisson que je recommande. L'usage du café n'est pas proscrit à la condition qu'il ne soit pas fort. L'usage du tabac n'est pas contraire à la santé, à la condition de ne pas en abuser. Pour la nourriture, ne manger qu'à sa faim, ne pas faire de gros repas, bien mâcher, car la mastication produit la salive, et la salive assure une bonne digestion, manger doucement. Se rincer la bouche et se gargariser régulièrement avec de l'eau tiède.

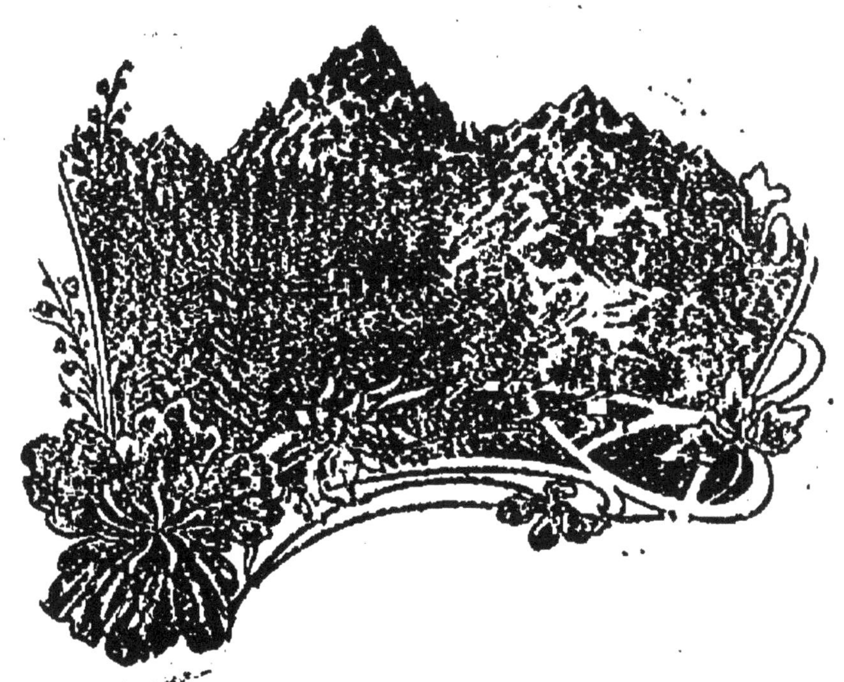

TUBERCULOSE

Un tiers de la mortalité humaine est due à la Tuberculose.

ETUDE PARTICULIERE

L'état atmosphérique, par ses variations, permet aux germes mauvais de se développer avec plus ou moins d'intensité. La vraie cause de beaucoup de maladies c'est que les germes (développés par le climat ou la saison), vivants, pénètrent dans notre corps, d'où contamination. Ces germes vivants pénètrent dans notre corps par divers moyens :

1° Par des restes de déjections de malades ;

2° Par l'intermédiaire de personnes bien portantes, qui peuvent apporter ces germes dans notre maison, ayant les germes sur elles ou dans la terre de leurs souliers ;

3° Par des animaux : des mouches, rats, moustiques, qui, en nous piquant, déposent le virus sous notre peau ;

4° Par des objets qui renferment le contage infectant (eau, poussière, vêtements, linge).

Donc, notre corps s'infecte tous les jours, mais la plupart des germes meurent, d'ailleurs, et sont détruits par notre force vitale.

Certains pays, certains climats, sont prédisposés aux infections. Dans un même pays, dans une même famille, certains individus sont prédisposés eux-mêmes à l'infection.

La *Tuberculose* est la plus pernicieuse des maladies contagieuses. Elle attaque tous les organes du corps, mais de préférence les poumons. Elle n'épargne aucun pays, aucun âge, aucune profession, aucune classe de la Société.

En France, il meurt 100.000 personnes par an de la tuberculose. Le tiers des décès, de 15 à 60 ans, sont dus à cette maladie. L'agent de la maladie est le bacille découvert par Koch. Ce germe se répand par les crachats des malades et le lait des animaux tuberculeux. Nous sommes tous exposés au danger de contracter les germes de la tuberculose. Aussi, est-ce un devoir pour chacun de se préparer à lutter contre cet ennemi.

Pour tuer les bacilles, le moyen le plus facile est la chaleur humide et la lumière solaire.

Pour lutter contre les bacilles suivre les conseils suivants :

Comment se produit la contagion ?

Les bacilles de la tuberculose pénètrent dans l'organisme :

1° Avec l'air respiré qui, souvent, renferme des poussières plus ou moins riches en parcelles de crachats desséchés soulevées par le vent, des caisses de balayures des villes, avec la terre apportée aux souliers ;

2° Avec la nourriture — le lait non bouilli — la viande d'animaux tuberculeux, viande consommée peu cuite.

3° Par des blessures ou coupures et lésions des muqueuses et de la peau. Donc, éviter de toucher les plaies avec des mains sales, défendre aux enfants de se traîner sur le sol, leur défendre de rogner leurs ongles, de sucer leurs doigts, d'humecter les feuilles des livres, de se farfouiller le nez. Soignez donc toutes les petites blessures, égratignures, par une compresse de solution antiseptique. La marche de la tuberculose est lente et chronique.

Moyens de se protéger

La famille la plus pauvre peut suivre les conseils suivants pour s'en prserver facilement. C'est la maladie la plus facile pour s'en préserver :

1° Malade ou non, détruire toujours ses crachats, en crachant dans un crachoir plein de sciure. Brûler et renouveler la sciure ;

2° Ne jamais rien utiliser d'un malade tuberculeux. Ne jamais rien donner à un pauvre d'un malade tuberculeux. Brûler habits, literies, linges des tuberculeux;

3° Au lieu de balayer à sec et de faire flotter les germes dans l'air, balayer avec un linge humide ;

4° Toujours enlever poussière avec linge humide ;

5° Ne pas aller au café où les Clients crachent par terre ;

6° Préserver les aliments des mouches. Manger très propres les aliments et les fruits crus ;

7° Faire bien cuire le lait et la viande ;

8° Tenir les mains propres, ongles courts, propres. Tenir les dents propres avec un linge et un peu de poudre de charbon de bois ;

9° Protéger toute plaie, en la lavant à la solution antiseptique.

10° Eviter l'alcoolisme qui prédispose à la tuberculose;

11° Conserver les mouchoirs à part et les laver après les avoir fait longtemps bouillir;

12° Rechercher dans son habitation et dans son travail l'air et la lumière solaire;

13° Avant d'habiter un appartement le désinfecter;

Mesures propres à fortifier la santé

Il faut, de plus, se fortifier, se cuirasser contre les germes nocifs qui nous environnent.

1° Nourriture simple, mais fortifiante (friandises et liqueurs inutiles). Mais user de viande, œufs, poissons, beurre, aliments gras, etc...;

2° Habitation ouverte à l'air et à la lumière ;

3° La meilleure pièce de la maison doit être réservée à la chambre à coucher ;

4° S'habiller, en toutes saisons, à peu près la même chose ;

5° Se tenir propre par des grands bains, soit chez soi, soit de rivière ;

6° Quand on sort par des temps froids, respirer par le nez, en fermant la bouche, car le nez arrête beaucoup de germes nocifs, pour les rejeter par le mouchage ;

7° Faire vaillamment son travail, le traval donne de la force ;

8° S'habituer aux mauvais temps ;

9° Changer toujours de vêtements ou de chaussures si elles sont mouillées ;

1° Coucher de bonne heure. Aucun excès, car, par les excès, on dissipe en quelques heures une santé que Dieu, le créateur, nous a donnée pour de longs jours.

PRIMEVÈRE.

Conseils d'Hygiène de la Sœur Bonnefoy

1° Il est un point bien discuté, c'est l'usage du vin. Il y a des partisans de l'eau ordinaire et des eaux minérales, et puis des partisans du vin. La meilleure des solutions est un juste milieu. Le vin coupé d'eau ordinaire est la meilleure, la plus antiseptique, la plus digestive de toutes les boissons.

L'usage de l'eau-de-vie, du rhum, des liqueurs, n'a rien de nuisible, à la condition de ne pas en abuser. L'usage du tabac est sain, avec la même condition ; en user, ne pas en abuser ;

2° Il faut manger aux repas, mais, encore une fois, ne pas abuser de quantité d'aliments. Bien mâcher, manger doucement, ne pas lire en mangeant, causer, être gai, et causer de choses gaies. Se lever de table avec la sensation d'avoir mangé, mais sans en être embarrassé. Le soir surtout, faire un repas léger. Eviter les viandes faisandées, les épices, la charcuterie. Après les repas, faire un peu d'exercice.

Manger à des heures fixes. Ne rien prendre entre les repas. Bien mâcher encore une fois, bien mastiquer. La mastication a pour résultat de produire la salive, qui se fixe aux aliments pour parvenir dans le tube digestif. Le meilleur de tous les digestifs est la salive.

En général, nous mangeons trop. Les athlètes de la Grèce antique ne mangeaient que du pain, du fromage, des figues et des noix. Les plus rudes ouvriers de Russie et d'Angleterre ne vivent que de pain, de lait, de légumes. La force n'est pas incompatible avec la sobriété.

Un régime exclusivement végétal cause l'anémie et certaines affections des vaisseaux. Un régime exclusivement animal produit des maladies cutanées. Le mieux est encore un juste milieu.

RÉGIME ANTIARTHRIQUE

Eczéma, Acne, Maladies de la peau, Arthrite, Rhumatisme, Goutte, Sciatique, Engorgements.

La base du régime anti-arthritique, c'est d'aller à la selle tous les jours, de bien faire sa digestion; bouillon, lait.

Alimentation douce et régulière : lait, potages, purées, viandes blanches. *Proscrire : les viandes rouges ou noires, le poisson, les salaisons, les crudités. Il en sera de même de l'alcool sous toutes ses formes y compris le vin pur.*

Eviter toute indigestion, et s'il y en a une, la traiter par la diète durant trois jours. Faire de l'exercice et du mouvement. Eviter les mets fortement épicés ou excitants de tout ordre. Eviter la viande de porc.

Boissons alcalines en abondance.

Pas de stimulants.

Pas de viandes noires, liqueurs, vin pur.

S'abstenir d'aliments épicés : poissons, coquillages, gibiers, fromages forts, boissons alcooliques. Manger et boire avec sobriété; peu de viandes noires, salées ou épicées par l'assaisonnement; pas de gibier, diète lactée, si les malades peuvent la supporter. Gilets, chemises et caleçons de flanelle; se coucher de bonne heure et se lever matin.

Entretenir un bon état de la peau.

Il est essentiel d'entretenir la chaleur aux pieds.

Le traitement de la Sœur Bonnefoy, par ses effets sudorifiques, enlève de l'organisme l'acide urique cause du mal, par ses effets diurétiques augmente la quantité d'urine, et par ses effets laxatifs chasse la maladie.

DIABÈTE

Beaucoup de viande, toutes permises.

Œufs, poissons, tous permis.

Légumes frais, pommes de terre. Supprimer du régime alimentaire le pain ordinaire, les fécules et le sucre, pain grillé ou croûte permise; du lard, du lait, des légumes herbacés. Nous recommandons spécialement la viande rôtie au beurre et peu salée (500 gr. par jour),comme boisson l'eau coupée de moitié vin, le lait additionné d'une cuillerée d'eau de chaux ou de cacao sans sucre par tasse. Pas de fruits à pulpe sucrée, ni racines, ni tubercules. Interdire le tabac.Exercice poussé jusqu'à la transpiration. Eviter les refroidissements.

Lorsque la guérison est obtenue, on doit supprimer les remèdes, mais on doit observer le régime pendant un temps très long, manger du choux, écarter les féculents que l'on remplacera par des légumes verts; en particulier de certains légumes frais, des pommes de terre cuites sous la cendre ou au four. Dujardin-Beautmetz les préfère, chez l'adulte, aux autres féculents, en raison de la moindre glycosurie qui en résulte. On proscrira : les gâteaux, les fruits sucrés. Le régime carné exclusif a l'avantage de faire disparaître la glycosurie avec condition de le faire avec notre traitement, car seul il a l'inconvénient d'augmenter l'azoturie.

Pas de légumes sucrés : la carotte.

Légumes permis : épinards, cresson, haricots verts, salades, olives.

Fromages gras, crèmes sans sucre, laitages.

Fruits secs, noix, amandes, noisettes.

Corps gras en quantité, lard, beurre, graisse, huile.

Pas de pâtes alimentaires : macaroni, nouilles, vermicelles.

EN RESUME

REGIME DES DIABETIQUES

I. — *Aliments défendus :* A. Pain, pâtes alimentaires, tout féculent, farine, sauce, marrons. — B. Betteraves, carottes, topinambours, navets, oignons, poireaux, artichauts, fèves, lentilles, macaroni, nouilles, raves, pois secs, épices, conserves.— C. Sucre, plats sucrés, pâtisseries, crèmes, chocolat, fruits confits. — D. Fruits doux, frais ou secs, raisins, prunes, figues, melons, bière, boissons sucrées, liqueurs, alcool. Laver la bouche pour tromper la soif.

II. — *Aliments permis :* A. Régime ordinaire,

insister sur la quantité de viande de boucherie, aliments gras, potages aux légumes et au gluten. — B. Légumes verts, petits pois frais, julienne fraîche, salsifis, céleri, chicorées, choucroute, cardons, laitues, concombres. — C. Fruits : cerises, groseilles, oranges, pommes, pêches, poires, amandes, noisettes, noix — 60 grammes de pain ou 120 grammes de pommes de terre pour remplacer le pain. — D. Vins acides, cidre sec, eau pure avec jus de citron ou avec café ou thé, sucrer avec Pastilles saccharine.

III. — *Adjuvants :* Exercice. Eviter le trop de sommeil, le lit, l'état sédentaire. Eviter la constipation. N'entreprendre les voyages qu'en suivant le régime. Eviter les sueurs profuses. Se rappeler que ce n'est qu'après des fatigues ou des excès qu'on voit survenir les symptômes du coma diabétique. Le diabétique ne doit jamais réprimer sa soif, qu'il boive de l'eau en quantité suffisante; il favorise ainsi l'élimination du sucre.

IV. — *Conseils thérapeutiques :* Faire analyser les urines.

REGIME des MALADIES de l'ESTOMAC

Dyspepsie, Gastralgie, Embarras gastrique. Entérite, Gastrite.

Faire des repas bien réguliers, ne pas en faire de trop abondants.

Lait, potages, œufs, viande blanche, purées, aliments, en un mot, qui n'ont pas besoin d'une mastication considérable. Ne pas manger ni boire avec excès, manger peu à la fois, entretenir soigneusement ses dents et prévenir l'inflammation des gencives et la carie dentaire par l'usage de la

Poudre dentifrice .... 2 »

et de la **Pâte dentifrice Sœur Bonnefoy** 2 »

Sobriété, laitage, viandes blanches, peu de farineux, s'abstenir de crudités, épices, sauces, boissons alcooliques. Exercice au grand air s'il y a constipation.

Eviter les aliments lourds : foie, rognon, gésier, ragoût, sauces grasses au vin, bœuf en daube, viandes noires, gibier.

Eviter les œufs durs, les aliments acides : tomate, oseille, radis, concombres et les patisseries. Comme boisson vin coupé d'eau.

Boire peu.

Prendre des fruits cuits, et parmi les autres, le plus recommandé est le raisin, mandarines et pêches.

Tous les légumes verts sont bons et excellents : haricots verts, petits pois, épinards, carotte, laitue, artichaut, chicorée, asperge.

Pas de féculents ni de farineux.

Les œufs à la coque sont recommandés.

Tous les poissons sont excellents.

EN RESUME

REGIME DES MALADES DE L'ESTOMAC

I. — *Aliments défendus :* Porc, veau, gibier, pintade, canard, oie, dindon, gélinotte, sarcelle, légumes durs ou crus, hors-d'œuvre salés, fumés, vinaigrés, huilés, saumonés, viandes fumées, conservées, salées, crustacés, mollusques.

II. — *Aliments permis :* viande rôtie ou crue hachée finement, cervelle, ris de veau bouilli, poulet bouilli, pigeon, pied de veau, bouillies au lait, au bouillon, purées de légumes verts ou de féculents, farines diverses, œufs mollets ou crus, lait, bifteck peu cuit, compote de fruits écrasés.

III. *Conseils généraux :* Trois repas par jour régulièrement espacés, vie régulière, sans fatigue, manger doucement, bien mâcher, boire peu à la fois, un verre à chaque repas.

Repas : Petit déjeuner le matin au café au lait.

Repas du diner à midi.

Petit goûter ou pas, encore mieux.

Repas du souper le soir.

Ne rien manger, ne rien boire entre les repas.

REGIME DES BLENNORRHAGIQUES

Faire une très bonne nourriture, nourriture formée surtout en partie de viandes, poulets, bifteck, rôti, côtelette, bœuf sous toutes ses formes, agneau, mouton; pas trop de légumes, des fruits acides, n'importe lesquels, raisins pas trop mûrs, oranges pas trop mûres. Comme rafraîchissant, au café, un jus de citron avec eau. Boire le moins possible aucun excitant : café, liqueurs, rhum, bière.

Anémie — Faiblesse — Épuisement Pauvreté du sang

Prendre comme boisson du vin coupé d'eau.

Prendre comme potages, des soupes aux farines, aux pâtes, de viande de bœuf de préférence.

Prendre tous les fruits, cuits.

Tous les poissons, à cause du phosphore qu'ils renferment sont bons : merlan, sole, carpe, goujon, truite, anguille. Recourir à la viande de bœuf grillée sur le gril,mouton,cervelle cuite à l'eau, poulet, œufs à la coque.

Nous déconseillons la salade, les crudités, les épices, les choses fortes, le vinaigre, la moutarde. Éviter les viandes grasses difficilement digestibles, les sauces, les viandes faisandées, le gibier.

EN RESUME

REGIME DES MAIGRES (pour engraisser)

I. — *Aliments défendus :* vinaigre, concombre, cornichons, petits melons, tomates, salades, artichauts, asperges, liqueurs, alcool, fruits crus, vin pur.

II. — *Aliments permis :* cinq repas par jour : 8 heures, 12 heures, 4 heures, 8 heures, 12 heures. Bière, matières grasses, foie gras, caviar, pâté de foie, œufs, laitage, sardines, poissons à l'huile, viandes rôties, ragoûts. Légumes farineux très cuits, féculents, bouillies, pâtes alimentaires, poires, fruits en marmelade, sucre, bonbons, entremets, amers.

III. — *Conseils :* manger sans corset, dans une pièce aérée : ne pas faire la cuisine, être reposé avant de se mettre à table, varier les menus. Se reposer vingt minutes après les repas. Modifier le caractère inquiet. Chaque repas principal doit se composer de hors-d'œuvre gras, d'un plat de viande, d'un fort plat de légumes farineux, d'un entremets sucré, de fromages gras ou cuits, de confitures. Les deux collations doivent comprendre : une viande, de la crème aux œufs ou deux œufs, de la pâtisserie. Fortifier l'économie par un bain par semaine.

RÉGIME DES CONSTIPÉS

Pas de vin pur, pas d'alcool, pas de nourriture acide, ou trop épicée (vinaigre, poivre). Pas trop de sel, pas d'aliments de digestion difficile (porc, salaison, poisson, anchois).

Pas de lavements, pas de crudités.

Le lavement chaud et volumineux augmente la constipation. Régime végétarien. Régime doux. Pas de viandes en sauce.

Régularité des repas.

Quand on est invité à de gros repas, en rester à son repas ordinaire, ne manger des plats qu'on aime que la même quantité habituelle.

Prendre : lait, œufs, viandes blanches, cervelle, ris de veau. Eviter la trop grande fréquence des repas, ou leur abondance.

Café au lait, ou lait le matin, jamais du chocolat et cacao. Se donner du mouvement après les repas.

Faire prendre l'habitude d'aller à la selle régulièrement tous les jours à la même heure.

EN RESUME

REGIME DES CONSTIPES

I. — *Aliments défendus* : Charcuterie, poisson gras ou huileux, coquillages, mollusques, crustacés, excès de viande, riz en excès, coings, féculents, mie de pain, citrons.

II. — *Aliments permis* : Régime végétarien, légumes cuits, salades, pain de son ou complet, pains d'épices, pain bis, pain de seigle; veau, cervelle, petit-lait, oseille, épinards, fruits, pruneaux, raisins, oranges, cures de raisins, compote de pommes.

Faire de l'exercice, bien boire aux repas. Manger du pain bis, fruits, légumes, des œufs, des cervelles, du veau, viande blanche, poulet, côtelettes sur le gril. Manger fruits et pruneaux, oranges, banane, mandarine.

Se lever de bonne heure, se coucher tôt.

RÉGIME DE L'ÉPILEPSIE

Pas de boisson alcoolique, pas de vin pur, mais boire moitié eau, moitié vin.

Pas de café, pas de thé, bien régulariser le nombre des repas, bien mâcher les aliments que l'on prend, donner la préférence aux aliments liquides : lait, potages, soupes, purées, œufs.

REGIME DES MALADIES DE FOIE

Faire des repas légers.

Prendre du lait, viandes rôties, poissons, légumes verts, fruits, vin coupé d'eau.

Eviter les farineux, les sauces.

S'il se produit une crise, que la digestion ne se fasse pas, si il y a des vomissements, prendre alors que du lait.

Pas d'excès de table, pas de viandes noires, gibiers, charcuterie, salaisons. Eviter maquereau, saumon, thon, anguilles, crustacés. Eviter les légumes : épinards, choux, navets, radis.

Eviter les fruits acides, les fromages forts.

Manger de préférence des œufs frais, viande de boucherie très cuite, du riz, des légumes verts : haricots, asperges, artichauts.

Défendu : Eviter les matières grasses de la viande, carottes, tomates, asperges, crosnes, cerfeuil, féculents, peu de pain, fruits sucrés, pâtisserie, truffes, oignons, vinaigre.

Permis : Viande grillée, légumes verts très cuits, pommes de terre très cuites, petite quantité de fruits, vin coupé d'eau minérale alcaline. Repas à heure régulière, exercice, purgatifs légers.

RÉGIME DES MALADIES DE POITRINE

Ne pas s'immobiliser à rester assis, faire des petites promenades autant que possible au soleil, manger régulièrement des aliments substantiels, viandes rôties, œufs, purées de lentilles, purées d'orge, purées d'avoine. Tenir le ventre libre et aller à la selle tous les jours sinon prendre des Graines des Vallées. Autant que possible, éviter les changements de température; écarter toute cause nouvelle de refroidissement. Se bien protéger par des vêtements chauds, des bas longs, des chaussures chaudes et jamais humides. Ne pas mettre des souliers mouillés de la veille, ne les remettre que lorsqu'ils sont bien secs.

Se nourrir surtout de côtelettes, de cervelles, d'œufs, de purées de légumes secs : lentilles, pois. Manger de tout ce qui plaît à l'estomac, rien de défendu comme pouvant contrarier la guérison.

Régime à suivre pour ceux qui ont des Hémorroïdes

Comme régime, nous recommandons l'abstention complète des boissons alcooliques et d'une nourriture très épicée.

En général, *sont défendus :* Œufs durs, fromage, trop de pâtisserie, mets farineux, chocolats, condiments, choux, légumineuses (telles que haricots, lentilles, pois), pommes de terre, fruits à écales.

Sont permis : Soupes maigres, soupes aux herbes, viandes jeunes et blanches, cuisses de grenouilles, poissons, légumes succulents, fruits acides, surtout les raisins, pain de son, café de santé, eau de source, vins blancs légers, cidre, bière légère.

Se donner beaucoup de mouvement.

ALBUMINURIE

Régime lacté : Bannir tout aliment excitant ou irritant Ensuite peu à peu boisson, revenir à l'alimentation suivante sans irritant et sans excitant. Soupes au lait, à la semoule et de légumes.

Comme viande très peu, et commencer par les viandes blanches : poulet, agneau, veau.

Puis œufs à la coque avec 3 minutes d'ébullition, de façon à obtenir le blanc coagulé. Ne manger que le jaune. S aider de pain grillé, bien cuit. Eviter le sel. Tous les poissons sont permis. User des purées de féculents : pommes de terre, lentilles, pois. Avoir recours aux pâtes alimentaires; faire bien cuire les légumes. Eeau coupée de vin rouge ou blanc, blanc de préférence.

Il faut s'abstenir de tout ce qui est fort : fromage, salaison, charcuterie, viandes noires, gibier, conserves. Porter des vêtements chauds. Ne pas craindre de suer, surtout si on est à la belle saison. C'est un travail de moins que le rein malade devra accomplir.

Comme boisson, boire abondamment eau pure, eau coupée de vin, peu de café ou coupé d'eau.

EN RESUME

REGIME DES ALBUMINURIQUES

I. — *Aliments défendus :* Toutes les viandes, sauf quelques viandes blanches braisées, porc et volaille, très fraîches, poissons, mollusques, crustacés, gibier, fromages. Toutes les conserves de viandes, légumes, fruits.

II. — *Aliments permis :* Œufs brouillés, omelettes, crèmes, féculents en purée, pommes de terre, haricots, lentilles, nouilles, macaroni, riz, orge, avoine, légumes verts très cuits, fruits en compote, lait, vin blanc coupé d'eau.

III. — *Conseils thérapeutiques :* Faire analyser les urines chaque mois, ou, mieux, le faire soi-même avec l'albuminimètre, qui est à la portée de tout le monde. Nous demander renseignements.

CYSTITE

Pas de viande, vin pur, café, thé; pas d'oseille.

Régime lacté : fluides émollients.

INCONTINENCE

Aucun excitant.

Phlébite — Varices — Age critique

Viandes rôties, lait, légumes, fruits mûrs. Eviter les excitants : café, thé, liqueurs et surtout les gros repas copieux. Eviter les mets épicés ou vinaigrés, les aliments lourds, comme les sauces.

Neurasthénie — Nerveux — Choréiques

Très important

Repas réguliers, semi-liquides : lait, potages, purées, œufs, bien mâcher, tout doit être mastiqué avec grand soin. Pas d'hydrothérapie, pas de douche.

REGIME DES NEURASTHENIQUES

I. — *Aliments défendus :* A. Viande : bœuf et charcuterie en général, canard, oie, pintade, pigeon, lapin, gibier, viande faisandée. — B. Poissons à chair ferme salés, fumés, friture, moules, homards, écrevisses, grenouilles, escargots. — C. Gros féculents, pommes de terre, pâtisseries, épices. — D. Vins généreux, champagne, café, thé.

II. — *Aliments permis :* A. Agneau, veau, mouton, filet de bœuf, poulet, dindons, petits oiseaux, grives, cailles. — B. Œufs et laitages, merlan, sole, limande, barbue, vive, truite, rouget, crevettes, huitres. — C. Légumes verts et de saison, féculents très légers et bien cuits. — D. Peu de pain, cacao, vin ordinaire, bière, cidre, eaux ferrugineuses et gazeuses.

III. — *Exercice* modéré à pied ou à bicyclette. Passer des exercices les plus simples et les plus doux, et progressivement à de plus actifs. Habitation à la campagne. Distraction, longs voyages peuvent être salutaires. Varier les stations, altitudes moyennes. Bains tièdes avant le coucher. Dormir de 9 à 10 heures par jour.

OBÉSITÉ

Régime : S'abstenir de farineux, féculents, matières sucrées, manger peu de pain et de légumes secs; se nourrir surtout de viandes grillées ou rôties, de poissons, d'œuf, de légumes verts et de fromage. Beaucoup d'exercice. Grands bains.

REGIME DES OBESES (pour maigrir)

I. — *Aliments défendus.* — VIANDES. — Boucherie et volailles grasses : canard, oie, veau, porc; gibier, viandes fumées ou salées, gras de ragoût, pas de sauce, charcuterie, graisses.

POISSONS. — Secs, salés, fumés, huileux ou gras : anguille, saumon, caviar, maquereau, crustacés.

LÉGUMES. — Féculents, pommes de terre, petits pois, haricots, lentilles, châtaignes, tomates. Légumes sucrés : carottes, topinambours.

PATISSERIES. — Pudding, gâteaux secs, compotes, conserves de fruits sucrés, entremets sucrés, bonbons, sirops.

LAITAGE. — Lait, beurre, fromage frais.

BOISSONS. — Alcooliques, liqueurs, grogs, bières, vins de Champagne doux, vins sucrés de dessert.

II. — *Aliments permis.* — VIANDES. — Rôties et grillées, poulet, dindon, pintade, paon, jambon, langue. .

POISSONS. — Sole, goujon, éperlan, merlan, bouillis ou frits, grenouilles, huîtres, coquillages.

ŒUFS. — En petite quantité : deux au plus par jour, lait avec café.

LÉGUMES. — Verts bouillis, cuits à l'eau salée sans beurre, salade verte, champignons, céleri, radis, cardons, artichauts, asperges.

FRUITS. — Crus en petite quantité ou cuits, sucrés à la saccharine.

PAIN. — Biscuit grillé, pain rôti, biscotte, 100 à 200 grammes par jour, pain de seigle.

BOISSONS. — Un verre de vin blanc léger seulement après les repas (80 grammes environ), ou du thé chaud ou une autre tisane, coca, maté; pour les personnes ne pouvant manger sans boire.

Conseils thérapeutiques. — Faire analyser les urines chaque mois.

REGIME DES CONVALESCENTS

I. — *Aliments défendus :* A. Toutes viandes fortes, porc, charcuterie, canard, oie, pintade, gibier faisandé. B. Poissons gras, huileux, grenouilles, poissons fumés, salés, frits, moules, langoustes, homards, crevettes, écrevisses, escargots. C. Choucroutes, épices, oseilles, bonbons, gâteaux lourds et gras, plats sucrés, fruits secs à noyaux, à pépins. D. Légumes, alcool, thé.

II. — *Aliments permis :* A. Viandes de boucherie tendres, poulet, dindon, pigeon, petits oiseaux, cailles, grives. B. Œufs, lait, fromages mous, merlan, rouget, sole, limande, truite, sardines fraîches, huîtres, légumes tendres, pâtisserie légère, chocolat, tapioca, salep, sagou. D. Vin pur, vin sucré, vin de dessert, bière, cidre doux, café.

Adjuvants : Longs repos et fréquents sommeils, peu à peu, reprendre les exercices au grand air en voiture, puis à pied, bains de soleil, jeux, sports modérés, voyages extrêmement utiles, éviter la fatigue. Eviter la montagne pour les cardiaques et le rhumatisme articulaire. Stations chaudes pour les convalescents des maladies d'hiver et des pays froids. Stations fraîches pour les maladies d'été et des pays chauds. Bains ordinaires, frictions, massage, eaux minérales gazeuses, ferrugineuses,

IV. — *Conseils thérapeutiques :* Eviter la constipation et les engorgements du foie. Fortifier l'économie par l'emploi des *Pilules Toniques du Docteur Allard.*

Plantes de la SŒUR BONNEFOY. — Ces médicaments, qui servent de boisson aux malades, se préparent par infusion.

Infusion. — On met la mesure des plantes à faire infuser dans un vase, on jette une tasse ordinaire d'eau bouillante sur ces plantes, on couvre le vase et on laisse en contact pendant dix minutes, puis on passe à travers un linge très fin.

On en boit deux tasses par jour, quand on veut, entre les repas.

REGIME DES GOUTTEUX

I. — *Aliments défendus :* A. Bœuf en général, charcuterie, canard, oie, pintade, pigeon, tout gibier, ris de veau, foie gras. — B. Alose, brochet, perche, anguille, raie, poissons secs, salés, fumés et frits, écrevisses, langoustes, homards, crevettes, moules, escargots, saumon, truite saumonée, maquereau. — C. Gros féculents, légumes secs. Corps gras : Choux, choux-fleurs, oseilles, épinards, choucroute, épices, conserves, truffes. — Pâtisserie, vin pur, vins mousseux, eau-de-vie, café, thé.

II. — *Aliments permis :* A. Agneau, veau, mouton, poulet, dindon, lapin, caille, œufs, laitage, pain bien cuit. — B. Merlan, sole, limande, sardines fraîches, rouget, truite, barbue, dorade, vive, turbot, grenouilles, huîtres. — C. Légumes frais, fruits de saison, fraises, cerises, raisins, pêches, amandes, noix, noisettes, figues fraîches, féculents légers. — D. Bordeaux, vin blanc léger, cidre.

III. — *Adjuvants :* Exercices modérés. Ne pas forcer les articulations. Cheval recommandé, chasse. Eponger la transpiration. Massage. Voyages à volonté, mais pas sur mer ni rivières. Séjour dans les climats tempérés, éviter lieux bas et humides, couverts d'arbres, marais; bains aromatiques, douches, pas de sudation forcée, eaux alcalines.

IV. — Régularité dans les repas, dans les garde-robes, se purger tous les mois. Prendre chaque mois : *Poudre rafraîchissante.*

Prix : le flacon, 3 fr. 50

REGIME DES GRAVELEUX

I. — *Gravelle oxalique.* — *Défendus :* Boissons aromatiques, thé, café, épinards, oseille, tomates, artichauts, pain de son, vinaigre.

II. — *Gravelle hépatique.*— *Défendus :* Matière grasse de la viande, carottes, tomates, asperges, crosnes, cerfeuil, bulbeux, féculents, peu de pain. fruits sucrés, pâtisserie, mets sucrés, truffes, oignons, vinaigre.

Permis : Viande grillée, légumes verts très cuits, pommes de terre très cuites, petite quantité de fruits, vin coupé d'eau minérale alcaline. Repas à heure régulière, exercice, purgatifs légers.

III. — *Gravelle intestinale.* — *Défendus :* Alcool, vinaigre, poires, excès de sel, toute substance irritante.

IV. — *Gravelle urique.* — *Défendus :* Gibier, poissons, mollusques, choux, choux-fleurs, choucroute.

Permis : Viande rôtie en petite quantité et très fraîche, beaucoup de légumes verts, beurre, lait.

V. — *Gravelle alcaline.* — *Recommandé :* Régime lacté, balsamiques.

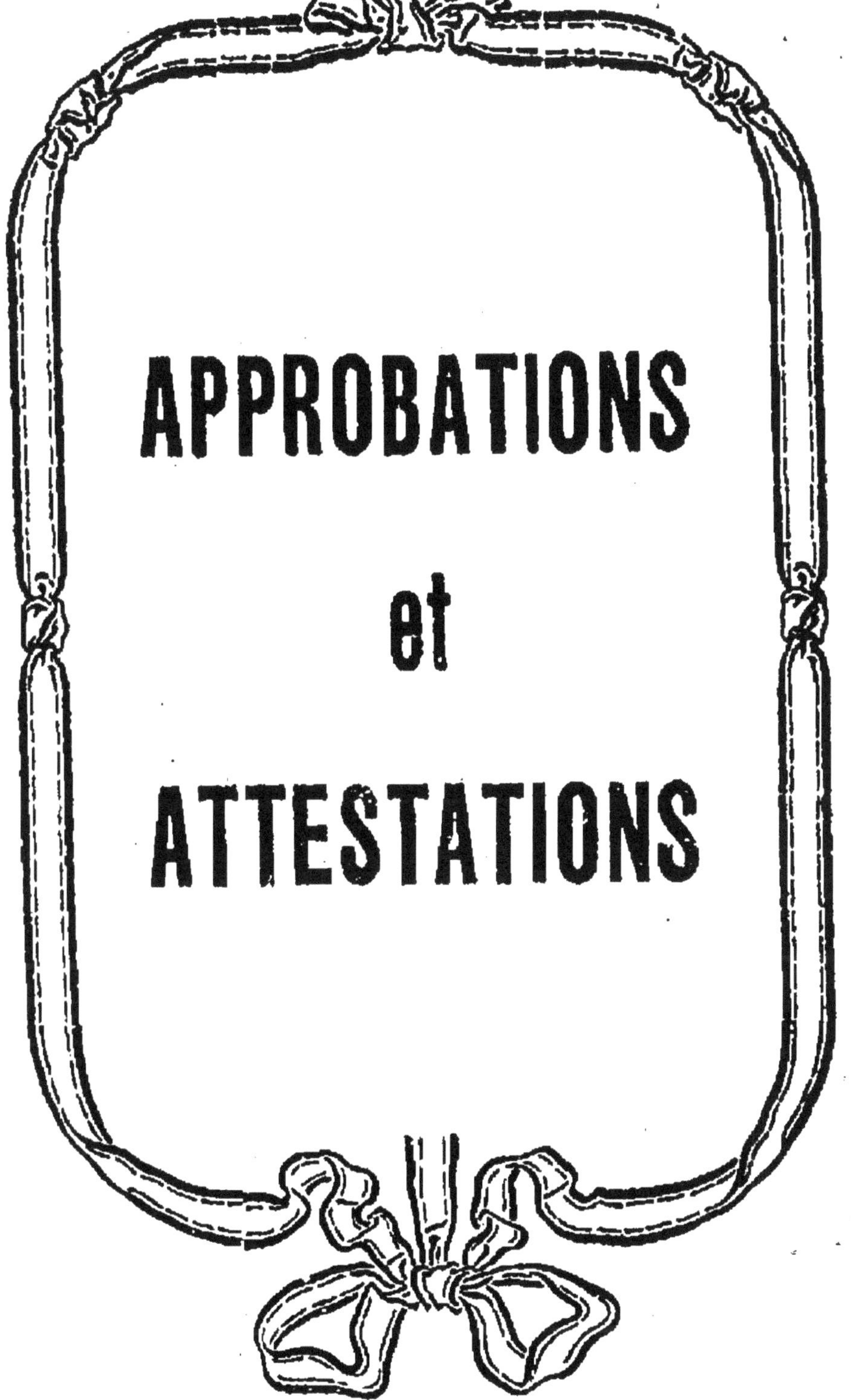

APPROBATIONS

et

ATTESTATIONS

Approbations et Attestations

Je publie, ci-dessous, des lettres d'attestations et de remerciements de malades guéris.

Ce sont des faits cliniques probants, ce sont les seuls champions accrédités susceptibles de démontrer la valeur et l'efficacité de mes remèdes.

C'est par *milliers* que je pourrais citer les guérisons absolument inespérées obtenues dans toutes les affections inhérentes à un état d'altération du sang.

Je me vois dans l'obligation, à cause de leur trop grande quantité, de restreindre la publicité accordée à ces documents, véritable livre d'or de la méthode de la Sœur Bonnefoy.

Ce sera suffisant, je pense, au lecteur pour apprécier la puissance incontestable de mes produits dans les cas les concernant.

A part quelques personnes qui ont demandé l'impression complète de leurs noms, je me vois dans l'obligation, — lié que je suis par le secret professionnel, — de ne citer que les initiales des malades qui, par reconnaissance, ont bien voulu me témoigner leurs remerciements.

Néanmoins, je publierai volontiers les attestations que les personnes guéries voudront bien m'adresser. Elles auront l'amabilité de me prévenir si elles désirent voir leurs noms publiés.

Beaucoup de personnes voudraient bien voir figurer leur adresse complète, mais elles reculent devant l'ennui de recevoir tous les jours des milliers de lettres, et d'être obligées d'y répondre. Alors, ennuyées, elles n'y répondraient pas, et le malade, ne recevant pas de réponse, croirait à une fausse adresse et n'aurait plus confiance. Je joins donc seulement quelques lettres, les personnes qui croiraient notre méthode inefficace, vu que leur cas ne serait pas aux attestations, n'ont qu'à nous écrire, nous leur enverrons l'adresse de cas semblables au leur, guéris.

Si des personnes hésitent et nous disent : J'ai tellement essayé de remèdes que je n'y crois plus, nous regretterons avec elles qu'elles n'aient pas eu le bonheur de commencer par le nôtre, qui les aurait guéries. Nous leur dirons : Essayez un seul traitement de votre cas.

15 janvier 1909.

Veuillez m'envoyer, au reçu de ma lettre, 2 boîtes de *Poudre de la Sœur Bonnefoy*. Je joins un mandat de 4 francs.

Je n'ai pu que constater ce qui est dit sur la notice, que c'est bien réel, on ne peut trop faire de louanges de cette poudre, elle est merveilleuse. Je vous remercie vivement de me l'avoir fait connaître. Depuis, je ne souffre plus, je n'ai plus de pertes continues. Je suis guérie, grâce à vous. Veuillez agréer...

Tollard (Hautes-Alpes). P. G.

⁂

Campagne B., à Saint-Marcel (B.-du-R.),

15 mars 1909.

J'étais abandonnée des médecins, j'avais une maladie de matrice donnant continuellement de fortes hémorragies. Les docteurs ont reconnu que du côté gauche j'ai une veine qui a cassé, dont les écoulements aboutissent dans la matrice. J'avais des fortes hémorragies ou des écoulements jaunâtres. J'ai pris alors le traitement nécessaire et complémentaire de la Sœur Bonnefoy. Depuis, je suis heureuse de vous dire que je suis beaucoup mieux. Je ne puis que vous remercier. Je n'ai que le regret de ne pas vous avoir connu plus tôt. Veuillez....

M. B.

⁂

Freney, le 20 mars 1908.

Cher Monsieur,

Grâce aux bienfaisantes *Pilules névrosine* que vous avez bien voulu m'envoyer, je suis guéri après quatre mois de souffrances atroces pendant lesquels j'ai essayé toutes sortes de remèdes et tous sans résultat. Quoique guéri, je tiens à en avoir chez moi en cas de rechute ou pour le service d'un parent ou d'un ami.

J'ai donné votre adresse à M. Jourdain, pharmacien, à Modane-Gare, ainsi qu'à plusieurs autres personnes de ma commune.

Je vous fais donc une nouvelle commande :

Savoir :

Une boite Pilules névrosine du Dr Allard	1 75
Un flacon Potion du même	1 75
Un flacon d'Epoqualine François pour ma femme	2 50
Ceci est pour moi.	
Pour Henry Ambroisine.	
Une boite Pilules Névrosine	1 05
Pour Jacquemmoz Félix.	
Un litre Sirop salsepareille	3 25
Total	11 »

Vous n'en ferez qu'un seul colis à mon nom. Je ferai passer à chacun ce qui lui est dû.

Je ne sais si cela ne vous contrariera pas de vous envoyer le montant une partie en timbres que je me trouve avoir à ma disposition.

En attendant réception, recevez, cher Monsieur, avec ma reconnaissance, mes sincères salutations.

CHARVOZ Joseph, au Freney,

Modane (Savoie).

Apt, le 12 septembre 1900.

Monsieur,

Je tiens à vous témoigner ma reconnaissance pour le conseil que vous m'avez donné de faire usage de la *Tisane de la Sœur Bonnefoy.*

Je suis on ne peut plus satisfait des résultats produits.

A. M...,

commissaire de police à Apt.

⁂

Apt, le 10 septembre 1899.

Monsieur,

Je vous remercie beaucoup de votre bonne *Tisane de la Sœur Bonnefoy.*

Je déclare, moi et toute ma famille, en avoir reçu de très bons résultats.

Eugène THOMAS.

⁂

Apt (Vaucluse).

Vu pour certification matérielle de la signature de M. Thomas Eugène, apposée ci-dessus.

Apt, le 17 septembre 1899.

Le commissaire de police,

A. M...,

Je reconnais que l'usage de la *Tisane de la Sœur Bonnefoy* m'a entièrement guéri.

Apt, le 15 avril 1898.

René RICARD.

Vu pour certification matérielle de la signature de M. Ricard, apposée ci-dessus.

Apt, le 16 avril 1898.

Le commissaire de police,

A. M...,

❦ ❦ ❦

Mon cher Monsieur,

Envoyez-moi, je vous prie, un nouveau flacon de votre *Tisane de la Sœur Bonnefoy.* Cette bonne sœur a fait là une excellente trouvaille, car, depuis que je prends sa tisane, je suis réellement beaucoup mieux.

Merci d'avance.

Votre bien dévoué.

LAOTTE.

Vu pour certification matérielle de la signature de M. Laotte, apposée ci-dessus.

Apt, le 7 mars 1900.

Le commissaire de police,

A. M...,

Je déclare avoir fait usage de la *Tisane de la Sœur Bonnefoy* et avoir été entièrement guéri.

Apt, le 26 mars 1898.

Marius CHAMBON.

Vu pour certification matérielle de la signature de M. Chambon apposée ci-dessus.

Apt, le 1er avril 1898.

Le commissaire de police,

A. M...,

⁂

Je soussigné, Pierre Gay, âgé de 64 ans, déclare avoir toujours fait usage de la *Tisane royale de la Sœur Bonnefoy*, et avoir toujours été guéri par cet emploi.

Je déclare, en outre, avoir été soigné, étant jeune, par la sœur Bonnefoy elle-même, et avoir toujours été soulagé et avoir été vacciné par elle.

Apt, le 14 novembre 1900.

GAY Pierre.

Vu pour certification matérielle de la signature de M. Gay apposée ci-dessus.

Apt, le 14 novembre 1900.

Le commissaire de police,

A. M...,

⁂

Apt, le 25 février 1908.

Mon cher Pharmacien,

Je suis heureux de vous dire que j'ai toujours obtenu de très sérieux résultats de la *Tisane de la Sœur Bonnefoy.*

Votre tout dévoué.

AYMARD.

Vu pour certification matérielle de la signature de M. Aymard, apposée ci-contre.

Apt, le 25 février 1908.

Le commissaire de police,

A. M...,

❦ ❦ ❦

Apt, le 15 septembre 1900.

Monsieur,

Je vous déclare très volontiers que moi et les miens avons toujours été entièrement guéris par l'emploi de la *Tisane de la Sœur Bonnefoy.*

Tout à vous.

Vve A. JEAN.

Vu pour certification matérielle de la signature de Mme Vve Jean apposée ci-dessus.

Apt, le 15 septembre 1900.

Le commissaire de police,

A. M...,

Je soussigné Victor Dagard, déclare avoir fait usage de la *Tisane royale de la Sœur Bonnefoy* et en avoir éprouvé les meilleurs effets.

Victor DAGARD,

receveur des Postes et des Télégraphes, à Apt (Vaucluse).

Apt, le 15 novembre 1898.

Vu pour certification matérielle de la signature de M. Dagard apposée ci-dessus.

Apt, le 15 novembre 1898.

Le commissaire de police,

A. M...,

❦ ❦ ❦

Je déclare avoir employé avec succès la *Tisane de la Sœur Bonnefoy.*

Apt, le 15 février 1900.

A. KARWINSKI, ancien notaire.

Vu pour certification matérielle de la signature de M. Karwinski apposée ci-dessus.

Apt, le 18 février 1900.

Le commissaire de police,

A. M...,

La *Névrosine*, spéciale pour les névralgies, m'a été demandée fréquemment, et tous ceux
L'Isle-sur-Sorgue, 25 mai 1909.
qui l'ont prise en ont été très satisfaits. Elle calme instantanément et soulage de suite. La douleur névralgique et rhumatismale, par la *Névrosine*, disparaît pour ne plus revenir. Je vous fais tous mes éloges pour cet excellent médicament, qui est à recommander, et qui mérite une confiance absolue.

G...

❀ ❀ ❀

Marseille-Endoume, 20 juin 1909.

Les *Pilules laxatives dépuratives*, rendent des services merveilleux chez mes clients. Elles ont eu vite conquis la faveur des constipés, qui ne veulent, depuis, aucune autre spécialité. La *Sœur Bonnefoy* possède un don merveilleux de préparer des remèdes d'effet si sûr. Veuillez m'en envoyer 30 boîtes pour ma clientèle.

BERNARD, pharmacien,

220, rue d'Endoume, Marseille.

❀ ❀ ❀

Monsieur,

Je viens vous remercier et vous dire toute ma reconnaissance du bien que m'ont fait vos remèdes, car, depuis un an, je suis radicalement guérie de ma maladie chronique de l'estomac dont je souffrais.

Marie-Thérèse GASTALDE,

Seynes-les-Alpes.

Les garçons aussi bien que les filles payent un lourd tribut à l'anémie, qui leur prend toutes leurs forces, mine leur santé, au moment même où il serait nécessaire qu'ils fussent en possession de toutes les ressources d'énergie vitale, leur organisme en développement se montrant plus exigeant.

Toutes les mères qui ont des enfants de 12 ou 13 ans sont plus ou moins anxieuses, car il est bien peu d'enfants arrivant à cet âge sans manifestations ou symptômes parfois alarmants de troubles dans l'organisme. A ces mères inquiètes, nous conseillons de lire ceci :

« Ma fille, qui a 16 ans, était, depuis déjà deux ans, atteinte d'anémie grave, et la pauvre enfant avait beaucoup dépéri. Elle avait pris beaucoup de médicaments sans que nous ayons pu observer beaucoup de changement dans son état.

« Nous étions très inquiets, car l'état de l'enfant semblait empirer, et on ne savait plus quel remède apporter. On nous a, fort heureusement, conseillé de faire prendre à ma fille le *Traitement de la Sœur Bonnefoy*.

« J'avais souvent entendu dire beaucoup de bien de ce médicament, mais j'avoue que j'ai été, malgré cela, surpris par sa rapide efficacité. Dès que ma fille a été sous l'influence de ce médicament, elle a immédiatement beaucoup changé. Elle a retrouvé, dès les premiers jours, son bon appétit d'autrefois, et est devenue moins abattue, plus gaie. Quelques jours après, sa pâleur s'est effacée, et de bonnes couleurs sont venues colorer ses joues et ses lèvres. Puis tous ses malaises se sont atténués pour disparaître complètement par la suite. Elle a repris sa bonne mine, a engraissé, et se sent très forte maintenant. Dans notre petite ville, cette guérison, que tout le monde a pu constater, a fait une grande impression. Il y a quelques jeunes garçons et quelques jeunes filles dont la santé laissait plus ou moins à désirer; on les a mis, à la suite de la guérison de ma fille, à ce traitement, et je sais que déjà ils s'en trouvent fort bien ».

Mme Louis, à Hyères.

❀ ❀ ❀

« Mon fils, âgé de 7 ans, était anémique et était affligé de mauvaises digestions, qui se traduisaient par des ballonnements, des maux de ventre, de la diarrhée. Il fallait apporter un soin méticuleux à son alimentation, qui se composait presque exclusivement d'œufs et de lait. Il a suivi le *Traitement de la Sœur Bonnefoy*, et trois semaines après, il allait déjà beaucoup mieux. Maintenant, il ne souffre plus, il mange modérément, c'est vrai, de tous les aliments servis à la table de ses parents. Il est, en outre, beaucoup plus fort. »

Mme B. Lucie.

❀ ❀ ❀

Vienne, le 29 mars 1909.

Monsieur,

J'ai l'honneur de vous remercier de votre *Tisane dépurative*, que vous avez eu la bonté de m'envoyer sur ma demande.

Votre méthode est la meilleure de toutes : après avoir suivi les indications de votre manuel, j'ai été parfaitement guéri de la tumeur que j'avais depuis plusieurs années.

Mlle Bancillon, rue des Juifs.

Lyon, le 21 février 1909.

Monsieur,

Je vous écris ces quelques lignes pour vous faire mes remerciements pour vos bons médicaments, dont j'ai fait appel au mois de mars dernier, 1909, pour une pleurésie, qui me mettait dans l'impossibilité de ne rien faire.

Après avoir pris un flacon de tisane dépurative, une boîte de capsulines et trois boîtes de pilules ferrugineuses, j'étais complètement rétabli après avoir été condamné, grâce à votre *Traitement*, que je conseille à toute personne malade.

Recevez, Monsieur, mes remerciements les plus sincères.

F. Roone.

❦ ❦ ❦

Orange, 29 décembre 1909.

Monsieur,

Je vous autorise à publier ce qui suit.

Je soussigné, atteint d'une bronchite aiguë, ai été guéri radicalement par votre *Tisane dépurative* et vos *Capsulines*.

S. V.

❦ ❦ ❦

Monsieur,

C'est au bout d'un an que je m'éveille, car je croyais vraiment être dans un rêve, mais aujourd'hui, je prends la plume pour vous faire mille remerciements. Je me trouve en bonne santé depuis le *Traitement*.

Onze jours ont suffi pour me ramener à la vie, et les douleurs rhumatismales ont entièrement disparu.

J'ai continué le traitement jusqu'à ce que j'ai eu fini une boîte de pilules toniques. Mais après, m'étant senti avec toutes mes forces d'auparavant, j'ai quitté les médicaments pour reprendre mon travail.

Recevez, Monsieur, les plus chaleureuses félicitations de celui qui vous doit la vie entière. Je vous autorise à publier hautement ma lettre dans votre prochaine brochure.

BARBERON.

⁂

Saintes-Maries.

Cher Monsieur,

J'étais, cher Monsieur, condamnée à mourir, au bout de quatorze ans de maladie, épuisée de ressources par les médecins et les pharmaciens.

J'avais faiblesse générale, flueurs blanches, bronchite chronique, pleurésie, urinant le sang pendant quatre ans. Je ne prenais plus de nourriture, je n'attendais que l'heureux moment de la délivrance, la mort, qui était pour moi certaine, si je n'avais eu le bonheur de recevoir vos petites brochures à temps, mon mal y était si bien expliqué que mon mari alla trouver une personne qui a bien voulu l'honorer de sa confiance et lui avancer le montant. Nous avons suivi aussitôt le traitement. Au bout de sept jours de votre poudre, je n'urinais plus de sang, et l'appétit se fit sentir. Puis à la suite des deux tisanes et des pilules, j'ai repris, petit à petit, ma petite besogne et le soin de mes enfants, car, à ces pauvres petits, je n'y songeais pas plus qu'au ménage. Le moral était parti et tout est revenu grâce à *votre Traitement*. Mille fois merci.

FABRE.

❦ ❦ ❦

La santé des enfants, particulièrement des filles, entre 10 et 15 ans, est un perpétuel sujet de tourments. La croissance, la formation, prennent tant de leurs forces, qu'il semble, dans bien des cas, que rien ne pourra avoir raison de cet épuisement.

L'enfant a perdu ses couleurs, sa gaieté a fait place à une tristesse telle, que les caresses, les cadeaux, ne peuvent en avoir raison. Les traits sont tirés, le teint est jaune, la respiration courte. Il semble qu'on peut voir le jour à travers les mains et les oreilles de l'enfant qui a maigri. Sa peau est froide, il paraît n'avoir plus de sang dans les veines.

L'enfant refuse la nourriture, son estomac ne digère plus rien.

Les médicaments n'ont pas donné de soulagement, et les parents se désespérèrent. Faut-il désespérer?

En pareil cas, si on demande aide aux *Pilules toniques de la Sœur Bonnefoy*, on sera étonné du changement presque subit qui se produira chez l'enfant. Ces pilules, qui sont si faciles à prendre, donnent, pour ainsi dire, du sang avec chaque dose, elles développent l'appétit, elles font circuler dans les veines un sang plus pur, plus généreux. L'organisme de l'enfant puise dans ce sang riche les aliments qui redonnent les forces, qui refont les chairs.

Voyez ce que ces pilules ont fait pour Mlle Pauline M... :

« Je suis réellement satisfaite du traitement envoyé. J'étais devenue si pâle, si faible, un petit travail était si pénible pour moi que je croyais bien que je ne me rétablirais jamais. Aussi, avais-je été prise d'idées noires et je ne pensais qu'à mourir. Je ne mangeais presque plus, j'étais triste, je ne dormais plus, et on disait que j'avais toujours l'air inquiète. Tout le monde s'apitoyait sur mon sort. J'ai eu le bonheur de prendre votre traitement, et ces bonnes Pilules m'ont bien vite rétablie. On ne me reconnaît plus tellement j'ai bonne mine, tellement je me porte bien. »

❀ ❀ ❀

Mlle Augustine Bernard, écrit : « J'ai fait usage du traitement demandé, et ces bonnes Pilules m'ont parfaitement guérie de mon anémie. J'étais malade depuis trois ans, et j'ai passé de bien mauvais moments. J'étais toujours très pâle, très faible, je n'avais pas d'appétit, et avais toujours à me plaindre, soit d'un malaise, soit d'un autre. J'avais beau prendre des remèdes, il semblait qu'ils étaient incapables de guérir ma maladie, de me redonner les forces perdues. Pendant que je les prenais, j'éprouvais un léger soulagement, puis, ayant cessé de les prendre, je retombais à un aussi mauvais état qu'auparavant. Seul, votre traitement a pu me guérir complètement. Ces Pilules ont fait disparaître tous mes malaises, et m'ont rendu les forces et l'appétit. »

❀ ❀ ❀

Saint-Etienne, le 26 janvier 1895.

Monsieur,

Je suis très content que vous m'ayez répondu, et je vous dirai que je vous remercie tendrement, car vous avez guéri mon ami.

Un ami de son père lui a dit d'essayer vos remèdes et qu'il guérirait pour sûr : son père, de suite, vous a écrit et a reçu les remèdes nécessaires.

Aussitôt que je vous ai écrit, ma lettre à la poste, le soir même j'ai reçu sa lettre, dans laquelle il se dit guéri. Il me dit que sans vos remèdes, il n'allait peut-être plus me revoir.

Mon cher Monsieur, je vous remercie beaucoup de votre brochure, et aussitôt que quelqu'un de mes parents sera malade, je regarderai votre brochure et je vous écrirai.

En attendant, Monsieur, je ne sais que bien vous remercier.

Veuillez agréer, Monsieur, mes sincères salutations.

Charles M...

❦ ❦ ❦

Monceaux-les-Mines.

Monsieur,

Grâce à vos médicaments, mon état n'a jamais été plus satisfaisant depuis quinze ans que j'ai suivi différents traitements. Mes plaies dartreuses, sur tout mon corps, ont complètement disparu à l'efficacité de vos remèdes composés de : un flacon de *Tisane dépurative* et un pot de *Pommade antidartreuse*, trois boîtes de *Pilules toniques ferrugineuses*.

Je regretterais beaucoup de ne les avoir pas connus avant. Je vous prie, Monsieur, d'agréer mes sincères remerciements pour le bien que vous faites à l'humanité.

Je vous prie, Monsieur, d'agréer mes sincères remerciements pour la vie.

R. B.

✿ ✿ ✿

Cholet, le 4 juin 1895.

Monsieur,

Je viens vous remercier du précieux remède que vous m'avez envoyé; votre injection *Henry's* est, sans contredit, le remède le plus puissant pour guérir les maladies vénériennes.

J'en ai employé un flacon et je suis radicalement guéri d'un écoulement qui datait de plus de deux ans.

Je vous prie de m'en envoyer deux autres pour deux de mes camarades atteints de la même maladie.

Veuillez agréer, Monsieur, l'assurance de ma considération distinguée et l'expression de ma reconnaissance.

S. T.

✿ ✿ ✿

Monsieur,

Je soussigné viens vous rendre hommage pour votre *Tisane dépurative*. C'est un remède souverain, car, depuis que j'en prends, je ne me suis plus aperçu de mon accès d'asthme.

Mon enfant, actuellement âgé de six mois, qui a été atteint de la croûte de lait, après avoir pris un quart de litre de votre tisane a été complètement guéri, mais je m'aperçois que les boutons reparaissent d'une manière assez inquiétante; veuillez encore m'envoyer la même potion. Quant à la manière de paiement, elle se fera selon votre désir.

Agréez mes salutations les plus sincères.

R. S.

* * *

Monsieur,

Voudriez-vous avoir l'obligeance de m'envoyer, contre remboursement, un flacon de *Tisane Royale dépurative* et une boîte de *Pilules laxatives de la Sœur Bonnefoy*.

En attendant votre envoi, je vous prie d'agréer mes sincères salutations.

Esprit Lucciasi, rue Sainte-Lucie,

Frontignan (Hérault).

* * *

Monsieur,

J'ai appris par un de mes amis, que vous aviez guéri une personne de Mondragon d'une douleur sciatique, par le *Traitement de la Sœur Bonnefoy*. Moi, en ce moment, je me trouve dans les mêmes conditions, ayant fait beaucoup de remèdes. Je m'empresse de vous écrire pour que vous m'envoyiez les *Remèdes de la Sœur Bonnefoy* pour la sciatique.

François FAURE, maréchal-ferrant,

Mornas (Vaucluse).

❀ ❀ ❀

Monsieur,

Je déclare avoir fait usage de la *Tisane de la Sœur Bonnefoy* et avoir éprouvé une entière guérison.

Marie-Louise CLÉMENT, Apt (Vaucluse).

Signature légalisée.

❀ ❀ ❀

Monsieur,

Je vous remercie beaucoup de votre bonne *Tisane de la Sœur Bonnefoy*. Je déclare, moi et toute ma famille, en avoir eu de très bons résultats.

Eugène THOMAS, Apt (Vaucluse).

Tallemant des Réaux, dans ses chroniques, parle d'un gentilhomme de Touraine, appelé La Tolone. C'était, au dire du chroniqueur, le plus grand mangeur de la Cour. Quand les autres disaient : « Ah! qu'il ferait beau se promener. — Ah! qu'il ferait beau jouer à la paume, etc. », lui, disait : « Ah! qu'il ferait beau manger aujourd'hui. » En sortant de table, ses grâces étaient : « Seigneur faites-moi la grâce de bien digérer ce que j'ai mangé. »

Beaucoup, tout en mangeant bien moins que le gentilhomme La Tolone, demandent aussi la grâce de bien digérer le peu de nourriture que leur autorise un petit appétit, d'abord, et le souci de digestions pénibles, laborieuses, ensuite. C'est à ces malheureux de l'estomac que nous nous adressons, leur signalant les cas de guérison ci-dessous, pris entre mille :

J'ai été bien satisfaite du *Traitement de la Sœur Bonnefoy*, et m'en suis très bien trouvée. Depuis sept ans environ, je souffrais de l'estomac. Je me privais de manger à ma faim, pour éviter d'avoir beaucoup à digérer, car mes digestions étaient très longues et très pénibles. Ce mauvais état de mon estomac avait influé sur mon état général de santé et j'allais toujours plus mal. J'étais affaiblie, ma respiration était devenue oppressée, j'avais des douleurs, je dormais mal et me trouvais, le matin, plus fatiguée que le soir en me couchant. Après avoir vainement essayé plusieurs remèdes, qui m'ont laissé tout aussi malade, j'ai pris le *Traitement de la Sœur Bonnefoy*. A partir de ce moment, ma santé est devenue bien meilleure et j'ai été rapidement rétablie. »

Hugues S.

❀ ❀ ❀

« Je vous ai signalé, dans une précédente lettre, l'amélioration remarquable que j'avais éprouvée dès le début du *Traitement de la Sœur Bonnefoy*. Aujourd'hui, j'ai le plaisir de vous informer que je suis complètement guérie. Depuis un an à peu près, je souffrais terriblement de l'estomac, et j'en étais arrivée à m'alimenter presque uniquement de laitages. Un ami m'a conseillé de faire un essai de ce traitement. Il m'a très bien réussi, comme vous voyez, et, non seulement j'ai retrouvé un bon estomac, mais encore toutes les forces perdues par l'insuffisance d'alimentation. »

Rose R.

⁂ ⁂ ⁂

Monsieur,

Soyez sûr de notre infinie et éternelle reconnaissance. Votre action a été bonne, immense et sans borne, puisque vous avez pu guérir notre enfant qui était atteint de coxalgie, conséquence de la scrofule.

C'est avec deux *Tisanes* et trois boites de *Pilules toniques* que vous avez guéri cet enfant de quinze ans.

M. R., minotier.

⁂ ⁂ ⁂

Lyon (Rhône).

Venant de terminer les tisanes, je viens vous annoncer qu'elles ont produit une cure inespérée et merveilleuse. Depuis ce temps-là, je ne tousse plus, la maigreur diminue et les forces retournent. Bien que je me sente très bien, si parfois, vous jugiez utile d'en absorber encore un flacon, soyez assez bon pour me le faire parvenir.

DUBOIS.

⁂

Annecy (Haute-Savoie), 29 décembre 1889.

Monsieur,

Souffrant atrocement de dartres suintantes, je viens vous implorer, pour que vous me fassiez parvenir, au plus tôt, le *Traitement de la Sœur Bonnefoy*. Je vous en supplie, pressez cet envoi. J'ai comme un pressentiment, après avoir lu votre brochure, que dans quinze jours je serai guérie en plein.

Jeanne M.

⁂

Paris, 14 mars 1907.

Monsieur,

La bouteille de *Tisane Bonnefoy*, les *Pilules toniques* et le *Baume antirhumatismal*, ont été les ouvriers de la guérison des rhumatismes chroniques et goutteux, qui me rendaient la vie bien triste depuis fort longtemps. J'ai bien employé des remèdes différents, les vieux comme les nouveaux, mais sans succès, ni le plus petit soulagement. Il a fallu avoir recours à votre traitement, pour m'extirper du sang le germe du rhumatisme.

Paul ARNOUX.

⁂

Roanne.

Monsieur,

J'ai 60 ans; je suis goutteux au suprême degré; j'ai périodiquement des attaques de goutte, chaque trois mois environ, chaque fois que je cède à la tentation de faire un bon repas et de boire du vin pur. J'ai tout essayé pour me guérir; même les stations thermales, je crois, au contraire, que ce moyen-là est mauvais; rien, rien, rien, ne m'a guéri, pas même diminué les espaces entre les attaques.

Voilà le bilan de ma cure, je le dis très volontiers : votre *Tisane*, votre *Poudre*, et votre *Baume antirhumatismal*, ont été les seuls auteurs de ma guérison. La tisane m'a dépuré le sang, lui a ôté son âcreté, son acidité, et mis en état de ne plus pouvoir fabriquer de tophus dans les jointures.

La poudre a fait dissoudre et sortir par les urines, l'urate de soude qui soudait mes jointures et me forçait à marcher, quand je le pouvais, courbé en deux.

Paul LAGIER.

Paris, 4 mars 1899.

Monsieur,

Envoyez-moi, je vous prie, quatre boîtes de *Pilules toniques* : c'est pour ma sœur cette fois, elle est anémique énormément, et ne peut rien faire avec ses dix doigts. Envoyez-moi aussi une *Tisane dépurative de la Sœur Bonnefoy.*

Louisette.

* * *

Barcelone, 29 octobre 1908.

Monsieur,

Mon fils est sauvé.

Je n'oublierai jamais ce que je vous dois de reconnaissance de toute espèce.

Vous m'avez rendu l'être le plus cher que je possède au monde, puisque c'est le seul souvenir qui me reste de sa pauvre mère, morte, hélas! il y a dix ans, alors que j'étais au Tonkin, et ne vous connaissais pas.

Sans cela, elle serait encore vivante, à voir comment vos remèdes ont déterminé la guérison de mon fils. La pauvre chérie était poitrinaire, elle partit un beau matin, me laissant seul dans la chambre, avec une nourrice annamite, au milieu des bois.

Il était naturel qu'un petit enfant, issu d'une mère à ce point tarée, devait fatalement, un jour ou l'autre, suivre cette mère au tombeau.

Je m'attendais bien à cette triste éventualité; j'entourais, néanmoins, de tous les soins dont est capable un père, cet infortuné. Je ne devais pas me faire des illusions.

Je résolus d'entreprendre moi-même la guérison de ce fils. M. Dubois, que vous aviez guéri à Lyon d'une bronchite chronique, m'envoya un jour votre brochure. J'achetai les remèdes indiqués.

J'ai le bonheur de vous annoncer, après quatre mois de traitement, que mon fils est guéri parfaitement de sa bronchite tuberculeuse. Il augmente de poids, il mange plus que moi, il joue, court sans essoufflement; en un mot, il est encore mieux qu'avant d'être malade. Cela se comprend aisément, puisqu'il n'a plus dans le sang des principes corrupteurs qui donnaient la maladie à son corps prédisposé par le triste héritage que lui avait laissé sa mère.

THIEL.

* * *

Vals, 2 juillet 1908.

Monsieur,

A la suite d'une forte attaque d'influenza, j'étais tombée dans une anémie dont rien ne pouvait me tirer.

J'eus un jour la bonne idée d'employer les *Pilules toniques* et la *Tisane*. J'en ai été tellement contente que je vous en demande un flacon.

GUIB.

* * *

Cette, 12 avril 1909.

Monsieur,

Je vous adresse mes plus sincères salutations, de même que mes plus vifs remerciements.

Vous venez de me guérir d'une cystite fort douloureuse. Je vous fais savoir que je suis aujourd'hui bien guéri. Un bon point au traitement indiqué.

B. F.

* * *

Avignon, 4 mars 1909.

Monsieur,

Par votre *Tisane* et vos *Pilules* vous venez d'accomplir une guérison qui ne m'étonne pas, après toutes celles que je vois signalées dans votre brochure.

J'avais une syphilis devenue chronique, parce que les premiers symptômes étant disparus, j'avais négligé de purger mon sang des immondices qui s'y trouvaient recélés. La maladie, pendant ce temps-là, marchait toujours sans me gêner, puisque je travaillais, je mangeais, je m'amusais, comme si rien n'était.

Il y a trois mois, une rougeur parut au milieu de la cuisse, sur le devant. Quelques jours après, cette rougeur se mit à gonfler et atteindre le volume d'une noix.

Depuis ce temps, il y a trois mois, la plaie ne se refermait pas, elle s'étendait, au contraire, et s'approfondissait.

J'avais peur qu'à force d'avancer elle vint à attaquer un nerf ou ronger une veine.

Voyant qu'aucun remède n'agissait assez vite, j'eus recours à vos conseils, et vous m'avez envoyé : une *Tisane dépurative*, trois boites de *Pilules*. Quinze jours après ce traitement la plaie était complètement cicatrisée.

Je veux, cependant, continuer à boire de la *Tisane dépurative*. J'avais laissé marcher la maladie, parce qu'elle était sans douleur, le mal me ruinait peu à peu la santé, jusqu'au jour où il aurait atteint la moelle épinière ou le cerveau.

P. C.

⁂

Monsieur,

Comme résultat remarquable de guérison, vous pouvez signaler celui de ma sœur.

Elle avait des glandes sous les mâchoires et des ulcères qui ne se fermaient jamais, sous les oreilles, avec écoulement de ces dernières.

Ma sœur en avait fini par prendre honte, d'autant plus que les humeurs qui sortaient des oreilles sentaient très mauvais.

Je lui ai fait prendre une *Tisane dépurative*, trois boites de *Pilules toniques*.

Si vous la voyiez! Quel changement.

Plus de glandes, plus d'ulcères, plus d'écoulement.

S. T.

⁂

Draguignan.

Monsieur,

Merci une fois de plus, puisqu'après avoir soulagé et guéri mon père de ses rhumatismes, vous venez de me guérir d'une cystite avec gravelle.

Nous n'avons pas payé trop cher tout le bien que vos remèdes ont fait.

B. B.

❀ ❀ ❀

Reims, 4 mai 1908.

Monsieur,

A la suite d'une pleurésie, contractée en chemin de fer, j'étais tombé dans un état très avancé de faiblesse, sur laquelle vint s'établir une bronchite avec crachements de sang persistants.

Un soir, en lisant un journal, je vis votre annonce, et quelques jours après, je pus lire dans votre brochure ma maladie qui était exposée tout au long.

Aujourd'hui, j'ai le grand plaisir de vous faire savoir que je suis guéri, avec deux *Tisanes de la Sœur Bonnefoy*, et trois boîtes de *Pilules*.

C'est un succès splendide, auquel j'étais loin de m'attendre, ayant jusqu'à ce jour épuisé toute la gamme des remèdes sans résultat positif.

M. J. D.

❀ ❀ ❀

Orléans, 4 juin 1898.

Monsieur,

Ma cystite est déjà guérie.

Je n'ai, cependant, pris que la moitié de la bouteille.

Néanmoins, pourquoi ne finirais-je pas ce qui reste, désirant que le mal ne fasse pas un retour.

J.-L., hôtelier,

rue de Bourgogne.

❀ ❀ ❀

Capestrello (Italie), 8 juillet 1900.

Monsieur,

Je viens vous affirmer que votre *Traitement de la Sœur Bonnefoy*, sont de fameux remèdes qui guérissent en un tour de main.

J'étais abandonné de mon médecin, qui y perdait son latin.

Alors, sur ces entrefaites, je m'adressai à un ami, qui avait expérimenté votre traitement; il m'engagea à prendre le *Traitement de la Sœur Bonnefoy*.

Ce fut parfait.

Je fus calmé et fort vite, des coliques néphrétiques et d'un catarrhe de la vessie, qui me faisait uriner comme des glaires épaisses et dégoûtantes.

A présent, j'ai retrouvé mon ancienne santé. Publiez ma lettre pour donner l'espérance aux pauvres gens qui souffrent.

ARCHANGE.

Saint-Geniès, 25 mai 1899.

Monsieur.

Soyez assuré de notre éternelle gratitude.

La malade qui fait l'objet de cette lettre était toute enflée, et il n'y avait plus grand chose à espérer.

Elle est complètement guérie de son anémie pernicieuse.

Votre tout dévoué.

R. M.

❀ ❀ ❀

Carpentras, le 4 octobre 1908.

Monsieur et cher Collègue,

Veuillez m'adresser :

30 boîtes *Pilules de nécrosine du Dr Allard*, pour les maladies nerveuses.

Veuillez agréer mes sincères salutations.

Laval.

❀ ❀ ❀

Béziers, 22 janvier 1905.

Monsieur,

Ayant entendu parler d'un produit que vous vendez et qui, paraît-il, est bon, par les dames Dumas et Gaubert, habitant notre ville, je viens vous demander de vouloir bien m'en adresser un flacon. Il s'agit de : *Gouttes merveilleuses de la Sœur Bonnefoy.*

Comme j'en ignore le prix, j'ose espérer, Monsieur, que vous voudrez bien m'envoyer cela quoique je ne vous le règle pas d'avance, mais au reçu de votre envoi, je m'empresserai de vous satisfaire.

Si la chose était trop volumineuse pour être expédiée par poste, vous pourriez la joindre à un envoi que doit me faire M. Pochy, marchand de meubles, place Saint-Didier, auquel j'écris aujourd'hui même.

Agréez, Monsieur, avec mes remerciements, mes salutations empressées.

MONBAU W.

❀ ❀ ❀

Mon cher Confrère,

Faites-moi une caisse avec 12 ou 15 *Névrosine*, je la ferai prendre lundi ou mardi par Robert, qui vous payera les 24 que je dois, moins 2 fr. donnés au distributeur.

Votre produit est très bon, on m'en a fait beaucoup d'éloges, et comme j'ai la réputation de donner bon, cela me fait encore de la réclame, aussi, je ne suis pas fâché d'être votre dépositaire.

Si vous avez encore des calendriers, mettez-m'en deux.

Avez-vous retrouvé votre flacon d'ars. de soude.

Recevez, mon cher confrère, une cordiale poignée de main, de votre tout dévoué.

P. G.

Freney, le 10 mars 1908.

Monsieur,

Une bonne personne m'a recommandé la *Névrosine du Dr Allard* pour un mal qui me prend la moitié de la tête, et cela depuis cet automne. Les remèdes antinévralgiques n'ont eu aucun effet. Je vous prie donc de vouloir bien m'envoyer au plus vite par la poste un flacon de votre bienfaisante *Névrosine du Dr Allard*. Cette personne m'a dit que le prix devait être de 1 fr. 75, que je vous envoie ci-joint en timbres-poste.

Il reste le transport, dont j'ignore le coût, ne connaissant pas le poids.

Je ne sais pas si vous pouvez envoyer par la poste en port dû. Je vais me renseigner à la poste.

En attendant réception, recevez, cher Monsieur, mes salutations empressées.

CHARVOZ, Joseph-Thimothée,
au Freney, canton de Modane (Savoie.)

P. S. — Vous me direz par lettre, s'il vous plait, le prix du port, que je vous enverrai, ainsi que le prix de votre litre.

CHARVOZ.

❀ ❀ ❀

Paris, le 13 novembre 1908.

Monsieur et honoré Confrère,

Vous m'obligeriez en m'adressant, par retour de ce courrier, une boîte de *Pilules de la Sœur Bonnefoy*. N'en connaissant pas le prix, je vous

envoie, à tout hasard, 2 fr. 20 en timbres-poste.
Recevez, je vous prie, l'assurance de mes meilleures salutations.

J. MAYEUR.

❦ ❦ ❦

Cher ami,

Je viens d'apprendre à l'instant que vous aviez des bonnes bouteilles pour les maladies des femmes, la mienne souffre, car nous avons eu un petit garçon. Veuillez, je vous prie, m'en envoyer une par retour du courrier, nous vous en serons reconnaissants, envoyez-moi la contre remboursement. A part ça, la mère et l'enfant vont bien.

En attendant, recevez nos sincères amitiés.

Louis PONSON,

route de Bedarides, Sarrians.

❦ ❦ ❦

Carpentras, le 29 juin 1900.

Monsieur et cher Collègue,

Veuillez bien m'adresser par le voiturier, 30 boites de *Pilules de Névrosine Allard*, pour les maladies nerveuses, névralgies, neurasthénie faiblesse nerveuse, larmes sans raison.

Veuillez agréer mes cordiales salutations.

Avignon, 15 mars 1908.

Une victoire.

Depuis longtemps, je souffrais d'un terrible mal connu sous le nom de névralgie. Le mal, lent par moment, devenait violent tout d'un coup. L'œil, l'oreille et la tempe gauche me faisaient beaucoup souffrir. Je perdais l'appétit, je ne digérais plus. Les nuits, je ne pouvais dormir, car le mal me harcelait toujours. Je devenais fou. En vain, je rendis visite aux dentistes les plus réputés de la région, je m'en retournais comme j'y étais venu, toujours la souffrance.

C'est alors que, promenant ma souffrance à travers les rues d'Avignon, mon attention fut attirée par une affiche mettant à ma connaissance un produit antinévralgique. Je courus donc chez le pharmacien détenteur du fameux produit pour en faire l'achat d'un flacon. Pourtant, je n'avais aucune croyance en l'efficacité de ce produit, car j'avais cherché le soulagement dans d'autres ingrédients tels que la créosote, l'essence de girofle, l'alcool de menthe, le laudanum, le chloroforme, etc., et rien ne m'avait calmé. Mais, ô miracle, j'en bus le contenu d'un petit verre à liqueur, qu'arriva-t-il, c'est que, 10 minutes après, je n'avais plus rien, pas seulement la moindre douleur. Et cette guérison spontanée est due à la merveilleuse découverte d'un produit anti-névralgique, faite par M. le Dr Allard, et qui se trouve en vente chez M. Bouyer, pharmacien à Avignon.

Veuillez agréer, Monsieur Bouyer, l'expression de mon entière reconnaissance pour m'avoir guéri et tous mes sincères remerciements.

Paul Meyer,

Employé au dépôt P.-L.-M., Avignon.

Je vous autorise à publier ma lettre, afin de mieux faire connaître aux personnes atteintes de maladies nerveuses la bonté de la *Névrosine*.

⁂

Château-Arnoux, 13 août 1909.

Monsieur,

Je suis très satisfait de votre *Traitement Henry's;* mais comme je tiens à être guéri complètement, et le plus promptement possible, je vous prie de m'adresser *courrier par courrier*, à l'adresse ci-dessous : 1° Une boîte de *Capsulines Henry's;* 2° Un flacon d'*Injection Henry's*. Ci-jointe la somme de 5 fr. 30 en timbres-poste.

Recevez, Monsieur, mes bonnes salutations.

E. S.

⁂

Lyon, 13 août.

J'ai reçu votre envoi qui est arrivé en bon état.

J'ai déjà des remerciements à vous envoyer, depuis que je prends des Pilules (et il n'y a pas longtemps), la tête ni l'estomac ne me font plus mal. J'ai toujours la tête un peu lourde, mais d'ici au 20 août, je serai mieux, j'espère, en tous cas vous voir sur fin août, je vous remercie beaucoup, je vis un peu et puis causer à mes clients.

Agréez, Monsieur, mes bien cordiales salutations.

BASTIDE.

❦ ❦ ❦

Fargoussières, par Quarante (Hérault),

le 18 mars 1910.

Après avoir employé votre méthode pour la guérison d'un eczéma dont j'étais atteinte, une première fois, ma maladie n'a pas été totalement guérie, et vous m'avez envoyé, une seconde fois, les mêmes remèdes, qui en ont eu, alors, totalement raison. J'ai attendu quelque temps pour vous remercier, afin de voir si le mal ne reparaîtrait pas. Voilà un mois et demi écoulé, et je ne vois plus de boutons, ni n'éprouve plus de démangeaisons; j'en conclus que je suis guérie complètement.

Ce succès obtenu a décidé une voisine, un peu plus âgée que moi, mais éprouvant de fortes démangeaisons; et ayant des boutons depuis peu de temps, à venir vous demander les mêmes remèdes.

Je dois ajouter que cette malade a des boutons plus gros que les autres à la tête; ces boutons suppurent un peu.

Je viens, en conséquence, vous demander pour cette malade l'envoi le plus immédiat possible des remèdes en question. Elle vous en enverra le montant par la poste.

Dans la confiance que la nouvelle malade obtiendra le même succès que moi, recevez, ma

Sœur, avec mes remerciements les plus sincères, l'assurance des meilleurs sentiments.

PETIT H.

Adresse de la malade : Mme Vve Barthès, aux Fargoussières, par Quarante (Hérault).

❀ ❀ ❀

Bonvillard, le 4 mars 1910.

J'ai reçu la réponse et la brochure que vous m'avez envoyé. Je l'ai lue; j'y ai constaté qu'il y avait de très bons remèdes; bien des personnes des quelques pays voisins ont été guéries et m'ont sollicité d'en faire venir.

Je vais expliquer, en quelques mots, comment sont ces glandes. Elles se trouvent dans le cou, il y en a de petites, à peine, qui commencent, il y en a de plus grosses, elles ne me font aucun mal, même en appuyant fortement dessus; ce sont des petites boules dures qui bougent; elles se trouvent de chaque côté du cou, sous les oreilles. J'ai déjà consulté des médecins, fait plusieurs remèdes, rien n'y fait.

Auriez-vous la bonté de m'envoyer les remèdes que vous m'avez indiqué sur votre dernière lettre, qui sont :

Une boîte *Tisane dépurative;*

Un pot *Pommade fondante;*

Une boîte *Pilules toniques ferrugineuses Allard;*

Une boîte *Pilules laxatives;*

[illegible] *Plants de Betpay.*

J'ai lu le bulletin de mode d'envoi; il disait que le plus bon est par mandat poste, mais comme je suis très éloigné d'un bureau de poste, je travaille dans l'usine de Lapraz, et que je n'ai pas bien des moments à moi, vous pourriez me les envoyer contre remboursement à la gare de Lapraz, canton de Modane, département de Savoie.

Auriez-vous la bonté de m'expliquer, remède par remède, les jours qu'il faut les prendre, combien de fois par jour, à jeun ou pas, avant ou après les repas, si je peux continuer mon travail.

J'ai une grande confiance en vous, et j'espère de guérir de vos remèdes. Si je guéri, je vous récompenserai et je vous ferai avoir une forte clientèle, parce que vos remèdes ne sont pas encore bien connus dans le village. Auriez-vous la bonté de me les envoyer au plus tôt possible par la gare de Lapraz.

Je compte sur vous.

Agréez l'expression de mes sentiments les plus distingués, cher pharmacien.

Votre client, CHARVOZ Pierre.

Voici mon adresse : M. Charvoz Pierre, fils de Charvoz Joseph-Marie, à Bonvillard-sur-Orelle, par Saint-Michel (Savoie).

❧ ❧ ❧

Hospice de La Salvetat (Hérault).

Un de nos malades atteint de tuberculose (sommet poumon gauche), souffrant depuis un an; à la suite d'un refroidissement, ayant eu plusieurs vomissements de sang, et, en ce moment, grandes sueurs chaque nuit, me prie de vous consulter pour lui.

Une personne de sa connaissance, disant avoir la même maladie, lui certifie avoir été guérie après s'être adressée à vous.

Je vous serai donc bien reconnaissante, ma très chère Sœur, si vous vouliez avoir la bonté de vous intéresser à ce pauvre malade réputé incurable. S'il y a quelque remède, veuillez nous l'adresser contre remboursement (gare de Saint-Pons), ou y joindre la facture.

Veuillez me croire, ma chère Sœur, en l'amour de N.-S., votre toute respectueuse,

Sœur Joseph, f. d. l. C.

❧ ❧ ❧

Marseille le 12 mai 1909.

Je vous prie de m'envoyer aussitôt trente boites de *Pilules de la Sœur Bonnefoy*, pour mes malades. J'obtiens des guérisons merveilleuses.

Je vous enverrai le paiement ces jours-ci.

Bernard, 221, rue d'Endoume.

❧ ❧ ❧

La Grand'Combe, le 16 juillet 1908.

Je vous serais bien obligé si vous pouviez m'adresser, à l'adresse ci-incluse, demain, vendredi, à la gare du Pont, par le train qui en part à 2 heures et demie du soir, se dirigeant sur Nîmes (par grande vitesse) dix *Traitements de la Sœur Bonnefoy*, pour les bronchites chroniques et pour les rhumatismes. Je suis très satisfait de ces traitements qui guérissent nos malades.

Je vous payerai le tout à la fin du mois courant.

En attendant, croyez-moi toujours votre très humble serviteur.

F. Laurent,

Ancien Directeur de l'Ecole,

rue de l'Hôpital (Avignon).

❧ ❧ ❧

Joncquières, le 3 juin 1910.

Ayant lu, sur une de vos brochures, l'efficacité des *Pilules de la Sœur Bonnefoy*, contre la constipation, veuillez, je vous prie, m'en envoyer une boîte avec la manière de s'en servir.

Vous trouverez ci-inclus le montant en timbres-poste, soit 1 fr. 50.

En attendant, veuillez agréer mes sincères salutations.

Fréau Louis-Michel,

à Joncquières (Vaucluse).

❧ ❧ ❧

Tallard, le 21 octobre 1908.

J'ai commencé le traitement, il y a du mieux, je désire que cela persiste, alors, pour ne pas interrompre le traitement, je vous prierai de m'envoyer aussitôt, au reçu de ma lettre *Emplâtre de la Sœur Bonnefoy*, prix 0 fr. 75, une boîte *Pilules de la Sœur Bonnefoy*, prix 1 fr. 50; je joins à ma lettre 2 fr. 25 en timbres-poste.

En attendant, recevez, Monsieur, mes salutations.

Ph. G.

Mme G., Tallard (Hautes-Alpes).

❧ ❧ ❧

La Salvetat, le 17 avril 1910.

Une nièce à moi, que vous avez guérie, il n'y a pas longtemps, d'une bronchite, m'a prié de vous écrire; elle me dit que vous guérissez toutes sortes de maladies. Moi, je souffre, il y a un an, du derrière de la tête et entre les épaules, et ça me correspond à l'estomac, et c'est encore l'estomac qui me fait le plus de mal. Long à faire la digestion, souvent constipé et pas grand appétit, de temps en temps des douleurs dans les reins, je souffre durant toute la journée, et cessant au repos de la nuit. Au commencement, j'ai consulté les médecins, et ils m'ont dit que c'était une névralgie; ils me faisaient prendre des médicaments, mais c'était sans résultat. Je suis travailleur de terre, j'ai 61 ans, je travaille, mais en peine.

Vous me ferez réponse si vous pensez me guérir, et le montant des remèdes qu'il me faut.

Recevez mes sincères salutations.

Auguste PISTRE,
à La Salvetat-sur-l'Agoût,
faubourg du Pont (Hérault).

Sumène, 14 avril 1910.

J. M. J. Madame,

Pour la seconde fois j'ai le plaisir de vous écrire pour Mme Balsan. Vos remèdes lui ont fait du bien. Elle digère mieux et a des aigreurs moins fortes. Si vous pouviez lui envoyer quelque chose pour le lui faire disparaître complètement, elle vous en serait très reconnaissante.

Avec tous nos remerciements, veuillez agréer l'assurance de nos bons sentiments.

Noémie FOULQUIER, à Sumène.

⁂

Pignan, le 22 avril 1910.

Ma mère, il y a quelque temps, a fait usage de la *Tisane dépurative de la Sœur Bonnefoy*. Elle en a été très satisfaite, sa bronchite s'est beaucoup améliorée et sa santé s'est bien maintenue; seulement, à la suite d'un rhume, la toux commence à la reprendre; elle désire prendre encore la Tisane dépurative. Veuillez donc m'en envoyer trois boîtes afin d'en être pas dépourvue. Je vous envoie ci-joint un mandat de 12 francs.

Recevez, Monsieur, ma parfaite considération.

Rosalie BÉLIÈRE.

Voici notre adresse : Mme Vve Bélière, à Pignan, près Montpellier (Hérault).

⁂

La Cledelle, le 29 janvier 1910.

Nous avons une cousine que vous avez parfaitement guérie; elle nous a donné votre adresse. Nous avons un petit de cinq ans qui souffre, depuis un an, d'une jambe et, quelquefois, il se fâche du coup. Etant petit, il avait du mal sur la figure et encore de temps en temps il lui en vient quelque petit peu. Les médecins nous l'ont soigné, mais toujours la jambe droite lui fait mal à ne pouvoir presque pas marcher.

Quand il a commencé à être malade, il avait la maladie à la jambe gauche; les médecins nous l'ont fait mettre dans un lit avec un poids de 2 kilos pendant deux mois, et maintenant que nous l'avons levé, il souffre toujours la même chose, principalement du genou, et il y a des moments qu'il souffre davantage.

Et pour son appétit, il n'est pas régulier, il demande souvent à boire. Vous aurez la bonté de nous envoyer les remèdes nécessaires que nous vous payerons contre remboursement ou comme vous le voudrez. La cousine qui nous donne votre adresse c'est Honorine Cabrol.

Je vous salue, Sœur Bonnefoy.

BACOU Louis,

à La Cledelle, par La Salvetat (Hérault).

❀ ❀ ❀

La Cledelle, le 13 février 1910.

Vous m'avez dit que dans huit jours je vous fasse réponse pour savoir des nouvelles de mon petit de cinq ans. Pour le moment, il va très bien, les remèdes que vous m'avez envoyé, j'en suis très content, ils ont fait beaucoup de bien à mon petit. Il jouit d'une très bonne santé, rien ne lui fait mal pour le moment; la jambe droite lui fait mal encore un petit peu, il se fâche de temps en temps, et il boite encore, mais il y a du mieux quand même. Si, par hasard, vous reconnaissez que mon petit ait besoin de quelque autre remède, vous me l'enverrez, comme vous avez fait dernièrement; il supporte très bien le baume que vous nous avez envoyé. Il ne se fâche pas quand nous lui faisons les frictions. Vous aurez la bonté de nous envoyer un catalogue de vos remèdes.

Agréez, Sœur Bonnefoy, nos meilleures salutations.

BACOU Louis,

à La Cledelle, par La Salvetat (Hérault).

❦ ❦ ❦

Si j'ai attendu si longtemps à vous écrire, c'est que je voulais connaître un résultat de votre précieux traitement. Les analyses des urines ont été faites avec précaution; à notre grande surprise, on n'a trouvé aucune trace de sucre, ni albumine. Très satisfait, j'ai à vous demander, maintenant, s'il faudra continuer le régime quelque temps, j'ai à vous dire que tout le temps que je prenais des cachets, je n'étais pas constipé. Les cachets finis, je suis obligé de prendre une pilule pour dissiper la constipation si rebelle. Je voudrais être renseigné sur le prix de la saccharine, et si avec le fruit que nous pouvons manger l'on pourrait faire de la confiture soit avec des oranges ou groseille, en sucrant avec de la saccharine si c'est nécessaire.

Je compte sur vous, ma bonne Sœur, pour m'expliquer tout cela, et vous transmet mes meilleurs mercis.

PAGÈS Désiré,

à la campagne de la Pagèze, près Fleury (Aude).

❧ ❧ ❧

La Côte-Saint-André, le 29 décembre 1909.

Excusez-moi si je ne vous ai pas envoyé le montant plus tôt pour le pot de pommade que j'ai reçu.

Je voulais essayer le traitement pendant quelques jours. Je vous dirai que mon état est déjà mieux, et que cela continuera de s'améliorer jusqu'à complète guérison.

D'ici quelque temps je vous tiendrai au courant de mon état.

Ci-joint à ma lettre la valeur de 2 francs en timbres-poste

Votre client reconnaissant.

J. CHARLET.

❧ ❧ ❧

La Côte-Saint-André, le 23 janvier 1910.

Je viens, comme je vous l'avais dit, vous tenir au courant de ma santé.

Je trouve que la *Tisane de la Sœur Bonnefoy* m'a fait beaucoup de bien, ainsi que les *Pilules du Dr Allard*, car je vois que mes plaques de psoriasis ont beaucoup diminué. C'est pour cela que je viens, une seconde fois, pour vous commander une boîte de Tisane et deux boîtes de *Pilules du Dr Allard*.

Ci-joint en mandat poste la somme de 10 fr.

Veuillez, Monsieur, me les envoyer de suite.

Agréez, Monsieur, mes reconnaissances empressées.

Joseph CHARREL.

❧ ❧ ❧

Je m'empresse de vous envoyer le mandat poste de 9 francs que je reçois à l'instant.

Merci, et bien vive reconnaissance de vos bons remèdes, qui commencent à produire d'excellents effets.

L'appétit, grâce à Dieu, va très bien, la jambe va mieux aussi; néanmoins, j'y sens encore des démangeaisons assez fréquentes et douloureuses, et la peau assez raide et dure.

Cette jambe est un peu variqueuse à la partie opposée à la maladie de la peau. Il y a même eu plaie, cicatrisée depuis quelques jours.

Veuillez agréer, ma bonne Sœur Bonnefoy, mes sentiments de remerciements et de bien vive reconnaissance.

FARGIER LOUIS,

Saint-Barthélemy-le-Plein,

par Tournon, le 26 octobre 1909.

❧ ❧ ❧

Merci à nouveau du grand bien que vous m'avez fait par vos excellents remèdes, que Dieu vous bénisse et vous en récompense.

L'appétit et les forces vont très bien, il n'y a que la jambe qui, quoique en très bonne voie, laisse un peu à désirer, elle est encore un peu raide, rouge, et a des démangeaisons de temps en temps.

Le flacon de baume urticaire étant presque fini, veuillez m'en expédier un second par retour du courrier, contre l'envoi de 2 francs en timbres-poste ci-joints.

La place de la plaie variqueuse, bien que cicatrisée depuis assez longtemps, me fait encore assez souffrir par certaines piqûres plus ou moins aiguës.

Je vous serais bien reconnaissant, ma bonne Sœur Bonnefoy, d'avoir la bonté de joindre au petit envoi un peu de pommade noire pour y mettre, à titre gracieux, si vous le pouvez, ma bonne Sœur, vu l'état de gêne dans lequel je me trouve.

Merci encore une fois et daignez agréer, ma bonne Sœur, ma bien vive et sincère reconnaissance.

FARGIER Louis,

Saint-Barthélemy-le-Plein,

par Tournon, le 23 janvier 1910.

* * *

Prasoubeiran, le 20 mars 1910.

Depuis que nous avons commencé votre traitement, l'état de santé de ma fille s'est bien amélioré. Elle n'a eu plus qu'une seule crise le second jour que nous avons commencé le traitement.

Vous nous dites, dans votre dernière lettre, qu'une fois la première boîte de comprimés épuisée, de laisser reposer la malade quinze jours. Mais pendant ce temps, doit-on laisser aussi les pilules et la tisane dépurative? S'il faut continuer ces derniers médicaments, veuillez avoir la bonté de nous envoyer une boîte *Pilules Névrosine*, et une de *Pilules toniques*. Nous vous enverrons le montant contre remboursement.

Veuillez m'envoyer, par retour du courrier, pour une connaissance, une boîte *Pilules Névrosine* .... Fr. 1 75
Une boîte *Pilules toniques* .... 3 »

Total .... Fr. 4 75

Ci-joint un mandat-poste de 4 fr. 75.

Veuillez agréer, madame, avec tous nos remerciements, nos respectueuses salutations.

M..., propriétaire, à P...
par B... (Basses-Alpes).

* * *

Prasoubeiran, le 2 mai 1910.

Nous avons aussi épuisé les médicaments. Dans cet intervalle, notre fille a encore eu une crise, mais, cependant, nous trouvons dans son état une grande amélioration.

Comme nous avons une grande confiance en vous pour obtenir la guérison de notre fille, nous venons vous demander s'il faut continuer le sirop.

Suivant votre décision, veuillez nous envoyer :

Une bouteille de *Sirop* ....Fr.	8 50
Deux boites *Pilules toniques*	6 »
Deux boites *Névrosine*	3 50
Une boite *Tisane dépurative*	4 »
Total .... Fr.	22 »

Ci-joint un mandat-poste de 22 francs.

❧ ❧ ❧

A Trets, le 27 décembre 1909.

Monsieur Bouyer, pharmacien de 1re classe,

C'est avec un grand espoir que je réponds à votre lettre du 24 décembre pour vous dire que je tiens un bon résultat de vos remèdes, vu que nous obtiendrons une guérison. Vous m'enverrez la poudre à respirer les vapeurs, une boite de Capsulines, un flacon de Rafraîchissant; le montant sera de 8 francs, franco à ma maison. Je me recommande à vous afin que vous me fassiez le plus juste prix, car je suis une pauvre veuve.

Veuillez agréer mes sentiments respectueux.

Veuve Marie Tricon,

à Trets (Bouches-du-Rhône).

❧ ❧ ❧

Châteauneuf-du-Rhône, 14 mars 1910.

Inclus 75 centimes en timbres-poste. Veuillez, s'il vous plaît, m'envoyer un emplâtre pour un ami. Quant à moi, je sens que vos remèdes me font du bien, je remue bien mieux mes bras, et votre emplâtre m'a soulagé de la douleur que j'ai entre les deux épaules; mais mes bras sont toujours sans force, et à la moindre fatigue je transpire. Veuillez me dire si vous pourriez me donner autre chose pour ramener mes forces; j'ai encore de tout, excepté des Pilules ferrugineuses, je les ai finies. Veuillez me dire, s'il vous plaît, s'il faut que j'en prenne encore, et si je pourrais aussi me mettre un autre emplâtre lorsque celui que j'ai tombera.

En attendant, recevez, chère Sœur, mes respectueuses salutations.

Daudel, épicier,
Châteauneuf-du-Rhône (Drôme).

❀ ❀ ❀

Marmagne (Saône-et-Loire), 25 avril 1910.

Le traitement pour eczéma que j'ai eu le plaisir de recevoir de votre maison est fini. La démangeaison, qui m'était si incommode, est moins vive, quoique le plus léger frôlement réveille le désir d'y porter la main.

Les places atteintes de ces places nacrées, de la longueur de pièces de 50 centimes et de 2 fr., restent rouges. Ça me donne à croire que la guérison n'est pas complète, mais seulement en route.

Je vous laisse le soin de juger de l'état de mon affection cutanée. Si un deuxième traitement est nécessaire, ayez la bonté de me l'adresser.

Dans ce cas, je vous retournerai un mandat de 10 francs.

Ce ne serait pas trop cher, car vous m'aurez rendu un signalé service.

Veuillez, monsieur Bouyer, agréer, avec mes remerciements, l'expression de mes sentiments respectueux.

Ph MOMPSIN, curé.

❦ ❦ ❦

Viols-le-Fort, ce 5 mars 1910.

Après avoir suivi le régime et remèdes d'un docteur de Montpellier, pendant une année entière, je suis atteint, d'après lui, d'un eczéma acariâtre, c'est-à-dire mauvais, et ayant lu sur le Journal l'*Eclair* que vous aviez une méthode pour guérir certaines maladies, si vous vouliez avoir la bonté de me l'envoyer le plus tôt possible, je vous serai reconnaissant.

Dans cette attente, daignez recevoir mes respectueuses et sincères salutations.

Léopold MICHEL,

propriétaire, à Viols-le-Fort,
par St-Martin-de-Londres (Hérault).

❦ ❦ ❦

Viols-le-Fort, ce 18 avril 1910.

J'ai fini la tisane dépurative, l'onguent, la poudre et les autres pilules, et je n'ai que dix-huit pilules laxatives. Je vais beaucoup mieux et je suis presque guéri; il y a quelques jours que je travaille la terre, étant petit propriétaire. Si vous croyez encore que ce soit utile, veuillez, je vous prie, m'envoyer par la poste ce que vous jugerez pour me guérir tout à fait. J'ai encore de la bile le matin. Je ne saurai jamais assez vous remercier du bien que vous m'avez fait, et je me rappellerai toute ma vie de la Pharmacie de la Sœur Bonnefoy. Si jamais j'avais besoin de quelque chose comme médicament pour moi ou ma famille, j'aurai en vous une entière confiance. En attendant, encore une fois, merci.

Daignez recevoir, monsieur Bouyer, mes sentiments distingués et mes sincères et meilleures salutations.

Léopold Michel,

propriétaire, à Viols-le-Fort,

par St-Martin-de-Londres (Hérault).

❦ ❦ ❦

Agde, le 3 mars 1910.

Je constate avec joie que votre traitement pour le goitre m'a fait du bien, mais comme je tiens à être complètement guérie, je vous prie de m'envoyer, par retour du courrier : un flacon *Tisane dépurative*, une boîte *Pilules toni-*

ques ferrugineuses Allard. Je vous adresse le montant par mandat-poste.

Dans cette attente, recevez, Monsieur, mes sincères salutations.

Mlle Andréa BOUDONNET,
rue de la Ville, 6, Agde (Hérault).

⁂

Mas d'Azaïs, le 1er mars 1910.

Je viens, par l'intermédiaire d'Honorine Cabrol, de la Cledelle, qui est une cousine à moi. Elle m'a renseigné sur sa maladie, disant se trouver parfaitement guérie depuis vos remèdes.. Moi, je viens vous donner le détail de la maladie de mon mari.

Marie GOS.

Voici mon adresse : M. Cyprien Gos, au Mas d'Azaïs, par la Salvetat-sur-Agout (Hérault).

⁂

Au Mas d'Azaïs, le 11 mars 1910.

Je viens, par l'intermédiaire de Cyprien Gos, mon frère, à qui vous venez d'envoyer des remèdes pour guérir sa maladie, et voyant que vous en avez guéri d'autres dans notre pays. Et moi, étant malade depuis longtemps d'une maladie nerveuse, appelée faiblesse des nerfs; il y a environ huit ans qu'elle me fait souffrir énormément.

Ma Sœur, j'ai toute confiance en vous, j'espère que vous guérirez ma maladie.

Je suis âgé de 40 ans.

Veuillez agréer, ma Sœur, l'expression de mon plus profond respect.

Gos Pierre.

J'oublie de vous dire que la nuit je rêve et je ne dors pas beaucoup.

Voici mon adresse : M. Gos Pierre, propriétaire, au Mas d'Azaïs, par La Salvetat (Hérault).

Ma Sœur, si vous pouvez, faites-moi réponse de suite, le médecin qui m'a traité me défend de boire du vin et de fumer. Si c'est utile, vous me le marquerez, s'il vous plaît.

❧ ❧ ❧

Mirabel, le 18 mars 1910.

Veuillez m'expédier à domicile les marchandises suivantes pour le traitement selon la méthode de la Sœur Bonnefoy, de la maladie de poitrine et pour les rhumatismes, savoir :

Deux boîtes de *Tisane dépurative Bonnefoy;*
Une boîte de *Pilules toniques;*
Une boîte *Capsulines Bouyer;*
Une boîte de *Cachets Névrol;* ;
Une boîte *Poudre alcaline Bonnefoy;*
Un *Baume Allard,*
dont je vous envoie ci-inclus le montant en un mandat-poste de 22 francs.

Veuillez agréer, Monsieur, mes remerciements anticipés et mes salutations empressées.

Sœur M. Egide.

Gap, le 7 août 1910.

Veuillez m'envoyer, au reçu de ma lettre, 7 boites de la Poudre astringente, dont 6 de la Sœur Bonnefoy, par colis postal. Je joins 0 fr. 85 pour les frais de transport, et une boite par la poste; je joins 0 fr. 30 pour le port. Ayant épuisé bientôt la dernière qui me reste, c'est pour ne pas interrompre le traitement. Je compte, comme toujours, sur votre promptitude.

Inutile d'ajouter que la *Poudre astringente de la Sœur Bonnefoy* a donné de bons résultats, et j'espère que dans peu de temps je serai complètement guérie.

Je joins donc à ma lettre 15 fr. 15 par mandat postal.

En attendant, recevez, Monsieur Bouyer, mes salutations respectueuses.

Mme Ph. G., Gap (Hautes-Alpes).

* * *

Gagnières.

Je viens vous prier de vouloir bien m'expédier au plus tôt une boite *Pilules de la Sœur Bonnefoy*.

J'ai pris plusieurs de ces boites chez vous lorsque j'étais rapprochée d'Avignon. J'en ai toujours payé 1 fr. 50 la boite. Je me permets de vous en envoyer le montant en timbres-poste, n'est-ce pas?

Adresse : Mlle Combaluzier, institutrice libre, à Gagnières (Gard).

Courthézon, le 1er mai 1910.

Je viens vous donner des nouvelles de l'enfant. Il se porte à merveille, il a fini le granulé et le sirop hier matin et, hier soir, il a commencé les capsules; mais je puis vous dire que je suis très satisfaite de vos remèdes, car l'enfant n'a pas uriné au lit une seule fois jusqu'à présent. J'espère que cela va continuer en finissant les capsules. S'il y avait du nouveau, je pourrais aller vous trouver.

Recevez, cher monsieur Bouyer, mes salutations.

E. FAVIER.

⁂

Sorgues, ce mercredi, 23 février 1910.

Je pensais à aller en ville demain et je comptais passer chez vous pour prendre mesure de la ceinture.

Puisque vous me l'avez envoyée, j'en suis doublement satisfaite; elle est de fort bon goût, me plaît beaucoup et me va excessivement bien.

Aussi, il ne me reste, Monsieur, qu'à vous prier d'accepter tous mes remerciements dans un respectueux bonjour.

Adrienne TURIN.

⁂

Ceyras, le 18 avril 1910.

Je viens de terminer le traitement de mon fils pour incontinence d'urine. J'ai suivi vos indications et, depuis le 25 mars, il ne s'est oublié que deux fois au lit.

Veuillez me dire si ce traitement suffit.

Recevez, monsieur Bouyer, avec mes remerciements, mes salutations empressées.

L. MESTRE.

❦ ❦ ❦

Forcalquier (Basses-Alpes), le 13 avril 1910.

Veuillez, je vous prie, m'excuser du retard que j'ai eu à vous répondre; ça a été surtout de la négligence. Néanmoins, je puis vous dire que votre remède m'a fait beaucoup de bien, depuis lors je souffre beaucoup moins des névralgies dentaires; il ne me reste qu'à vous remercier du produit que vous m'avez envoyé.

Ci-joint un mandat-poste de la somme que vous me demandez.

Recevez, Monsieur, mes sincères salutations.

L. THUMIN, confiseur.

❦ ❦ ❦

Sauvian, 14 février 1910.

Je viens vous donner des nouvelles de mon mari, atteint d'une tumeur à la gorge, comme vous savez déjà; après les hémorragies du dimanche, 30 janvier, malgré votre avis de ne pas continuer les remèdes de la Sœur Bonnefoy, j'ai passé outre et j'ai suivi le traitement comme on doit. Aussi, ne puis-je que vous remercier, car, aujourd'hui, mon mari est en voie de guérison. Le docteur, qui l'a vu hier et l'a regardé dans la gorge, a trouvé que du côté droit malade, toute trace de mal avait disparu; il ne reste qu'une tache un peu rose, presque aussi jolie que de l'autre côté. Aussi, m'a-t-il avoué que c'était bien bizarre; je ne lui ai pas dit que je faisais votre traitement, seulement je voudrais que vous m'éxpédiez le plus tôt possible, un sirop pour lui calmer la toux, car il tousse beaucoup, mais cela vient du cou. Voyez et faites du mieux. Je vais faire beaucoup de propagande pour votre maison.
Encore une fois merci et recevez mes sincères salutations.

Marie GALIBERT.

⁂

Tullins, le 22 mai 1910.

Je suis tout à fait bien remis de toutes mes indispositions, et je vous envoie, en un mandat-poste, la somme de 3 fr. 50, montant de la Poudre alcaline rafraîchissante que vous m'aviez envoyé, et de laquelle j'ai obtenu un très bon résultat.

Merci, et veuillez agréer mes meilleures salutations.

L. SADION-SONE.

Montpellier, 20 octobre 1903.

Je vous remercie de vos bons conseils. Je les ai suivis. Les *Pilules toniques du Dr Allard* me font tant de bien. Le teint jaunâtre a disparu. Merci.

Mme BAYLE, 6, rue Montpellieret.

❦ ❦ ❦

Lodève, 6 novembre 1909.

Je suis très contente du Traitement reçu. Encore une fois merci. Je crois qu'il est inutile de vous recommander la discrétion. Publiez ma lettre avec mes initiales.

J. A.

❦ ❦ ❦

Alais, 8 mars.

Depuis que ma sœur prend son traitement, elle est plus calme. Elle a eu des malaises, mais elle n'a pas eu des crises. Elle prend tous les soirs une cuillerée à café de son sirop calmant et elle dort bien mieux et n'a plus de cauchemars.

J. M.

❦ ❦ ❦

Tarare, 3 février 1910.

Je suis convaincu de l'efficacité de vos remèdes. Veuillez m'envoyer le Traitement : une *Tisane dépurative;* un *Baume de la Sœur Bonnefoy;* une boîte *Pilules laxatives.*

Ci-joint un mandat de 10 fr. 50.

Louis PUTINIÉ,

9, rue Montagnié, à Tarare (Rhône).

❧ ❧ ❧

Villerouge, 31 octobre 1909.

J'ai l'honneur de vous informer que je vous adresse ci-inclus un mandat de la somme de 9 francs, et je vous prie de m'envoyer : une *Tisane dépurative;* un pot de *Baume de la Sœur Bonnefoy;* une boîte *Pilules toniques.* C'est pour un voisin. Je suis complètement guéri de ma terrible maladie d'estomac. J'ai donné votre adresse à plusieurs personnes.

Votre dévoué.

Jean PUEL.

❧ ❧ ❧

Boussieu, par Bourgoin (Isère).

Je vous remercie vivement des excellents remèdes que vous m'avez envoyé. Je suis dans une maison de sourds-muets, et l'occasion de les expérimenter m'a bien réussi.

Veuillez agréer mes remerciements.

Abbé Ed. RIEFFEL.

❧ ❧ ❧

Marseille, 221, rue d'Endoume.

Les remèdes de la Sœur Bonnefoy me donnent des résultats merveilleux et inespérés.

BERNARD.

❧ ❧ ❧

Paris, ce 10 décembre 1910.

J'ai bien reçu votre petit paquet, et je vous en remercie infiniment. Ci-joint les 3 francs; le petit purgatif que j'ai pris a fait de l'effet et a contrarié, à la suite, la débâcle de quantité de glaires, et maintenant, ça va. Quand le ventre va, tout va, et je me trouve déjà beaucoup soulagé. La langue commence à se nettoyer. Je me sens mieux, j'ai confiance en vous et soyez-en bénie du Seigneur. Puisqu'il en est ainsi, je vais abandonner tout autre purgatif. Voilà comment je suis le traitement : A midi et le soir, aux deux repas, je prends un cachet dans ma cuillerée de potage, et à la fin de chaque repas, je prends deux *Pilules du Dr Allard*, et dans l'après-midi, je prends aussi une cuillerée à café, un peu plus que la dose indiquée sur le flacon, de la Poudre rafraîchissante et la Tisane, j'en prends aussi l'après-midi, et une bonne tasse le soir avant de me coucher. Je double la dose indiquée et laisse bouillir quelques secondes; comme ça, elle a beaucoup plus d'efficacité, et je m'en trouve très bien.

Je ne la prends pas sucrée. Enfin, ma Sœur, je vais suivre votre traitement à la lettre, et j'espère que cela ira toujours de mieux en mieux, car à mon dîner, il y a bien longtemps que je ne prends qu'une tasse de lait. Je vous écrirai à temps utile s'il faut que vous m'envoyiez un autre traitement.

Veuillez agréer, ma Sœur, mes meilleurs sentiments.

A. ROUMIER,

6, rue Jouffroy, 6, Paris.

❧ ❧ ❧

Moutiers (Savoie), le 10 décembre 1910.

Je fais réponse à votre lettre, que je viens de recevoir avec le flacon de Pommade que vous y aviez joint. Je vous remercie beaucoup de votre générosité envers moi, et je suis le premier à vous donner de mes nouvelles. Cela m'a fait du bien et guéri; je vous remercie beaucoup.

Je joins à ma lettre l'argent de votre flacon, plus vos frais, cela fait donc 2 fr. 25.

Recevez mes plus affectueux remerciements.

JAVELLE Pierre,

caporal, au 158e d'infanterie,

2e Compagnie, Moutiers.

Jujurieux (Ain), le 4 décembre 1910.

Suivant les conseils de Mme André, et sachant les résultats obtenus par votre méthode nouvelle par les plantes, je viens vous demander de m'envoyer votre traitement.

Une boîte Pilules laxatives	1 50
Graines des Vallées	3 »
Plantes des Vallées	3 »
Ci-joint mandat-poste de	7 50

Comptant sur le bon résultat obtenu par d'autres, j'espère que vos remèdes détruiront et guériront le germe de la constipation de ma fille. Dans l'espoir d'une prompte amélioration, recevez mes plus respectueuses salutations.

Joseph JOURDAIN.

❀ ❀ ❀

Beynost (Ain), le 28 novembre 1911.

J'ai parlé de vos remèdes à des amis qui ont une jeune fille qui a une constipation qui résiste à tous les remèdes des médecins. Je lui ai conseillé les vôtres. Veuillez donc leur envoyer une petite brochure à l'adresse ci-dessous. Cette brochure les renseignera très bien. Je vous écrirai quand j'aurai fini.

Recevez, Monsieur, toutes mes salutations.

Veuve ANDRÉ,

Beynost (Ain).

Saint-Ciers-d'Absac (Gironde), 3 décembre.

J'ai reçu vos remèdes, je vous remercie de tout mon cœur, vous êtes bien aimable de faire cette charité. Je prierai bien le Bon Dieu pour vous. Je commence le Traitement aujourd'hui, car j'en ai besoin. Je vous en avertirai du bien que cela m'aura fait. Je vous promets de tout mon cœur de propager votre méthode. Je pense bien pouvoir y arriver. J'ai été si contente du Traitement de ma petite. Merci.

Je vous salue respectueusement.

Elisabeth BARTHÉLEMY.

❦ ❦ ❦

Monteux, ce 26 novembre 1910.

Je vous écris ces quelques mots pour vous faire savoir que je suis très contente de vos remèdes. Je suis beaucoup mieux, mais pour finir de me guérir, je prendrai encore une fois votre Traitement. Mon père m'avait donné cette idée, il se nomme Ripert Antoine, et moi je reste à Monteux; je ne peux vous dire combien de fois merci. Il y avait dix ans que j'avais cette maladie. Toujours je dis encore une fois ça ne me fait plus mal. J'avais consulté bien des médecins, mais aucun m'a guérie. Je peux pas dire ce qui me faisait mal, c'était tout le corps; j'étais faible, on m'a dit que j'avais une gastrite. Je suis encore faible, alors je prendrai une bouteille de la *Tisane Royale de la Sœur Bonnefoy*, et un *Emplâtre de la Sœur Bonnefoy* pour mes reins, et encore une fois les trois médicaments que j'ai pris une fois. J'ai une petite de 9 ans, elle est bien forte, mais elle urine au lit; nous avons beau la gronder, toujours c'est la même chose; alors, j'ai vu sur votre petit livre, que le *Sirop du Dr Allard* lui ferait disparaître cette infirmité. Je vous enverrai les trois boîtes. Je remercie la Sœur Bonnefoy et le Docteur Allard de leurs bons remèdes. J'irai vous voir à Avignon dans quelque temps.

En attendant, recevez nos sincères amitiés.

Marie RIPERT, Amédée BEAUCHAMP,

quartier du Pégueir,

Monteux (Vaucluse).

❦ ❦ ❦

Grand-Combe, 25 novembre 1910.

J'ai appris, par une jeune fille que vous aviez guéri bon nombre de malades, et des maladies les plus incurables. Je viens vous demander si vous n'auriez pas des remèdes pour guérir ma fille.

Dans l'heureuse attente d'une bonne réponse, recevez mes meilleures salutations.

Marie BOUTY,

rue Verrerie, n° 4, mas de Lafont,

Grand-Combe (Gard).

❦ ❦ ❦

Tourbes (Hérault), le 20 juin 1910.

Depuis le premier jour que j'ai commencé à prendre vos remèdes je n'ai plus uriné au lit. Il me semble que je reviens de l'autre monde en voyant comme je suis. Vous serez assez bonne pour m'écrire si, enfin, vous croyez que je sois tout à fait guérie, ou ce que vous en pensez, car il me semble toujours que ça va me revenir. La nuit, mon urine était insupportable. Si je suis parfaitement guérie, toute ma vie je vous serai reconnaissante.

Recevez, ma Sœur, mes sincères salutations.

Olivia VERGNET,

à Tourbes (Hérault).

❀ ❀ ❀

Adissan (Hérault), 7 novembre 1910.

Si j'ai tardé à vous écrire pour vous donner les résultats de vos derniers traitements au sujet de la métrite de mon épouse et de mon petit de 8 ans, urinant au lit, c'est le grand travail des vendanges qui en est la cause. Quant à mon épouse, au premier traitement qu'elle a suivi, elle a été guérie. Quant au petit, il nous a été impossible de lui faire avaler les Pilules ni de lui faire boire l'*Extrait de sirop du Dr Allard*. Etant délicat, il prend difficilement les remèdes.

Veuillez me dire si vous ne pourriez pas m'envoyer un autre Traitement plus facile à prendre, de préférence en liquide ou en sirop, car, plus il grandit, plus il urine au lit. En attendant votre réponse, recevez mes salutations les plus distinguées.

RÉSSÉGUIER Joseph,

à Adissan (Hérault).

❦ ❦ ❦

Ecully (Rhône), le 20 novembre 1910.

Je souffre d'une salpingite depuis trois mois. Depuis lors, je suis votre excellent traitement, qui m'a soulagée énormément. Envoyez-moi un autre Traitement pour cette maladie, semblable à celui qui m'a fait tant de bien. Mon mari a essayé votre traitement pour un écoulement et il se trouve bien mieux; je vous remercie donc infiniment.

Je vous prie d'agréer, avec mes remerciements, l'expression de mes sentiments dévoués.

Michelle SYLVAIN,

Villa la Vierge, Ecully (Rhône).

❦ ❦ ❦

La Grand-Combe (Gard), 19 novembre 1910.

A ma grande joie, notre malade est beaucoup mieux; le médecin en a été surpris. Aussi, afin d'obtenir complète guérison, je vous prie de m'envoyer les remèdes que vous m'avez déjà envoyés. La toux est presque coupée, la fièvre est complètement guérie. Vous voudrez bien m'expliquer comment il faut prendre la Tisane, j'ai mis la quantité indiquée dans l'eau et lui ai fait prendre comme toutes les tisanes. Veuillez me dire si j'ai bien fait. Ci-joint mandat de 10 francs, prix des remèdes. Grand merci d'avance, et je serais désireux que vos remèdes soient connus par tous les malades.

MEISSONNIER, 28, rue des Ribes, n° 28,

Grand-Combe (Gard).

❧ ❧ ❧

Marseille (B.-du-Rhône), 21 novembre 1910.

J'ai l'honneur de vous accuser réception de votre colis postal : 1 boite Pilules laxatives; 1 boite Plantes des Vallées, dont j'ai déjà ressenti un bon effet, quoiqu'il n'y ait que deux jours que j'ai commencé. J'ai bon espoir et surtout confiance en vous. Ci-inclus mandat de 4 fr. 50. Agréez mes remerciements et mes salutations.

J. KNOBLOCH,

59, boulevard Boisson, Marseille.

❧ ❧ ❧

Albens (Savoie), le 20 novembre.

C'est avec plaisir que je vous écris, pour vous dire que ma sœur aînée va toujours bien depuis qu'elle a pris votre excellent Traitement que vous avez eu la bonté de lui envoyer. Comme vous lui aviez conseillé de le reprendre encore une fois, elle m'a chargée de vous prier de lui expédier, afin de continuer à être en bonne santé comme elle l'est en ce moment-ci. Je vous assure qu'elle ne regrette pas l'argent qu'elle dépense pour ce traitement.

Soyez donc assez bonne de lui expédier encore une fois : 1 *Granulé Sœur Bonnefoy*; 1 boîte *Pilules toniques du Dr Allard*; 1 boîte de *Plantes digestives* et une boîte *Pilules antiglaireuses*. La poste et la gare qui nous desservent sont à Albens. Je vous suis très reconnaissante d'avoir mis ma sœur à son état ordinaire, et elle ne saurait assez vous en remercier.

Je vous salue respectueusement.

Péronne RIVET,

à Albens (Savoie).

❀ ❀ ❀

Cannes, 17 novembre 1910 (Alpes-Maritimes).

J'apprécie de plus en plus, pour mon diabète, les bons effets de la Tisane dépurative, vos *Pilules toniques du Dr Allard*, et aussi les *Capsulines du Tourmalet*. Envoyez-moi encore une fois ces trois articles qui mèneront ma guérison à bonne fin, je l'espère. Recevez tous mes remerciements.

Abbé A. AGARD,

vicaire, doyen honoraire,

17, rue Notre-Dame, 17,

Cannes (Alpes-Maritimes).

❧ ❧ ❧

Lagnes (Vaucluse), le 12 novembre 1910.

Veuillez, je vous prie, m'expédier une boîte *Tisane dépurative Sœur Bonnefoy*, une boîte *Pilules toniques du Dr Allard*. Un mandat de 7 francs est joint à la lettre. Je suis très content de la Tisane dépurative, Pilules toniques et laxatives.

Je vous prie d'agréer mes sincères remerciements.

J.-B. REBOUL, cultivateur,

à Lagnes (Vaucluse).

❧ ❧ ❧

Creusot (Saône-et-Loire), le 15 novembre 1910.

Je voudrais que vous me renvoyiez un pot de *Baume du Dr Allard*, pour douleurs; ces bons remèdes m'ont soulagée. Pour ma santé, cela va beaucoup mieux. Je vous en remercie mille fois de votre bonté. J'offrirai à Dieu vos bontés. Je vous envoie 2 francs par mandat. Veuillez, s'il vous plaît, m'envoyer du *Baume Allard*.

Mme CONSTANT,

rue de Marmagne, n° 11.

❀ ❀ ❀

Monteux (Vaucluse), le 15 novembre 1910.

J'ai tellement été satisfaite des *Cachets de la Sœur Bonnefoy*, que j'ai pris tout le mois dernier, que j'oubliais de vous en donner les résultats en quelques semaines; j'ai pris de deux kilos. Comme vous m'avez dit de vous faire savoir l'état de ma santé, j'ai cru vous écrire; dois-je en reprendre encore. L'estomac va bien mieux depuis que je prends vos Cachets. Expédiez-moi, par retour du courrier, ce que vous jugerez à propos.

Recevez mes remerciements empressés.

P. AYME, Monteux (Vaucluse).

❀ ❀ ❀

Poule (Rhône), le 15 novembre 1910.

Je vous envoie ci-joint, par mandat-poste de 6 francs, montant des remèdes que j'ai reçus ces jours-ci. J'ai été très satisfaite des effets, qui commencent déjà à se faire connaître. J'ai grande confiance en vous. Recevez donc mes sincères remerciements et toutes mes salutations empressées.

C. LONGEFAY,

aux Plaines, Poule (Rhône).

❀ ❀ ❀

Lyon (Rhône), le 15 novembre 1910.

C'est avec plaisir que je viens vous faire réponse pour vos remèdes, qui m'ont bien soulagée et presque guérie complètement. Ma jaunisse est, pour ainsi dire, disparue complètement. Pensez-vous que je refasse une seconde fois ce traitement pour que je sois guérie complètement? Si oui, dites-le moi; pour moi, les effets du premier traitement ont été tellement satisfaisants que je me crois complètement guérie.

Je vous prie d'agréer l'expression de mes sentiments reconnaissants.

Antoinette DAMIENS,

rue Garibaldi, n° 16,

Lyon (Rhône).

❀ ❀ ❀

Coronne (Gard), le 11 novembre 1910.

Ayant trouvé que votre paquet de Plantes m'a fait du bien, je vous prie de m'en envoyer un autre paquet par la poste, et contre remboursement, et après avoir employé ce dernier paquet, je vous demanderai le Traitement complet pour les rhumatismes, à l'adresse de

Béhoni ROUSSEL, à Coronne (Gard).

⁂

St-Bauzille-de-Putois (Hérault), 9/11 1910.

Pour vous écrire, j'ai attendu des nouvelles de la personne malade de Dompnac. Le Traitement est fini. Cette personne va beaucoup mieux; elle dit s'être bien trouvée de la Poudre alcalino-phosphatée pour la constipation. Elle n'a pas eu de crise depuis le commencement du Traitement. Cette malheureuse famille me charge de vous exprimer sa respectueuse et bien sincère reconnaissance; et c'est de toute l'effusion de mon cœur que je vous transmets ses sentiments. Et, personnellement, je vous remercie encore pour tout ce que vous avez fait déjà pour cette famille, et pour tout ce que vous vous proposez de faire encore. Je puis vous assurer que vous n'aurez pas rendu service à des personnes indignes ni ingrates. Je recevrai avec plaisir vos conseils pour la complète guérison de cette pauvre femme, car la misère tue cette pauvre famille, qui est bien chrétienne cependant.

La personne qui désirait employer votre antiseptique pour les cheveux hésite encore; j'espère qu'elle se décidera. Je fais passer votre brochure à une demoiselle très malade; elle se meurt, je crois, de la poitrine, elle serait anémique à un degré très avancé. Je serai toujours très heureux de faire connaître votre Pharmacie, et ne cesserai de vous souhaiter de très bonnes affaires.

Je vous prie d'agréer la sincère expression de mon respect profond et de ma vive reconnaissance.

Votre serviteur,

Régis JOUVE,

Saint-Bauzille-de-Putois (Hérault).

⁂

Faverges, le 9 novembre 1910.

J'ai reçu votre lettre, il y a quelques jours. Je ne crois pas d'utilité de prendre ces nouveaux remèdes, car, à présent, l'albuminurie est complètement disparue. J'attendais, pour vous en faire part et vous remercier, de savoir si cela ne reviendrait pas. Je vous remercie beaucoup de m'avoir guéri, et si je sais quelques personnes atteintes comme moi, je leur conseillerai vos remèdes. J'ai une parente, en ce moment, qui est aussi atteinte de l'albuminurie, je lui ai fait savoir ma guérison, et elle doit vous écrire ces jours-ci pour recevoir les mêmes remèdes que moi; elle est de la Tour-du-Pin.

Recevez mes plus sincères remerciements.

JOURDAN Joanny, au château de Faverges,

par la Tour-du-Pin (Isère).

Labastide-de-Juvinas, le 7 avril 1911.

Comme dans votre dernière lettre vous m'aviez exprimé le désir que, aussitôt vos remèdes pris, de vous en faire connaître le résultat, j'ai l'honneur de vous dire, aujourd'hui, que ces médicaments m'ont été très efficaces. Je ne suis plus oppressé, et, dans le lit, je puis me tourner du côté qu'il me plaît. Je vous remercie donc infiniment et vous prie d'agréer, avec mes remerciements, l'expression de mes sentiments dévoués.

PERRUCHON Pierre,

Labastide-de-Juvinas (Ardèche).

⁂

Bellegarde (Gard), 15 février 1911.

Comme notre petit, qui urinait au lit, va beaucoup mieux, je vous prie de m'envoyer de suite un Traitement semblable, afin d'être bien sûr de la guérison.

Louis PROAL, rue Pasteur.

⁂

Mauriac (Cantal), le 28 mars 1911.

Ayant eu d'excellents résultats des Traitements que vous avez bien voulu nous faire parvenir, je viens, par la présente, vous remercier infiniment. Veuillez nous envoyer de nouveau, aujourd'hui, une boîte de *Plantes du Lac Bleu*, afin de continuer la méthode.

Recevez, avec mes remerciements, l'expression de ma vive reconnaissance.

Joseph RIBES, menuisier.

❦ ❦ ❦

Cranves-Sales (Hte-Savoie), 26 janvier 1911.

Je viens de finir mon traitement. Je suis beaucoup mieux. Votre *Extrait de sirop du Dr Allard* a guéri mon incontinence d'urine, et les Pilules toniques m'ont fait beaucoup de bien. Je souffre moins des nerfs, mes maux de tête ont disparu. Enfin, je ne sais comment vous remercier du service que vous venez de me rendre.

Je vous prie d'agréer, avec tous mes remerciements, l'expression de mes sentiments dévoués.

Françoise MARCET.

❦ ❦ ❦

Bellegarde (Gard).

Deux mots pour vous dire que les remèdes sont finis. J'ai suivi votre bon traitement point par point, et puis vous annoncer aujourd'hui un grand mieux dans l'état de mon enfant. Je vais donc lui faire continuer un traitement semblable afin d'être sûre d'une guérison complète.

Recevez l'expression de mes sentiments dévoués.

Marie CHAUVET-MAUPLAT,

rue d'Auvergne.

❦ ❦ ❦

Saint-Paul, le 1er janvier 1910.

Veuillez m'envoyer de suite un nouveau Traitement pour mon fils, car je m'aperçois qu'il y a un grand mieux depuis qu'il suit votre bonne méthode. Il ne l'oublie que quelquefois, de temps en temps.

Recevez mes remerciements anticipés.

Jeanne GUIZARD,

par Montarneau (Hérault).

❦ ❦ ❦

Newhaven Sussex England, 25 janvier 1910.

Je vous prie de m'envoyer un Traitement pour l'incontinence, semblable à celui que vous m'avez adressé il y a une quinzaine de jours.

La jeune fille est beaucoup mieux. J'espère que ce nouveau Traitement va achever ce que l'autre a déjà si bien commencé.

Sœur M. de St-Flavien,

French Couvent.

❦ ❦ ❦

Arcachon (Gironde), 12 mars 1911.

Je vous prie, s'il vous plait, de m'envoyer une boite de Pilules laxatives, c'est le remède de votre Traitement qui me manque. Je suis très content de vos bons remèdes.

BILLARD Eugène, Villa Les Roseaux.

❦ ❦ ❦

Béziers (Hérault), 24 mars 1911.

Veuillez m'envoyer, le plus tôt possible, votre Traitement du prurit ou démangeaison. J'espère trouver un soulagement par vos remèdes, qu'une personne de la ville m'a conseillés comme l'ayant guérie.

L. ANDRIEU, quincaillerie pour meubles,

44, avenue de Pézenas, 44,

Béziers (Hérault).

Cavaillon (Vaucluse), 13 février.

Veuillez m'envoyer le Traitement pour mon enfant qui urinait au lit; il ne s'est plus oublié depuis quelque temps, mais, pourtant, je suis décidée à lui faire recommencer ce bon Traitement, afin d'être plus sûr de la guérison.

Clément PAUL,

quartier des Cépèdes, Cavaillon (Vaucluse).

⁂ ⁂ ⁂

Apt (Vaucluse), le 4 février 1911.

En vous écrivant ces deux mots de lettre, je vous dirai que je suis satisfait de vos remèdes. Les deux boîtes de Poudre et les deux boîtes de *Pilules Allard*, m'ont soulagé de ma maladie, qui était déjà bien avancée. Je vous remercie beaucoup et vous présente l'assurance de ma considération distinguée.

AGNEL Auguste, Apt (Vaucluse).

⁂ ⁂ ⁂

Paris, Passy, 16ᵉ.

Ayant consulté votre catalogue, et voyant que les médicaments de ma sœur lui faisaient beaucoup de bien, je viens, par la présente, vous demander un de vos bons Traitements pour moi-même.

En attendant vos bons remèdes, je vous prie d'agréer mes sentiments dévoués.

Georges LOUIS, 14, rue Dubon, 14.

❧ ❧ ❧

Boiviel, par Mas-Thibert (B.-du-R.).

Je vous prie de m'envoyer un flacon Antinévralgique; ayant fait usage du premier, et me trouvant très bien de ce bon remède; plus une boîte de *Pilules Névrosine du Dr Allard*, contre les névralgies.

Je vous prie d'agréer tous mes remerciements.

Mme CESTIER, à Boiviel,

par Mas Thibert (B.-du-Rhône).

❧ ❧ ❧

Saint-Pons (Hérault), 6 février 1911.

Je viens vous prier de vouloir bien m'envoyer, par retour du courrier, une boîte de *Pilules toniques du Dr Allard*. Ces jours-ci, ma fille supporte mieux ce qu'elle prend et vomit moins.

En attendant cet envoi, veuillez agréer mes sentiments respectueux.

Châteauneuf-du-Rhône, 10 février 1911.

Depuis que je fais le traitement pour la cystite, je suis beaucoup moins souffrant. J'ai fini mes *Capsulines d'Espade*. Je comprends que le traitement a été efficace envers ma maladie. Je continue toujours la méthode et vous prie de m'envoyer un Traitement semblable.

Dans l'attente de l'envoi, recevez, avec mes remerciements, mes salutations respectueuses.

❦ ❦ ❦

Orbey, le 12 février 1911.

Voyant que vos médicaments ont l'air de vouloir faire bon effet sur mon frère, je viens vous prier de m'envoyer le Traitement pour l'asthme catarrhe. Mon frère ressent une grande amélioration dans son état.

Je vous prie d'agréer mes sentiments dévoués.

Constant MARCHAL, au Faing, Orbey,

arrondissement de Ribeauvillé (Hte-Alsace).

❦ ❦ ❦

Auffet-Gransac (Aveyron), 21 janvier.

Ayant appris, par un de mes amis, que vous aviez guéri des personnes de douleurs sciatiques, je me trouve, en ce moment-ci, dans les mêmes conditions. Envoyez-moi donc, s'il vous plaît, votre bon Traitement concernant cette maladie.

LOURDÈS, boulanger, à Auffet,

Gransac (Aveyron).

⁂

Montpellier (Hérault), le 12 février.

C'est avec plaisir que je viens vous donner de mes nouvelles vos remèdes m'ont fait beaucoup de bien; la grosseur qui m'était survenue au cou est complètement disparue; c'est à vous que je dois cette guérison, et je vous en serai toujours reconnaissante. Je garderai votre méthode comme un précieux souvenir; je la ferai lire à mes connaissances; et, à l'occasion, j'aurai recours à vos excellents remèdes.

Avec mes remerciements, je vous prie d'agréer mes respectueuses salutations.

Mlle Protésie MAGNE, chez Mme Fadat,

8, rue Mareschal, Montpellier (Hérault).

⁂

Le Vigan (Gard), 13 décembre 1910.

Tout d'abord, laissez-moi vous remercier du grand service que m'a rendu la précieuse *Tisane dépurative de la Sœur Bonnefoy*, en me débarrassant de toutes les impuretés du sang, et faisant disparaître ce maudit mal que j'avais aux mains.

Voyant que le mal ne revient pas, je vous autorise à publier ma lettre. Merci mille fois.

Votre tout dévoué,

BRESSON Léopold, rue du Vouzadan, 16.

Le Vigan (Gard).

⁂ ⁂ ⁂

Cannes (Alpes-Maritimes).

Je vous prie de m'envoyer immédiatement les *Pilules du Dr Allard* et les *Capsulines du Tourmalet*, ce premier Traitement agissait merveilleusement sur mon diabète.

Recevez mes meilleurs sentiments.

Abbé A. AGARD,

vicaire, doyen honoraire,

17, rue Notre-Dame, 17,

Cannes (Alpes-Maritimes).

⁂ ⁂ ⁂

Mérignac (Gironde), 2 novembre 1910.

Le 20 octobre, j'ai reçu votre envoi du Traitement pour la constipation et, de suite, le lendemain, j'ai commencé le Traitement que j'ai continué sans interruption. J'ai terminé, hier soir, vos *Graines des Vallées*, et il me reste encore un peu des *Plantes des Vallées*, ainsi que des Pilules laxatives. J'ai constaté avec un grand plaisir l'efficacité de vos bons remèdes.

Je vous prie d'agréer, avec tous mes remerciements, l'expression de ma vive reconnaissance.

Je vous prie d'agréer, avec tous mes remerciements, l'expression de ma vive reconnaissance.

Mlle Thibaud, villa des Marguerites,

à Mérignac (Gironde).

❀ ❀ ❀

Lyon, le 28 octobre 1910.

Ayant été satisfaite de votre Tisane dépurative, veuillez m'en adresser une boîte par poste recommandée, ainsi qu'une boîte de *Pilules toniques du Dr Allard*, et une boîte de *Graines des Vallées*, pour la constipation.

Recevez mes bien sincères salutations.

Bl. Bourdilliat,

55, quai Saint-Vincent, 55,

Lyon (Rhône).

Conques-sur-Orbiel (Aude), 27 octobre 1910.

L'année dernière, je me suis très bien trouvée de votre Tisane dépurative, je désire, cette année, faire une cure semblable dans les mêmes conditions. C'est-à-dire : Une Tisane dépurative, 4 francs; une *Pilules du Dr Allard*, 3 francs; une *Pilules laxatives*, 1 fr. 50.

Avec mes remerciements, recevez mes salutations empressées.

Mélanie RESSEGUIER, institutrice libre.

Conques-sur-Orbiel (Aude).

❧ ❧ ❧

Lons-le-Saunier (Jura), 28 octobre 1910.

Je suis très satisfait des *Pilules de la Sœur Bonnefoy*, que vous m'avez envoyé le 12 de ce mois; elles ont produit un bon résultat. Je vous prie de faire un envoi à ma fille, dont l'adresse est ci-dessous.

Veuillez agréer, avec mes remerciements, l'assurance de mes meilleurs sentiments.

H. ANSELMIER,

22, rue Sébile, 22.

❧ ❧ ❧

Pontet, le 23 octobre 1910.

Nous venons vous remercier, ma sœur et moi, des remèdes que vous nous avez envoyés. J'ai le plaisir de vous dire que je vais bien mieux. Je vous prie de m'envoyer deux boîtes de *Pilules toniques du Dr Allard.*

En attendant, nous vous remercions infiniment.

Mme Marie MERMOZ, aux Granges,

Le Pontet (Savoie).

✵ ✵ ✵

Le Vigan (Gard).

Comme vous, j'ai à cœur l'humanité. Je connais une personne qui a besoin de faire usage de votre précieuse Tisane dépurative, et je m'empresse de lui en faire parvenir une boîte.

Votre dévoué,

BRESSON Léopold, rue Pouzadou, 16.

Le Vigan (Gard).

✵ ✵ ✵

Saint-Maxime, 7 octobre 1910.

J'ai suivi le Traitement que vous m'avez envoyé, et j'ai obtenu un bon résultat. Je suis moins essoufflée. J'ai bon appétit et je repose la nuit; ce que je n'ai pas fait depuis longtemps. J'ai donc l'intention de continuer le bon traitement.

Je vous prie d'agréer l'expression de ma vive reconnaissance.

Mme MONTAGNON,

à Saint-Maxime-s-Chazelles,

canton nord de Vienne (Isère).

❀ ❀ ❀

Bourgoin (Isère), 10 octobre.

Veuillez avoir l'obligeance de m'envoyer de suite le Traitement pour la dyspepsie.

J'ai une de mes connaissances qui s'est bien trouvée du premier traitement; elle veut le continuer, ayant déjà une grande amélioration dans son état. Veuillez donc m'en envoyer un nouveau pour cette maladie et un autre pour les hémorroïdes.

Recevez mes respectueuses salutations.

Vve CHAVANNE, 40, rue Pontcassier, 40,

Bourgoin (Isère).

❀ ❀ ❀

Les Fontaines-d'Ugine, 10 octobre 1910.

Je réponds à votre dernière lettre, et viens, par la présente, vous annoncer que ma bronchite est complètement guérie grâce à vos bons remèdes. Je vous remercie infiniment.

A. Maillet, Les Fontaines-d'Ugine.

❦ ❦ ❦

Garons, le 10 septembre 1910.

Je suis tout heureux de vous faire connaître que mon frère a été radicalement guéri de son affection au nez, par le bon Traitement que vous lui avez envoyé et qu'il a suivi point par point.

Daignez agréer l'assurance de toute notre reconnaissance.

P. et H. Beautjas, frères, propriétaires,

Garons (Gard).

❦ ❦ ❦

2 mai 1910.

Comme résultat remarquable de guérison, vous pouvez signaler celui de ma sœur. Elle avait des glandes sous les mâchoires, et des ulcères qui ne se fermaient jamais sous les oreilles, avec un écoulement de ces dernières. Ma sœur en avait fini par prendre honte, d'autant plus que les humeurs qui sortaient des oreilles sentaient très mauvais. Je lui ai fait prendre la Tisane dépurative, trois boîtes de Pilules toniques. Si vous la voyiez! Quel changement. Plus de glandes, plus d'ulcères, plus d'écoulement. Ma sœur Ernestine vous remercie infiniment.

Maurice DELDIER.

❀ ❀ ❀

Védènes (Vaucluse).

J'avais un eczéma aux jambes depuis de longues années. J'avais fait toutes sortes de traitements et aucun n'avait pu me guérir. C'est alors que quelqu'un m'a conseillé votre méthode. J'ai pris un seul Traitement pour ma maladie. Je suis heureux de pouvoir vous annoncer aujourd'hui que je suis complètement débarrassé de ce mauvais mal. Vous pouvez croire que je fais connaître à toutes mes connaissances malades votre excellente méthode.

Veuillez donc agréer, avec tous mes remerciements, l'expression de ma vive reconnaissance.

BROUCHER François, maître-valet,

chez Le Clop, La Lorraine,

Védènes (Vaucluse).

❀ ❀ ❀

Marseille, 1er août 1909.

La *Poudre de la Sœur Bonnejoy* est vraiment précieuse dans un certain cas, où la thérapeutique actuelle est à peu près désarmée. C'est le cas d'hémorragie utérine, tant à l'époque de la ménopause qu'avant cette époque, chez les femmes prédisposées par atonie de l'organe utérin. Les injections font merveille dans ce cas et guérissent souvent en vingt-quatre heures des malheureuses femmes condamnées au lit pour trois semaines et souvent plus, alors que tout autre traitement, tannin, pansements, injections chaudes, etc., n'obtiennent que des résultats éphémères et souvent discutables.

FABRE, pharmacien.

⁂

Narbonne, 16 janvier 1911.

J'ai fini la *Tisane dépurative* et les *Pilules toniques du Dr Allard.* Je m'aperçois, depuis quelque temps que je prends ces bons remèdes, que le mieux s'accomplit de plus en plus. Je digère plus facilement mes aliments, et la démangeaison que j'avais est complètement disparue, ainsi que les boutons que j'avais au visage. C'est donc à vous que je dois cette guérison, et je vous prie d'agréer mes sincères remerciements.

Philomène VIDAL, rue de Blidg, 6,
Narbonne (Aude).

⁂

Osmond, par Vimoutiers (Orne), 10 avril 1911.

Le petit élève de M. le Curé s'est très bien trouvé de vos bons remèdes. Il est, à présent, parfaitement guéri de son incontinence d'urine. Voilà deux ans qu'il urinait constamment au lit. Un seul Traitement a suffi à le guérir d'une façon radicale. Je suis, avec respect et reconnaissance, votre dévouée

Sœur Marie-Angélique,

à Osmond, par Vimoutiers (Orne).

❧ ❧ ❧

Beauregard, par Jassans (Ain), 13 juin 1911.

Il me reste encore pour deux jours des *Pilules toniques du Dr Allard*. Je vous prie de m'en expédier une boite. J'ai commencé votre Traitement le 1er juin, et j'éprouve déjà un grand soulagement; ma toux diminue chaque jour; mes nuits sont beaucoup plus calmes, ma constipation est disparue complètement.

Donc, je remarque que ma santé renait. Veuillez agréer l'assurance de ma considération distinguée.

T. Genevay,

Beauregard, par Jassans (Ain).

❧ ❧ ❧

Rive-de-Gier (Loire), 10 juin 1910.

N'étant pas tout à fait guéri de ma dyspepsie, et ayant reconnu que les *Pilules du Dr Allard* produisent un effet merveilleux, je vous prie de m'en faire parvenir quatre boîtes. A cet effet, je joins à ma lettre la somme de 12 francs pour les recevoir franco à domicile.

Veuillez agréer mes salutations empressées.

BOUCHET Louis, 32, rue de la Barrière.

❧ ❧ ❧

Beauregard, par Jassans (Ain), 1er juillet 1911.

Veuillez, je vous prie, m'envoyer au plus tôt : une boîte *Tisane dépurative;* une boîte *Capsulines Bouyer;* une boîte *Pilules toniques.*

Je suis très contente de la bonne Tisane. Je trouve qu'elle porte beaucoup aux urines, et qu'elle est très agréable à prendre.

Je vais toujours de mieux en mieux. Je n'ai plus repris de suffocations; mes nuits sont beaucoup plus calmes. Je n'ai plus ces maux de cœur que j'avais auparavant.

Dans l'espoir d'être guérie définitivement par ce bon Traitement, je vous prie d'agréer l'expression de toute ma reconnaissance.

T. GENEVAY.

❧ ❧ ❧

Saint-Ehomé, 1er juin 1910.

Je vous prie de vouloir bien envoyer : *Plantes des Vallées* et *Tisane dépurative*, afin que mon frère, qui est maintenant reposé un peu, puisse continuer le Traitement, qui paraît lui faire beaucoup de bien. Il doit passer au conseil de revision le 13 juin, et nous voudrions tant qu'il soit bon pour le service.

Veuillez agréer nos meilleurs sentiments.

Marie Tardieu, Saint-Ehomé,

par Viviers (Ardèche).

⁂

Avignon, le 10 août 1910.

Depuis trois ans, j'étais atteint d'une mauvaise bronchite chronique que me faisait beaucoup souffrir. Je ne dormais absolument plus. Cependant, j'avais besoin de repos, après avoir travaillé toute la journée. J'étais devenu maigre, et la mauvaise toux me faisait souffrir énormément. Après avoir essayé vainement tous les remèdes préconisés, et consulté plusieurs docteurs, je n'étais pas plus avancé vers le but de la guérison qu'auparavant. J'étais totalement désespéré.

Un de mes amis s'étant trouvé à peu près dans les mêmes conditions que moi, et ayant obtenu de votre méthode de merveilleux résultats, me conseilla un jour votre méthode. Le voyant ainsi, j'ai eu recours à vos excellents remèdes; au premier traitement, le mieux se faisait sentir je reprenais courage, et je suivais un traitement semblable; pour la toux, après m'être reposé quelques jours, je me trouvais complètement guéri de ce mauvais mal; à présent, je travaille bien; mes nuits sont beaucoup plus calmes. C'est avec plaisir que je vous autorise à attester cette lettre comme cas de guérison remarquable.

Je serais désireux que tous ceux qui souffrent puissent connaître cette bonne méthode.

Recevez l'assurance de mes remerciements ainsi que de ma reconnaissance anticipée.

E. TEYSSIER, rue Bonneterie, 64.

Avignon (Vaucluse).

⁂

La Sagnotte, par Angles (Tarn), 8 août 1910.

Je vous écris ces deux mots pour vous donner de mes nouvelles. J'ai à vous dire que je vais beaucoup mieux. La guérison ne s'est pas complètement prononcée. Veuillez donc m'envoyer deux boites *Tisane dépurative;* deux boites *Plantes d'Aigueceluse;* deux boites *Capsulines de Sassis.*

Je vous salue bien sincèrement.

ICHER Auguste, à la Sagnotte,

par Angles (Tarn).

⁂

Ansigny, par Albens (Savoie), 19 juillet 1910.

Voilà deux mois que je prends votre Traitement. J'en suis très contente. Je me trouve beaucoup mieux. Je viens de terminer vos derniers médicaments. Les Cachets et les Pilules m'ont beaucoup soulagé de mes douleurs rhumatismales et névralgiques; du premier jour que je les ai employés je me suis sentie soulagée.

Je vous prie d'agréer l'expression de mes sentiments dévoués.

Mlle Péronne BURDET, à Ansigny,

par Albens (Savoie).

❀ ❀ ❀

Beauregard, par Jassans (Ain),

13 septembre 1910.

Je viens de nouveau vous demander de m'envoyer deux Traitements pour la bronchite. J'ai mon frère qui vient d'être gravement atteint d'une congestion pulmonaire; il va mieux, et aussitôt qu'il n'aura plus de fièvre, nous voulons lui faire suivre votre Traitement. J'espère qu'il lui réussira aussi bien qu'à moi, car je crois que je suis complètement délivrée. J'en suis si heureuse que je voudrais en faire profiter tous ceux qui souffrent de ces tristes maladies.

Veuillez agréer, avec tous mes remerciements, l'expression de mes sentiments dévoués.

Thérèse GENEVAY.

Saint-Antoine (Isère), 23 août 1910.

Le Traitement reçu que vous m'annonciez par votre lettre n° 1323 est achevé. Ma fille va bien mieux, les boutons ont disparu petit à petit comme par enchantement. Néanmoins, elle ressent toujours de légères démangeaisons. Aussi, je vous prierais de m'adresser un nouveau Traitement pour eczéma. Les remèdes ont été pris régulièrement et d'après le mode d'emploi indiqué sur chaque boîte. Leur efficacité s'est montrée promptement, et l'amélioration de jour en jour.

Veuillez agréer mes sincères remerciements.

Mme GIRAUD,

Propriétaire de la Croix-des-Rameaux,

Saint-Antoine (Isère).

❀ ❀ ❀

Saint-Etienne-de-Valoux, par Andance.

Veuillez m'envoyer une deuxième fois le nécessaire pour guérir l'eczéma. Je trouve qu'il y a un grand mieux, et, par conséquent, je veux continuer votre méthode.

Recevez mes salutations empressées.

Mme MANOHA,

Saint-Etienne-de-Valoux (Ardèche).

❀ ❀ ❀

Mâcon (Saône-et-Loire), 14 novembre 1910.

Je vous prie de m'envoyer un nouveau Traitement pour la constipation. Je suis très contente de mon premier traitement. Je pense qu'il n'y a aucun inconvénient à ce que je continue. Quant à la phlébite, je vais également bien mieux. Je pense que les premiers remèdes que vous m'avez envoyés suffiront.

Je vous remercie sincèrement, car je m'aperçois que vos remèdes m'ont fait un grand bien.

Avec tous mes remerciements, recevez l'assurance de ma considération distinguée.

Louise DRIFFAUT,

rue de la Barre n° 32.

* * *

Murviel-les-Béziers (Hérault), 5 septembre 1910.

M'étant aperçue des bons résultats qu'avaient produit vos remèdes chez Mme M. Cros, ces remèdes lui ayant fait tant de bien et l'ayant si bien remise, je vous prie de m'envoyer, aujourd'hui, le Traitement s'adressant à la bronchite, étant atteinte de cette maladie il y a environ deux ans.

Recevez à l'avance nos meilleurs remerciements.

M. BATAILLON, propriétaire.

* * *

Veauvert (Gard), 11 août 1910.

Je viens vous donner de mes nouvelles au sujet de ma santé, et vous dire que je suis très satisfaite de votre antiseptique; quoique ne l'ayant pas encore terminé, je sens que je vais pour le mieux et que je ne puis que vous remercier.

Avec tous mes remerciements, veuillez agréer l'expression de mes meilleurs sentiments.

Aglaé JEANJEAN, rue de la Fontaine.

☙ ☙ ☙

Béziers (Hérault), 20 septembre 1910.

J'ai reçu en son temps les médicaments que je vous avais demandés, ainsi que votre lettre du 6 courant.

Je vous remercie infiniment de l'affection que vous me témoignez; quand mes fillettes seront rentrées de vendanges, je verrai s'il y a lieu de les faire traiter.

Aussitôt votre médication reçue, j'ai commencé le Traitement, et j'ai constaté avec plaisir une notable amélioration dans ma santé. Aussi, le matin, je ne tousse plus, et, par conséquent, c'est à peine si je crache. L'arthrite dont je suis affligé disparaît comme par enchantement, ainsi que le mal aux reins; mon humeur du nez, vieille de 45 ans, diminue aussi.

C'est donc à vous que je dois cette grande amélioration.

Veuillez agréer mes remerciements anticipés.

Joseph SÈBE, 7, rue Casimir-Péret, 7,
Béziers (Hérault).

Lyon (Rhône), le 7 juillet 1910.

Je viens, par la présente, vous remercier du précieux remède que vous m'avez envoyé pour les varices. Il a produit un effet merveilleux. Comme je ne veux pas le discontinuer, veuillez m'envoyer un nouveau Traitement. Ci-joint mandat.

En attendant votre envoi, je vous prie d'agréer mes sincères salutations.

DAVID, café de la Concorde,

cours Morand, n° 10, Lyon (Rhône).

* * *

Lyon (Rhône), le 13 août 1910.

Je viens, en deux mots, vous donner des nouvelles de ma malade, qui est, en ce moment-ci, à la campagne. Je puis vous dire qu'elle va de mieux en mieux. Les bons remèdes ont produit tous leurs effets.

Nous vous remercions sincèrement.

DUGELAY, Entrepôt Turin,

30, quai Serin, 30.

* * *

Saint-Laurent-d'Agny.

Veuillez, je vous prie, m'expédier une boîte de *Capsulines de Viey*. Ci-joint un mandat de 3 francs. Je suis très contente de votre Traitement et je vais bien mieux. Vu que ma maladie est un peu ancienne, elle se montrera rebelle à guérir.

Recevez nos salutations empressées.

Mme Claude PALLUY,

Saint-Laurent-d'Agny,

hameau du Clair (Rhône).

❀ ❀ ❀

Mérignac (Gironde), 5 mars 1911.

Le Traitement de l'asthme, que nous avons essayé pour mon père, l'a entièrement satisfait; mais ayant fini les Pilules ainsi que la Tisane dépurative, je désirerais que vous m'en envoyiez d'autres. Vous y joindrez également le bon Traitement pour les varices pour une autre personne.

Recevez, etc....

Mme CLAVERIE, villa des Marguerites,

Mérignac (Gironde).

❀ ❀ ❀

Montpellier (Hérault), le 7 mars 1911.

Je me trouve toujours bien. Je n'ai plus rien ressenti; comme voici le printemps, je crois qu'il serait bon que vous m'envoyiez un Traitement dépuratif; comptant sur votre bonne obligeance et votre exactitude habituelle, recevez mes meilleurs sentiments et mes respectueuses salutations.

Mme J. MALAVIALLE,

faubourg Saint-Jaume, 12.

❀ ❀ ❀

Arcachon, 27 février 1911.

Je vous envoie ces deux mots pour vous dire que j'ai fini les *Pilules toniques du Dr Allard*. Je vous dirai que je me trouve bien mieux. Je crois que la *Tisane dépurative* me fait beaucoup de bien, car elle fait disparaître les boutons que j'avais à la figure.

Recevez mes meilleurs sentiments.

BELLIART, à Arcachon.

❀ ❀ ❀

Chénas (Rhône).

Je m'empresse de vous remercier de vos bons remèdes que j'ai reçus ce matin. Je m'empresse de vous envoyer la somme de 9 fr. 75.

Vve ROLLET, Chenas (Rhône).

❋ ❋ ❋

Reims (Marne), 27 février.

Je suis très satisfait de votre Traitement pour ma maladie d'estomac, car il y a beaucoup de mieux; ayant encore de la *Poudre rafraîchissante* et des *Pilules laxatives*, je vous serais très obligé de m'expédier, par retour du courrier : une boîte de *Cachets de la Sœur Bonnefoy*, une boîte de *Pilules toniques*.

En attendant votre envoi, recevez mes bien sincères salutations.

Claude CAMILLE, rue Lecointre, n° 88.

❋ ❋ ❋

Gordes (Vaucluse), 19 juillet 1910.

J'ai l'honneur de vous informer que j'ai pris les remèdes que vous m'avez envoyés, et j'ai compris un mieux sensible; mes digestions sont beaucoup plus faciles. Je vous prie donc de vouloir bien m'envoyer un nouveau Traitement.

Votre dévouée,

Eugénie JOUVE.

❊ ❊ ❊

Narbonne (Aude), 10 juillet 1910.

J'ai fini la bonne Tisane dépurative que vous m'avez envoyé, ainsi que les Pilules. Les démangeaisons ont bien disparu, et les boutons qui sortaient ont aussi disparu; à présent, je me trouve très bien.

Agréez, etc...

Philomène VIDAL, 6, rue de Blidach.

❊ ❊ ❊

Lyon (Rhône), 25 juillet 1910.

J'ai fini très régulièrement, selon le mode indiqué sur les boîtes, les remèdes que vous avez eu la charité de m'envoyer. La cure n'est pas parfaite, mais il y a un mieux remarquable. Les douleurs du pied gauche, dont je souffrais beaucoup, ont complètement disparu. Le matin, je peux dire ma messe, où je ne vous oublie pas.

Je n'ai pour vous que des prières qui ne vous feront pas défaut.

Dans ces sentiments, veuillez agréer, avec mes hommages, mes remerciements.

Abbé Eug. NICOLAS,

67, rue de l'Enfance, 67,

Lyon (Rhône).

* * *

La Roueyre, par Bise (Aude), 11 février 1911.

Je viens, par la présente, vous dire que les remèdes que nous avons reçu depuis huit jours agissent merveilleusement sur ma santé; vos Pilules laxatives me font énormément de bien. Je vais régulièrement à la selle tous les jours, et une fois par jour. Dire que j'avais tant essayé de drogues vainement, et que, par le moyen des Plantes, j'arrive facilement à me guérir.

Avec mes remerciements, recevez...

MARCOUL Joseph, chez M. Coquil.

* * *

Cavaillon (Vaucluse), 20 février.

Je vous serais très obligé si vous vouliez m'expédier, contre le mandat ci-joint, une boîte de *Tisane dépurative.* J'ai entendu parler de ses effets merveilleux, c'est pour cela que je veux l'essayer.

Daignez agréer.....

Mme J. DURAND, quartier des Isèles.

❋ ❋ ❋

Fleury (Aude).

J'ai commencé votre Traitement contre l'acné, il y a quinze jours, j'en suis très satisfaite, il ne reste plus que quelques taches, lentes à s'effacer.

Veuillez agréer..... .

Mlle LANDRIN M.

❋ ❋ ❋

Toulouse (Haute-Garonne), 18 février 1911.

Vous auriez dû donner un autre nom à votre *Tisane dépurative* et en même temps fortifiante. Vous auriez dû l'appeler merveilleuse. Elle m'a soulagé de ma maladie. Mon estomac fonctionne bien depuis que je suis votre bon Traitement. Je n'ai plus eu de vomissements, je mange quoi que ce soit, chose que je ne pouvais faire avant, car je ne pouvais mettre sous la dent aucune nourriture. Rien ne me faisait plaisir, et en plus de tout cela, le moin-

dre ennui me faisait pleurer toute la journée.
Veuillez agréer.....

Marie GENTIL.

⁂

Montagnol, 7 février 1911.

Mes médicaments sont terminés. Veuillez avoir la bonté de m'en envoyer de semblables; ma bronchite a bien diminué jusqu'à un certain point. Je ne tousse presque plus, et ne ressens plus mes douleurs pleurétiques, et mes forces ont augmenté, et j'ai bon appétit.

Je vous remercie.

GUILLERMIN Laurent,

à Montagnol, par Chambéry (Savoie).

⁂

Saint-Marcel, le 5 février 1911.

J'ai fini mon deuxième Traitement, et m'aperçois que vos bons remèdes m'ont fait beaucoup de bien. Je vous serais très obligé de m'envoyer un nouveau Traitement. Veuillez trouver, ci-joint, un mandat-poste, montant des bons remèdes que je désire recevoir.

Je vous salue.

MICHARD Jean,

Saint-Marcel-s-Tarare (Rhône).

Saint-Maxime, 9 février 1911.

Ayant obtenu de très bons résultats en octobre dernier, par votre bon Traitement pour la bronchite chronique, je viens de nouveau, à cause d'une grippe m'ayant laissée fatiguée, vous prier de m'envoyer un nouveau Traitement pour la bronchite. Cette maladie commençant à reparaître.

Recevez mes respects.

Mme MONTAGNON,

à Saint-Maxime-s-Chazelles,

Canton nord de Vienne (Isère).

❋ ❋ ❋

Maltat (Saône-et-Loire), le 2 janvier 1911.

Pardonnez-moi si je n'ai pas répondu plus tôt. J'ai terminé votre Traitement. Je m'en trouve très bien. Je ne saurais assez vous remercier du service que vous m'avez rendu. Vous m'avez complètement débarrassé de ces terribles démangeaisons. Je me souviendrai toute ma vie de vos bons remèdes et, à l'occasion, j'aurai recours à vous.

Veuillez agréer, avec mon respect, mes bien sincères salutations.

DAUBROSSE, au Broullat, par Maltat.

❋ ❋ ❋

Lyon, Monplaisir, 1er janvier 1911.

Je viens vous remercier de la grande amélioration qu'a produit votre bon Traitement à ma maladie. Je n'ai pas tout à fait fini le Traitement, et j'espère qu'à la fin je serai complètement guérie.

Veuillez agréer...

Joséphine Rollet, 61, rue Saint-Maurice.

***

Château de Faverges, par Tour-du-Pin (Isère).

Je viens, de nouveau, commander vos bons remèdes contre l'albumine. J'en ai déjà fait usage et l'albumine a complètement disparu. Ce Traitement servira à une de mes connaissances atteinte de cette terrible maladie. Vous avez, sans doute, reçu la commande de plusieurs personnes de la Tour-du-Pin.

Jourdan J., château de Faverges.

***

Saint-Afrique (Aveyron), 1er février 1911.

Je vous envoie, par mandat-poste, la somme de 18 francs, pour recevoir un nouveau Traitement contre l'épilepsie. Je vous dirai que je suis bien portant pour le moment; il y a deux mois que je n'ai plus eu de crises, seulement de temps en temps il y a quelques légers symptômes qui paraissent, mais à part cela, tout va bien. J'ai bon appétit et du courage pour le travail.

Recevez, etc.....

DEVIC Baptiste,

laitier à la campagne de Cazes,

par Saint-Affrique (Aveyron).

❧ ❧ ❧

La Tour-du-Pin (Isère), 4 février.

Après les deux Traitements pour l'albumine que vous m'avez envoyés l'année dernière, je me suis trouvée très bien. Mon albumine n'était plus en assez grande quantité pour pouvoir s'analyser; il n'y avait que des traces, et, maintenant, sans aucun régime, je suis en très bonne santé, et j'attribue cela à vos bons remèdes. Aussi, je les ai recommandés à des personnes que je connais albuminuriques. Je vous commande aujourd'hui un nouveau Traitement, que vous aurez l'obligeance d'envoyer le plus tôt possible à Mme veuve Jouffray, à Sainte-Blandine, par la Tour-du-Pin (Isère). Ce Traitement est destiné à une jeune fille de 14 ans, qui est atteinte de cette affection depuis une sixaine de mois, et à qui le régime lacté n'a pas réussi.

Recevez, avec mes remerciements, mes salutations respectueuses.

Mme Varrel, rue d'Italie.

Ecully (Rhône), 23 janvier.

Je vous écris deux mots pour vous donner le résultat du Traitement pour ma salpingite. J'ai commencé le Traitement le 1er décembre 1911 jusqu'au 15 janvier 1911. Je l'ai suivi très régulièrement. Je suis bien guérie, et, de l'avis de mon docteur, je suis radicalement guérie.

Je vous remercie bien sincèrement, et si le moindre symptôme reparaissait, je vous écrirais de suite.

Agréez mes sincères salutations.

M. Michel, villa La Vierge,

à Ecully (Rhône).

* * *

Avignon (Vaucluse), 27 janvier 1911.

J'ai l'honneur de vous informer que vos remèdes m'ont beaucoup fait de bien, et je m'empresse de vous faire parvenir de mes bonnes nouvelles.

Je suis absolument guéri de ma maladie des voies urinaires.

Veuillez agréer mes sincères remerciements.

Joseph Colon, chez M. Vialatte,

23, rue Tarasque, Avignon (Vaucluse).

* * *

Avignon, 14 avril 1911.

C'est avec un réel plaisir que je viens vous remercier du grand service que vous m'avez rendu.

Vos merveilleuses *Pilules toniques* m'ont totalement débarrassé des souffrances qui m'étaient occasionnées par l'anémie et la pauvreté du sang. Mon estomac ne pouvait supporter aucune nourriture. Je ne pouvais supporter le moindre travail, ou alors j'étais fatigué, je soufflais; enfin, j'étais dans un état très inquiétant pour mes parents. C'est un jour, en passant devant la Pharmacie, que je vis votre réclame *Pilules toniques du Dr Allard*. Je m'empressai, en retournant chez moi, d'annoncer à mes parents ce que j'avais vu.

Le lendemain, je me rendais à votre Pharmacie pour en prendre deux boîtes. Je les ai prises au mode d'emploi indiqué sur les boîtes, et après avoir pris pendant deux mois de suite vos merveilleuses Pilules, je me reposai quelques jours, et, aujourd'hui, je suis complètement guéri. Le bon résultat s'était déjà fait sentir à la fin de la première boîte; aussi, je vous autorise vivement à attester cette lettre et voudrais que les pauvres malades qui souffrent ainsi fassent vos bons traitements.

Veuillez agréer, avec tous mes remerciements, l'expression de ma vive reconnaissance.

RICARD Jean, 15, rue Geline,

Avignon (Vaucluse).

❀ ❀ ❀

Jardin, hameau de Dartamas (Isère).

26 janvier 1911.

J'ai vu ma sœur, qui a suivi vos bons Traitements, et elle s'en trouve parfaitement bien; elle m'a présenté votre méthode, où j'ai vu le Traitement à ma maladie qui est l'asthme, dont je souffre depuis de nombreuses années. Ayant suivi, depuis, de nombreux traitements vainement, et voyant que ma sœur s'est bien trouvée de votre méthode, je veux, moi aussi, la suivre.

VELLAY Laurent, à Jardin,

hameau de la Dartamas, Vienne, Sud (Isère).

* * *

Poule (Rhône), 8 novembre 1910.

Je suis très satisfaite de votre Traitement, que j'ai commencé le 24 octobre. Je vous remercie et vous prie de m'envoyer un nouveau Traitement.

Détail ci-dessous.

C. LONGEFAY, aux Plaines.

* * *

Villefranche (Rhône), 6 novembre 1910.

Voudriez-vous m'expédier : une boîte *Graines des Vallées;* une boîte *Plantes des Vallées.*
Ce bon Traitement me réussit très bien, et j'en suis très contente. Ces remèdes sont très faciles à prendre.
Veuillez agréer....

A. Botton, 2, rue de Thizy, 2.

* * *

Flayose (Var), le 8 mars 1911.

Je me fais un devoir de vous exprimer toute ma reconnaissance de m'avoir guérie au bout de quatre jours que j'ai eu pris vos remèdes; j'ai été un peu mieux, et maintenant que j'ai fini vos *Gouttes Merveilleuses*, je suis tout à fait bien. Dire qu'il y avait un an que je souffrais. Je me soignais pour une gastrite, pour l'anémie, pour la congestion du foie. J'ai dépensé beaucoup d'argent, perdu mon temps, et je n'étais pas plus avancée qu'auparavant.
En quinze jours j'ai été guérie. Plus de douleurs de tête; j'ai bon appétit, je digère bien et dors bien; je n'ai plus de cauchemars la nuit, et ces cauchemars me fatiguaient beaucoup. Enfin, en un mot, je suis bien et commence à travailler.

Daignez agréer...... .

M. et Mme Verdollin, cordonnier.

* * *

Vias (Hérault).

Les remèdes que vous m'avez envoyé me soulagent beaucoup et me font beaucoup de bien. Je continue bien ce Traitement et j'espère qu'à la fin je vous annoncerai ma guérison complète.

Recevez.....

ROUISSET Honoré, route d'Agde.

⁂

Cas (Hérault), le 20 décembre 1900.

Les remèdes que vous m'avez envoyés pour ma femme, atteinte d'une maladie de nerfs, l'ont bien soulagée. Nous avons été très satisfaits; par conséquent, je vous prie de m'envoyer une boîte *Tisane dépurative*, et une boîte *Pilules toniques*. Ci-joint mandat, montant de la somme de ces deux remèdes.

Recevez......

VISSE Victor, à Cas, par la Salvetat.

⁂

Paris, 17 décembre 1910.

Veuillez avoir l'obligeance de m'envoyer une boîte de *Cachets de la Sœur Bonnefoy;* une boîte *Pilules toniques;* une boîte *Tisane dépurative*. Je continue bien à prendre ces bons médicaments. Je me sens beaucoup mieux, beaucoup plus calme; mes digestions sont beaucoup plus faciles.

Je vous remercie beaucoup.

A. Roumier, 6, rue Jouffroy.

❦ ❦ ❦

Ansigny, par Albens (Savoie), 16 décembre.

Voici deux mois que j'ai fini d'employer vos médicaments. Je me trouve beaucoup mieux, et peux dire que je suis complètement guérie.

Je ne sais comment vous remercier. Je n'ai plus ressenti ma douleur du côté droit, qui me faisait horriblement souffrir. Personne, jusqu'à ce jour, n'avait pu me soulager.

Recevez mes sincères remerciements.

Péronne Burdet.

Ansigny, par Albens (Savoie).

❦ ❦ ❦

Besançon (Doubs), 3 mars 1911.

Je suis très satisfait de votre bon Traitement dépuratif, et veux le continuer. Envoyez-moi donc deux boîtes de *Tisane dépurative* franco à domicile contre mandat.

Recevez mes sincères salutations.

J. CHARLES, 4, square Castan, 4.

❋ ❋ ❋

L'Ile-d'Yeu, le 26 janvier 1911.

J'ai commencé le Traitement aussitôt que j'ai reçu les remèdes; il y a du mieux, et j'en suis bien satisfaite.

Je continue bien à prendre ce qui me reste au mode d'emploi indiqué sur les boîtes. Lorsque je serai complètement guérie, je vous ferai savoir la guérison.

Maria PONTOIZEAU.

❋ ❋ ❋

Lyon (Rhône), le 26 janvier.

Vous ayant déjà adressé une lettre au sujet d'un de mes amis atteint d'un écoulement. A présent, il est comme guéri; mais il n'est pas tranquille, car, plus tard, désirant se marier, il a peur de quelques rechutes. Vos bons médicaments lui ont fait beaucoup de bien, et, comme je vous le dis, il est complètement guéri.

Agréez, avec tous mes remerciements, l'expression de ma vive reconnaissance.

BUISSON Auguste,

ordonnance du capitaine Compagnon,

9, avenue des Ponts, Lyon (Rhône).

❧ ❧ ❧

Montagnole, par Chambéry (Savoie),

19 janvier 1911.

En réponse à votre lettre du 17 janvier 1911, je ne crois pas qu'il soit nécessaire de continuer encore le Traitement, car ma bronchite a complètement disparu. Je ne tousse plus et me trouve très bien.

Recevez tous mes remerciements.

GUILLERMIN Laurent.

❧ ❧ ❧

Œuvre de Notre-Dame-de-la-Viste,

Marseille, 19 janvier 1911.

Prière à M. le Directeur de la Pharmacie de la Sœur Bonnefoy de vouloir bien m'envoyer une seconde fois, contre bon de poste ci-inclus, l'ensemble des remèdes pour combattre la neurasthénie, dont un premier emploi m'a guéri partiellement.

Remerciements et respectueuses salutations.

BOISSET,

Directeur de l'Œuvre de Notre-Dame-de-la-Viste, Saint-Louis, Marseille (B.-du-Rh.).

❋ ❋ ❋

Montreuil-s-Mer, 8 mars 1911.

Je viens vous donner de mes nouvelles, qui sont beaucoup meilleures. Je viens de faire analyser mes urines; il y a très peu d'albumine; il me faudra, sans doute, un autre traitement pour compléter ma guérison.

Recevez l'assurance de mes sentiments de reconnaissance.

Mme PALLARUI.

❋ ❋ ❋

Saint-Germain-en-Laye (S.-et-O.).

Voulez-vous m'envoyer, s'il vous plaît, une boîte de *Tisane dépurative*, et une boîte de

Capsulines de Vley. Je me sens bien mieux depuis que je suis votre Traitement.

Agréez mes bien sincères remerciements.

Mme HAFF, 8, rue de la Salle.

❦ ❦ ❦

Saint-Amour (Jura), 12 mars 1911.

Je vous adresse ces quelques mots pour vous dire que j'ai fini tous mes remèdes, et je me sens beaucoup mieux. Je souffrais beaucoup de l'estomac, et j'attribue ce bon résultat à la *Tisane dépurative.* Je vais continuer encore un peu vos bons remèdes, et je crois qu'après cela ce sera bien fini.

Recevez mes sincères remerciements.

BACHELARD, cordonnier.

❦ ❦ ❦

Saint-Michel, 12 mars 1911.

Je vous écris ces deux mots pour vous faire savoir l'état de ma santé. Ma maladie, l'anémie, commence à disparaître. J'ai beaucoup changé depuis que je prends vos remèdes, mais j'ai besoin de continuer. Je vous prie donc de m'envoyer, par retour du courrier, une boîte de *Pilules toniques du Dr Allard*.

Recevez mes meilleurs remerciements.

Joséphine SURGÈS, à Saint-Michel,

quartier de la Grave, par Cazères (Hte-Garonne).

⁂ ⁂ ⁂

Moulins (Allier), 17 mars 1911.

Je vais toujours de mieux en mieux. Je travaille bien, mange bien. Pour continuer vos remèdes, veuillez m'envoyer : une boîte *Tisane dépurative;* une boîte *Capsulines Henrys;* une boîte *Cachets Henrys;* une boîte *Poudre pour injections*.

Veuillez agréer tous mes remerciements.

Mlle Annette BARREAU, 13, rue de Lyon,

Moulins (Allier).

⁂ ⁂ ⁂

Sedan (Ardennes).

Je vous envoie ci-joint un mandat de 2 francs pour que vous soyez assez aimable de m'envoyer une boîte de *Poudre antiasthmatique* grande marque. Cela va toujours de mieux en mieux.

Mme LELIÈVRE Adam, fond de Gironne.

❋ ❋ ❋

Millau (Aveyron), 20 mars 1911.

Je viens vous donner le résultat de votre Traitement, qu'a suivi exactement ma fille pour sa maladie de nerfs. Votre Traitement lui a fait beaucoup de bien. Son estomac s'est bien arrangé; il supporte n'importe quel genre de nourriture, et bien d'autres choses, qu'elle ne pouvait supporter auparavant.

Je vous remercie infiniment.

Vve LUCHY, 15, boulevard Sadi-Carnot.

❋ ❋ ❋

Béziers, 20 mars 1911.

Ci-inclus un bon de poste de 2 francs. Veuillez m'envoyer une boîte d'*Extrait Allard*. Depuis quelques jours, je ne souffre presque plus en urinant, et ne ressens plus de pesanteurs du côté de l'anus. Je suis donc tout à fait soulagé, et j'espère que ce dernier envoi opérera la guérison complète. J'ai encore quelques *Capsulines* que vous m'aviez envoyé pour prendre au milieu du repas. Quant à l'écoulement, je ne m'en aperçois pas; c'est tout au plus, le matin, une goutte. Je suis très content de votre Traitement, qui m'a débarrassé de ce que n'avait pu faire le traitement de deux ans que m'avait fait subir le docteur. Il était temps d'en finir, car j'avais le dégoût de tous ces remèdes.

Je vous remercie du merveilleux Traitement que vous m'avez fait suivre et du bon résultat qui est survenu.

V. LIAU, rue Voltaire, nº 3.

Béziers (Hérault).

❀ ❀ ❀

Châteauneuf-du-Rhône (Drôme).

Le mieux que je vous ai signalé dans ma dernière lettre se maintient. Je vais donc, en toute confiance, continuer le traitement. Veuillez m'adresser un flacon *Poudre rafraîchissante;* une boîte *Plantes d'Aiguecluse.*

Recevez mes remerciements, etc.

Vve CONTE, quartier du Freycinet.

❀ ❀ ❀

Buvilly, 30 mars 1911.

Voilà huit jours que j'ai fini de prendre la *Tisane dépurative*, ainsi que les *Pilules Toni-*

ques du Dr Allard, pour le psoriasis, herpès; ça va bien mieux. J'avais les deux oreilles et tout le visage remplis de pellicules, ce qui était très désagréable. Ce mal est, à présent, complètement disparu. Il ne me reste donc plus qu'à vous remercier bien sincèrement.

Mlle Elise Alexandre,

à Ruvilly, par Polligny (Jura).

* * *

Mornant (Rhône), 1er avril 1911.

Les remèdes que vous m'avez envoyés se trouvant être sur leur fin, et m'ayant réellement soulagée de la constipation aussi, veuillez m'envoyer : *Pilules laxatives*, *Graines des Vallées*, *Plantes des Vallées*. Je vais suivre encore une fois ce bon Traitement, et j'espère que je serai définitivement guérie.

Je vous présente l'assurance de mes sincères remerciements.

Mlle Billaud Marie, Mornant (Rhône).

* * *

Vialès (Vaucluse).

Sur votre dernière lettre, vous me disiez qu'à la fin de mon Traitement je vous donne de mes nouvelles. C'est avec plaisir que je vous adresse la présente.

Mon état s'est beaucoup amélioré. Je me trouve parfaitement bien. Je travaille facilement; j'ai bon appétit; il ne me reste qu'à vous remercier.

BONNE, buraliste.

Bouleau.

Quelques Attestations

sur les

Maladies de Matrice

Quelques Attestations

sur les

Maladies de Matrice

METRITE

Sarrians.

Monsieur,

On m'a beaucoup vanté votre *Poudre de la Sœur Bonnefoy*, contre la métrite, et je veux en essayer, car les remèdes que j'ai employés jusqu'ici n'arrivent point à enrayer mon mal, lequel s'aggrave plutôt et menace d'atteindre l'ovaire.

J'ai peine à croire que des injections d'eau pure qu'on me prescrit, arrivent jamais à me guérir.

J'emploierai donc votre nouveau remède qui a guéri tant de personnes, et, m'a-t-on dit, des abandonnées.

Veuillez m'envoyer le nécessaire pour un mois et agréer mes salutations empressées.

Mme GIRAUD.

CANCER DE LA MATRICE

Lyon, 26 mars 1909.

Monsieur,

J'ai l'honneur de vous exprimer ma profonde reconnaissance pour la guérison survenue en trois mois d'un cancer à la matrice que ma femme portait depuis longtemps, guérison due à l'usage du *Traitement de la Sœur Bonnefoy.*

H. M.

SALPINGO-OVARITE

Le Teil, 15 juin 1909.

Monsieur,

Je n'hésite pas à vous apporter mon témoignage au sujet de l'emploi du *Traitement de la Sœur Bonnefoy.* Dans une autre circonstance, je vous ai donné un témoignage non moins éclatant, je me plais à le renouveler.

Les trois premiers mois de traitement me causèrent tant de souffrances que j'étais sur le point de l'abandonner quand je commençai à en ressentir les bienfaisants effets, qui ne discontinuèrent jusqu'à ma guérison complète effectuée douze semaines après. Actuellement, ma santé est bonne, l'appétit est revenu, mes fonctions et mon embonpoint ont augmenté. Mais, par mesure de prudence, je n'ai pas abandonné le traitement depuis cinq ans. A la moindre alerte, vite le traitement.

L. M., employé au P.-L.-M.

FIBROME

Sault, 25 mai 1909.

Monsieur,

Je souffrais depuis trois ans de violents maux de corps, et je ne savais à quoi attribuer ces douleurs. Après avoir essayé de tous les moyens je me trouvais dans le même état, quand j'eus l'idée, il y a cinq mois, d'employer la *Méthode de la Sœur Bonnefoy* et, à ma grande satisfaction, je quittais, il y a huit jours, un fibrome, cause de mon mal.

Depuis ce temps, je suis soulagée, je n'ai aucune douleur et suis revenue comme j'étais auparavant.

E. L.

POLYPES

Marseille, le 2 février 1909.

Monsieur,

Depuis très longtemps je souffrais beaucoup au moment de mes époques, et quoique ayant consulté plusieurs fois, je n'éprouvais aucun soulagement des traitements que je suivais.

Au mois de mars dernier, une de mes amies vint me voir et me conseilla avec instance d'avoir recours au *Traitement de la Sœur Bonnefoy*.

Désolée de souffrir de plus en plus et de n'arriver à aucun bon résultat, je commençai les injections à cette époque, et quinze jours après ce nouveau traitement, je perdis mon premier polype.

Depuis, je continue toujours mes injections, en ayant de suite ressenti un grand soulagement, aujourd'hui, je suis arrivée à mon vingt-quatrième polype en vingt-quatre mois.

J'ai la ferme confiance de pouvoir vous annoncer bientôt ma complète guérison.

La reconnaissance que je vous dois me fait propager autour de moi vos produits, et c'est de tout cœur que je le fais, car votre poudre est vraiment merveilleuse, et je voudrais la voir essayer par toutes les personnes qui souffrent comme j'ai souffert.

Je vous autorise à publier cette lettre et vous prie d'agréer, Monsieur, avec mes remerciements, mes sincères salutations.

Mme Verdet.

TUMEUR

Gap, le 8 août 1909.

Monsieur,

Je soussignée, demeurant à Gap, certifie que, souffrant d'un mal dans le ventre depuis quatorze ans, par suite d'un accouchement laborieux, et après avoir consulté plusieurs médecins, qui conclurent tous à une opération, je me suis servie de votre Poudre, et j'affirme que mon mal s'est détaché le dixième jour du traitement, et que depuis je me trouve très bien.

Mme G.

DESCENTE

Vaison, 11 janvier 1909.

Monsieur,

Je ne sais comment vous exprimer ma reconnaissance, car je suis si heureuse de pouvoir vous annoncer que je suis tout à fait guérie de la descente de matrice. J'ai suivi exactement le traitement; c'est-à-dire que j'ai pris deux injections par jour.

D'abord j'ai perdu des kystes et des peaux, le quatrième ou le cinquième jour, j'ai perdu assez bien de sang et trois ou quatre gros kystes. Après huit ou neuf jours de traitement, je me sentais guérie : Si toutefois vous pensez que cela ne revienne pas? Donc, me trouvant si bien, je viens vous demander si je dois continuer à procéder de la même manière. Je perds encore toujours de petites peaux, pellicules, etc., quelquefois aussi il n'y a rien.

Je parle continuellement de ma guérison, je la raconte à tout le monde.

Veuillez, Monsieur, agréer, avec tous mes remerciements, mes salutations cordiales.

Veuve J. A.

PERTES BLANCHES

Le Pontet, 15 juillet 1909.

Monsieur,

Je tiens absolument à venir vous remercier de vos bons produits, qui m'ont certainement bien guérie de ma métrite membraneuse, dont j'ai tant souffert, accompagnée de pertes blanches.

En ce moment, je me porte très bien, et toutes mes forces sont revenues. J'ai toujours continué le traitement et je suis complètement guérie.

Avec tous mes remerciements...

Mme LANGLADE.

RÈGLES DOULOUREUSES

Gadagne, 15 juillet 1909.

Monsieur,

Je vous remercie des *Gouttes Merveilleuses*. Mes règles douloureuses ont disparu par l'emploi du *Traitement de la Sœur Bonnefoy*.

A. V.

SUITES DE COUCHES

Avignon, 15 mai 1909.

Monsieur,

A la suite de mon accouchement, j'étais restée faible, sans force, avec des pertes blanches. J'ai pris les *Gouttes Merveilleuses* et les injections. Depuis, je vais bien, je me sens bien et je continue.

J. V.

RETOUR D'AGE

Monsieur,

Le retour d'âge a été dénommé avec raison âge critique : en effet, de la façon dont la femme se soigne, dépendent pour elle la vie et la santé future; les persones qui négligent de se soigner à ce moment, verront s'abattre sur elles des infirmités et des inconvénients sans nombre. Dès que le retour d'âge commence à se faire sentir, et même, quelquefois, plusieurs années auparavant, la femme commence à prendre un embonpoint exagéré : le ventre devient plus fort, les joues se couperosent, la femme sent des bouffées de chaleur lui monter au visage, puis une sueur froide lui mouiller le corps : puis ce sont des étouffements, des suffocations, des spasmes nerveux, des vertiges, des étourdissements, des tintements d'oreilles; le ventre devient douloureux, les règles reviennent parfois toutes les trois semaines, et durant quinze jours; la perte de sang trop grande affaiblit la femme, l'anémie et la met dans un état de faiblesse lui interdisant toute occupation; d'autres fois, la femme verra ses règles suspendues pendant trois ou quatre mois, puis, sera prise tout à coup d'hémorragies abondantes que l'on guérira au moyen des *Gouttes Merveilleuses*.

On ne saurait trop se soigner, au Retour d'âge si l'on veut éviter toutes sortes d'accidents. On doit, en effet, craindre l'afflux subit du sang au cœur ou au cerveau, déterminant une congestion, une attaque d'apoplexie, ou la rupture d'un anévrisme, la mort subite. Si des accidents aussi graves ne sont pas toujours à craindre, il faut redouter les infirmités; en effet, le sang qui n'a plus son cours habituel, se porte aux parties les plus faibles de l'organisme et y développe les maladies existantes; si le sang possède en lui-même le germe de certaines maadies, ces maladies se développent sûrement, elle l'eau d'une source qui coule reste pure, tandis que l'eau d'un étang qui croupit se corrompt et développe les germes de corruption qu'elle porte en elle. C'est ainsi que l'on verra e développer l'eczéma, l'asthme, les bronchites, les tumeurs, les cancers, les paralysies, les douleurs, etc., tandis que si la femme fait usage des *Gouttes Merveilleuses*, son teint reste frais, le corps conserve longtemps encore les bienfaits de la jeunesse : souplesse, vigueur et fermeté; les facultés intellectuelles conservent toute leur acuité, le caractère, qui reflète la santé physique, reste jeune et enjoué. *Mens sana in corpore sano*, autrement dit, pour avoir bon caractère il faut se bien porter.

Dès que la femme ressentira les symptômes avant-coureurs du retour d'âge, elle fera une cure de trois mois avec le Traitement nécessaire, et il sera prudent qu'elle en prenne chaque année, pendant six semaines, au moment du printemps et de l'automne, si elle veut se préserver des infirmités. Nous n'insisterons jamais assez sur ce point, que le Traitement nécessaire est absolument inoffensif, et que c'est plutôt un régulateur de la circulation sanguine qu'un médicament à proprement parler; c'est ce qui permet aux personnes les plus délicates de l'employer, sans crainte pour la santé. Nous recommandons à tous, même aux personnes qui n'éprouvent aucun malaise au moment du retour d'âge, de ne pas hésiter à faire usage des *Gouttes Merveilleuses*, car si, à ce moment, elles n'éprouvent aucun malaise, elles doivent éviter de laisser sommeiller dans l'organisme des germes de maladies, dont le réveil sera d'autant plus terrible que le sang en aura été saturé plus longuement.

Je dois ma santé et un retour d'âge facile, grâce aux *Gouttes Merveilleuses de la Sœur Bonnefoy*.

M. Brès.

NOTA. — Nous considérerions comme un encouragement les communications que l'on voudra bien nous adresser relatant les cas de guérison obtenus par l'emploi du *Traitement de la Sœur Bonnefoy*, afin qu'ils puissent être publiés dans l'intérêt de l'humanité.

Conseils pour avoir une bonne Santé

POUR BIEN SE PORTER

I. — Savoir manger.

Un célèbre médecin avait coutume de dire : « Si les hommes savaient manger d'une façon conforme aux besoins de leur nature, *ils vivraient jusqu'à cent ans.* La plupart d'entre eux meurent avant leur heure, parce qu'ils usent de la nourriture d'une manière non raisonnable. » Ce médecin indiquait en même temps les règles d'une excellente alimentation et les résumait en ces quelques lignes :

❋ ❋ ❋

1°) *Mangez très lentement*, et mâchez beaucoup et longtemps vos aliments, jusqu'à ce qu'ils soient devenus *dans votre bouche* comme une bouillie, une crème, que vous avalez involontairement. C'est la règle la plus importante, qu'il faut mettre avant tout en pratique, et de laquelle dépend, en grande partie, la bonne santé.

2° *Mâchez de cette manière* les soupes, le pain, la viande, les légumes, les fruits que vous mangez, et veillez bien à ne rien avaler qui ne soit ainsi réduit dans la bouche à l'état de bouillie et de crème.

3° Si vous êtes travailleur manuel, prenez, le matin, *une bonne soupe chaude, un peu épaisse* ou *du lait chaud bien sucré* et du pain, avant de vous mettre au travail. **Pas de vin, pas d'alcool.**

Si vous avez une occupation sédentaire qui n'exige pas une grande dépense de force corporelle contentez-vous d'une *soupe chaude légère* ou d'un *bol de lait chaud sucré*, aromatisé ou non d'un peu de café ou de thé.

4°) A midi, faites *votre principal repas* de la journée. Mangez à votre appétit, sans exagération, mais en ayant soin de bien mâcher chaque bouchée de votre nourritude, jusqu'à ce qu'elle soit transformée dans votre bouche en bouillie et en crème. C'est le point essentiel.

5°) Ne vous forcez pas à manger quand vous n'avez pas faim, — ne mangez pas au moment où *vous êtes triste ou en colère*, — ni dans le bruit et l'agitation — ni au moment où *votre esprit est inquiet.*

6°) Le soir, mangez peu et le moins possible, et seulement pour ne pas souffrir de la faim. Ne chargez pas trop votre estomac : c'est le moyen d'avoir un bon sommeil et un bon repos;

7°) Dormez la nuit, en ayant soin de laisser *un peu entr'ouvertes* les fenêtres de votre chambre à coucher — mais en évitant, toutefois, que l'air arrive directement sur votre lit et en vous couvrant suffisamment pour ne pas avoir froid.

II. — Savoir boire.

1°) Il faut boire *à sa soif* — mais toujours *modérément*.

Ne pas commencer son repas en buvant — ne pas boire beaucoup en mangeant, pas plus de trois verres de liquide par repas — boire de préférence à la fin du repas.

2°) Le vin, à condition qu'il soit *naturel* et de bonne qualité, et pourvu qu'on le prenne en *quantité modérée*, est bon pour la santé : il aide à la digestion, il assainit et stimule le canal digestif.

Un litre de vin au maximum, *par jour*, doit être absorbé par un travailleur actif; *un demi-litre* seulement suffit aux personnes *sédentaires*. Le vin doit être pris à *petites doses* et *coupé d'eau*.

Ce que nous disons du vin s'applique aussi à la bière et au cidre, qui doivent être de bonne qualité.

3°) Il faut boire, dans les vingt-quatre heures, *un litre à un litre et demi de liquide*, afin de décrasser et de nettoyer les organes de la digestion. — Boire principalement entre les repas.

Si l'on veut laver l'organisme, c'est surtout *le matin à jeun* qu'il faut boire de l'eau pure ou du lait.

III. — Les résultats de ce régime.

En ayant soin de bien mâcher les aliments, comme nous l'avons dit, et de *ne pas trop boire aux repas*, on obtient, en peu de temps, des résultats merveilleux pour la santé.

On quitte la table, léger, prêt au travail, de bonne humeur, avec une sensation de force et de bien-être. Plus de maux de tête et de lourdeurs. Plus de dilatation d'estomac. La constipation, avec les malaises et les misères qu'elle comporte, disparaît bientôt. En quelques mois, c'est un rajeunissement et un accroissement de forces étonnants, une aptitude de tous les instants pour les travaux les plus rudes, les marches les plus longues. Le corps revient à son poids normal, que l'on soit trop maigre ou trop gras. L'esprit devient vif et délié, le caractère gai, et l'on sent la joie de vivre.

❧ ❧ ❧

Sans doute, la mastication lente et prolongée des aliments, comme nous l'avons recommandée, exige, au commencement, une certaine contrainte, une attention et un effort pour ne pas manger trop vite. Mais, bientôt, l'on prend plaisir à bien mastiquer ce que l'on mange. Faites-en l'expérience. Un simple croûton de pain, ainsi mâché jusqu'à ce qu'il soit réduit dans la bouche en crème, donne au palais la sensation de deux ou trois arrière-goûts délicieux, comme le ferait un bonbon exquis. Mettez en pratique cette façon de manger avec persévérance et vous serez émerveillé du résultat que vous obtiendrez, au bout de quelques mois.

Plus de 100.000 personnes — surtout parmi *les personnes sédentaires* — qui pratiquent actuellement très fidèlement cette méthode, *ont été*, par ce moyen, *guéries de graves maladies*, et lui doivent une robuste et inaltérable santé.

RÉSUMÉ SCIENTIFIQUE
de la Méthode de la Sœur Bonnefoy

La maladie est un trouble de la nutrition. Après les repas, chacun ressent de la lassitude et de la paresse cérébrale. Ce trouble de la santé, peut durer ainsi jusqu'à la fin de la digestion. Ce trouble de la nutrition augmente journellement, si les déchets ne sont pas éliminés au jour le jour. Quand ces déchets s'accumulent, la maladie parait.

La maladie est donc un bien, elle est un signe qui nous fait comprendre qu'un défaut d'hygiène s'est glissé dans notre vie journalière. En général nous mangerons trop, et l'organisme se charge sans cesse des déchets non éliminés, ces déchets sont toxiques. C'est alors que se produit la maladie qui nous arrête dans notre hygiène mauvaise. La maladie est la réaction utile de la nature qui nous indique qu'il faut désintoxiquer l'organisme, par un dépuratif et par un régime. Vous me direz : mais comment mon organisme a-t-il pu s'intoxiquer ainsi peu à peu. Cela provient des soucis éprouvés. Toute digestion qui se produit sur une discussion, un ennui, une émotion, une colère, un grand chagrin, intoxique l'organisme. Et pourquoi cela? « parce que les organes digestifs sont incapables d'exécuter leurs fonctions si des influences exagérées prennent au cerveau la part d'énergie indispensable aux actes digestifs. » Voulez-vous une rapide et sûre guérison, suivez le régime indiqué de la page 193 à la page 220, et en même temps faites le traitement qui correspond à votre état, choisi de la page 1 à la page 181, vous vous en sentirez rajeuni. Vous verrez de suite votre digestion plus rapide, les mouvements se feront plus agiles, la vue et l'ouïe s'amélioreront. Pour le travail intellectuel, vous serez surpris de la vigueur incomparable que vous obtiendrez sûrement, la Méthode de la Sœur Bonnefoy est le moyen le plus facile, le plus rapide pour guérir les maladies.

Coquelicot.

Note scientifique sur la véritable Tisane dépurative de la Sœur Bonnefoy, de l'ancienne Abbaye de la Beaumette, Vaucluse (France).

La partie active de la véritable Tisane dépurative est composée de plantes cueillies au moment de la floraison et transformées en extraits. Ces plantes cueillies sur de hautes altitudes sont ramassées au moment même où leur principe médicinal est au maximum. Par le principe des extraits préparés selon les dernières découvertes modernes, ces plantes conservent ainsi tous leurs principes vivifiants et salutaires. La Tisane dépurative est éminemment favorable à la santé, ses vertus apéritives, digestives, antispasmodiques, anti-apoplectiques, sont reconnues de tous. De partout nous sont adressés des éloges constants. On reconnait son heureuse intervention durant les affections épidémiques, soit comme préservatif, soit comme prophylactique. C'est donc une bienfaisante Tisane dont l'usage journalier facilite toutes les fonctions de l'organisme et prolonge la vie. Cette Tisane et tous les remèdes de la méthode sont fabriqués à Avignon (Vaucluse) (France), d'après la formule des anciens moines observantins de l'Abbaye de la Beaumette, par la pharmacie de la Sœur Bonnefoy, 31, rue Carnot, Avignon (Vaucluse).

MOYEN DE PROLONGER LA MOYENNE DE LA VIE

L'illustre Pasteur est le premier qui, par sa patience de véritable savant, a fait connaître que notre véritable ennemi, cause de nos maladies, était le microbe. Nous l'avons exposé plusieurs fois, le microbe est un être infiniment petit, prenant diverses formes, qui s'attaque à nous par tous les moyens. Pasteur avait la certitude que le jour où l'humanité pourra se défendre efficacement des microbes divers, la moyenne de la vie pour chacun se trouverait augmentée. Aujourd'hui, tous les états qui, par des mesures et des lois d'hygiène ont écouté le conseil de Pasteur, voient la moyenne de leur vie se prolonger. La longévité appartient donc à ceux qui suivront cette méthode de la Sœur Bonnefoy, qui est basée sur les principes de Pasteur.

Il faut de plus en plus s'abstenir de tout ce qui peut compromettre la santé et s'appliquer de temps à autre, le traitement dépuratif. La tuberculose, qui cause tant de morts encore, sera évitée en suivant les conseils de la page 189-190. La fièvre typhoïde ne sera plus quand on ne boira plus d'eau mauvaise. Voici le tableau de longévité des diverses nations.

PAYS	Recensement	Sexe masculin	Sexe féminin
Suède	1891-1900	50,9	53,6
Danemark	1895-1900	50,2	53,2
France	1898-1903	45,7	49,1
Grande-Bretagne (Angleterre et Pays de Galles)	1891-1900	44,1	47,7
Etats-Unis (Massachusetts)	1893-1897	44,1	46,6
Italie	1899-1902	42,8	43,1
Prusse	1891-1900	41,0	44,5
Inde	1901	23,0	24,0

C'est donc en Suède que la moyenne de la vie, pour un homme, est de 50 ans et pour une femme est de 53 ans. C'est donc aux Indes où la moyenne de la vie pour un homme est de 23 ans, et pour une femme est de 24 ans. Cela prouve que c'est en Suède que l'on prend le plus de précaution contre les microbes, et que c'est aux Indes qu'on en prend le moins.

GARANTIE — SÉCURITÉ

Un pharmacien de 1re classe, de l'Université de Lyon, **M. Frédéric BOUYER**, ancien *Interne de l'Hôtel-Dieu de Lyon, Lauréat de l'École de Pharmacie de Marseille, Pharmacien Militaire de Réserve*, ancien *Soldat de Barèges* (1900-1901), préside à toutes les préparations et remèdes de la Sœur Bonnefoy, surveille les envois et expéditions, conformément aux lois de France.

CONSEILS

sur les soins à donner aux malades avant l'arrivée du médecin ou dans l'intervalle de ses visites.

(Insérés par ordre alphabétique on aura en collestionnant notre Bulletin un Dictionnaire des Familles très pratique).

ABCES. — Amas de pus dans une cavité accidentelle située sous la peau; *abcès superficiel;* ou dans la profondeur des organes : *abcès profond;* s'étant formé brusquement : *abcès chaud;* ou avec lenteur : *abcès froid.*

Caractères. — La présence du pus se reconnaît au gonflement, à la chaleur, à la rougeur, à des élancements douloureux (abcès chaud); au gonflement, à une sensation de pesanteur, à des douleurs vagues (abcès froid).

Prescriptions usuelles. — Que l'abcès soit chaud, aigu, ou bien froid et lié à une maladie chronique, il vient toujours un moment où il y a nécessité de donner issue au pus.

L'ouverture de l'abcès peut être spontanée ou préférablement provoquée par une incision chirurgicale de l'opportunité de laquelle le médecin traitant est juge.

L'incision chirurgicale est préférable, en ce qu'elle est régulière, suffisamment large, et qu'on évite ainsi la formation possible de clapiers et de fistules.

Précautions concernant le malade. — Dans l'attente de la visite du médecin, se mettre au repos, appliquer sur la partie douloureuse des cataplasmes de farine de lin arrosés d'huile. Se nourrir d'aliments légers, mais réconfortants. Veiller à la liberté du ventre.

Précautions concernant l'entourage. — Disposer le patient à l'opération (toujours légère), si elle est jugée opportune. Se munir d'alcool rectifié, de ouate hydrophile, de taffetas gommé, de compresses et de bandes de toile, qu'il sera nécessaire d'avoir sous la main pour un pansement antiseptique.

Pour se préserver des abcès, se tenir le ventre libre, prendre, de temps en temps, une *Pilule laxative de la Sœur Bonnefoy*, **1 fr. 50** la boîte.

ASPHYXIE. — Suspensions des phénomènes de la respiration, et, par suite, cessation de toutes les fonctions de la vie.

Variétés. — L'asphyxie se produit : 1° par submersion; 2° par strangulation; 3° par respiration de gaz délétères (acide carbonique, oxyde de carbone, gaz des fosses d'aisances). Les nouveau-nés, enfin, sont sujets à un état asphyxique particulier.

Recommandations spéciales. — Quelles que soient les causes de l'asphyxie, il faut s'empresser de donner des soins au patient, *même lorsqu'on a lieu de le croire mort* et ne pas se décourager, car *on a vu des asphyxiés revenir à la vie au bout de dix, douze, et même quinze heures.*

Soins immédiats. — Asphyxie par submersion. — Incliner la tête du noyé en bas pour provoquer l'expulsion des glaires qui obstruent les voies respiratoires, le déshabiller, l'envelopper de couvertures de laine, le frictionner, le réchauffer.

Asphyxie par strangulation. — Dépendre sans aucun retard le pendu. Aux soins à donner aux noyés, adjoindre les sinapismes.

Asphyxie par absorption de gaz non respirables. — Mêmes soins que ci-dessus. En plus, faire respirer avec précaution un flacon d'ammoniaque.

Asphyxie des nouveau-nés. — Elévation et exposition au grand air de la tête de l'enfant. Couvertures chaudes sur le reste du corps. Titillations avec les doigts ou une barbe de plume de l'arrière-gorge. Insufflations à l'aide d'un tube ou même d'une sonde en caoutchouc, d'air dans les poumons. Frictions, etc., comme dans les cas précédents.

Tractions rythmées de la langue. — Quelle que soit la cause de l'asphyxie, il faut recourir à l'ingénieux procédé mis en avant par le Dr Laborde, et qui consiste à saisir la langue du patient avec la main entourée d'un linge et à la tirer *assez fortement* hors de la bouche, puis à la faire rentrer, et à répéter ces tractions *seize à dix-huit fois au plus par minute*.

En général, sous le coup de l'émotion, on a tendance à précipiter à l'excès le rythme des tractions. On va ainsi contre son but. L'écueil à éviter, c'est, en pareille circonstance, et dans l'application de cette souveraine méthode, la précipitation.

BOUCHE. — Première partie des voies digestives, composée des lèvres, de la surface profonde des joues, des mâchoires et des dents, de la langue, de la voûte du palais, de l'*arrière-bouche*, du voile du palais et des amygdales, communiquant avec le pharynx (gosier), et formant une cavité dans l'intérieur de laquelle s'élaborent les actes initiaux de la digestion : la *mastication*, l'*insalivation*, la *gustation* des aliments.

Notions spéciales. — L'inspection de la bouche peut fournir des renseignements précieux sur l'existence de maladies nombreuses.

La rougeur du gosier dénote l'invasion d'une fièvre éruptive (de la scarlatine notamment), d'une angine, d'un érysipèle; les hémorragies de la bouche sont fréquentes dans le scorbut, la variole et les maladies du foie. L'exagération de sa température est l'indice d'un état fébrile inflammatoire; sa frigidité, celui de l'inanition, de l'invasion d'une affection épidémique et contagieuse comme le choléra. Sa sécheresse s'observe dans la fièvre thyphoïde et les affections qui ont pour siège le cerveau. Son excès d'humidité tient à la surabondance de la salive liée à certaines maladies nerveuses ou à la saturation due à l'abus de certains médicaments. L'acidité des liquides qui, dans l'état de santé, l'humectent, se rencontre dans nombre de maladies et décèle l'imminence du muguet.

Les signes fournis par l'état de la langue ne sont pas moins précieux que ceux qui résultent de l'examen de la bouche pour fixer sur l'invasion, la marche, et l'issue des affections les plus diverses.

Quant à la bouche elle-même, elle peut être le siège de maladies nombreuses.

Elle offre, en effet, aux microbes de toute sorte, une porte d'entrée constamment ouverte.

Ls microbes qu'on y rencontre le plus communément sont ceux qui produisent la carie dentaire et l'ostéopériotite alvéolo-dentaire, amenant la chute prématurée des dents. D'autres espèces de microbes s'introduisent encore dans la bouche, y séjournent et s'y multiplient, et peuvent être la cause première des angines, des bronchites, de la grippe, et d'une foule de maladies épidémiques et contagieuses.

Bref, il peut se multiplier à millions, dans la bouche, des microbes de toute espèce, dont tout l'organisme, ensuite, est envahi.

C'est dire l'importance qui s'attache à l'hygiène de cette antichambre des maladies microbiennes.

Hygiène de la bouche. — Des lavages fréquents avec l'eau dentifrice antiseptique sont nécessaires pour purger la bouche de tous ces microbes.

CHOLERA. — Affection épidémique et contagieuse due à l'action d'un microbe découvert par Koch, il y a quinze ans, et se distinguant par sa forme en virgule, l'exiguïté de ses dimensions (4 millièmes de millimètre), et décrit dans la science sous la désignation de *bacille-virgule de Koch*.

Précautions à prendre en temps de choléra.— La première chose à faire est de se garder de tout excès et d'éviter toute cause de débilitation.

Ensuite, l'alimentation doit être saine et s'écarter le moins possible du régime accoutumé.

Les soins de propreté sont plus urgents qu'en aucune autre circonstance. Les antiseptiques : savon antiseptique au sublimé en lavages; eau phéniquée ou eau dentifrice en gargarismes.

Pour maintenir l'atmosphère de l'intérieur en état de constante pureté, brûler des capsules Formaldhyde. Prix : 2 francs la boite.

Enfin, à l'encontre de conseils sans portée, il faut, avec une extrême sévérité, s'abstenir de s'adonner aux liqueurs fortes et à l'usage immodéré du rhum, que nombre de gens mal avisés ne manquent pas, dans la circonstance, de préconiser comme une panacée.

Ne pas perdre son sang-froid.

Précautions concernant l'entourage des cholériques. — Règle sans exception : tout ce qui a touché aux déjections des cholériques doit, sans retard, être passé à l'étuve ou lavé dans une solution de sublimé : un gramme de sublimé pour un litre d'eau bouillie.

Recommandation spéciale. — Dans un très grand nombre de cas, le choléra est précédé par des malaises, de la courbature, et surtout par la *diarrhée prémonitoire* accompagnée ou non de nausées et de vomissements.

Il importe de se préoccuper, sans tergiversation de ces malaises, et prendre, à leur sujet, avis du médecin.

CONTAGION ET MALADIES CONTAGIEUSES. — Maladies transmissibles par le contact, soit direct, soit indirect, avec les personnes qui en sont atteintes.

Caractères généraux. — Toute maladie contagieuse est engendrée par un microbe, qui pénètre dans l'organisme, et y reste tout d'abord un temps plus ou moins long, sans déterminer aucun accident, aucun symptôme appréciable; c'est cette période précédant les débuts de la maladie qu'on appelle la période d'*incubation*. Il est intéressant d'en connaître la durée pour les principales maladies contagieuses, ne fût-ce que pour savoir pendant combien de temps on est exposé à une maladie contagieuse, après avoir été en contact avec un malade.

Voici la liste des principales maladies contagieuses, classées à peu près suivant la durée de l'incubation :

1° *Grippe.* Incubation extrêmement rapide, quelques heures, jusqu'à 1 ou 2 jours;

2° *Choléra.* Parfois quelques heures seulement, ordinairement 3 à 5 jours

3° *Charbon* ou *Pustule maligne*, 1 à 2 jours;

4° *Morve* ou *Farcin*, 1 à 5 jours; »

5° *Croup*, 2 à 8 jours, exceptionnellement jusqu'à 15 jours;

6° *Erysipèle*, 3 à 7 jours;

7° *Scarlatine*, 7 jours au plus, souvent quelques jours seulement;

8° *Coqueluche*, 7 jours environ;

9° *Fièvre typhoïde.* En général, de 10 à 14 jours, parfois 1 ou 2 jours seulement;

10° *Rougeole*, 9 à 11 jours;

11° *Petite vérole*, 11 à 14 jours;

12° *Oreillons*, 12 à 21 jours;

13° *Rage*, 2 semaines à 3 mois; parfois plus de 6 mois;

14° *Maladies contagieuses* de la peau (teigne, pelade, etc.). Durée indéterminée;

15° *Pneumonie, Tuberculose.* Durée indéterminée.

CONTUSIONS, COUPS, BOSSES. — Déchirure par suite d'un choc des petits vaisseaux sanguins qui forment lacis sous la peau, sans que celle-ci soit entamée. L'épanchement de sang qui en résulte constitue l'*ecchymose*. La saillie qui se forme à la surface de la peau est due à l'abondance de l'épanchement.

Prescriptions usuelles. — Appliquer sur toute la partie blessée des compresses imbibées d'eau blanche ou d'alcool camphré, ou, mieux encore d'un mélange d'eau antiseptique.

La teinture d'arnica rend les plus grands services pour le traitement de tous ces légers *bobos* que se font les enfants en jouant. Avis aux mères de famille prudentes, qui devront s'en procurer à l'avance.

CORPS ETRANGER DANS LES YEUX. — Lorsqu'un corps étranger (poussière, escarbille, paillon de fer), s'est introduit entre la paupière et le globe de l'œil, on doit se hâter de l'extraire.

Procédés d'extraction. — 1° Abaisser la paupière supérieure en avant de l'inférieure. Les larmes, le plus souvent, suffisent à entraîner le corps étranger;

2° Introduire une bague bien lisse sous les paupières, le corps étranger s'y attache;

3° Essayer de balayer les paupières à l'aide d'un papier à cigarette ou d'un pinceau très fin;

4° En cas d'insuccès, écarter du globe de l'œil la paupière inférieure et laisser tomber dans la cavité une graine de lin; ensuite, fermer l'œil. La graine se colle d'abord au globe; bientôt elle se recouvre d'un mucilage épais qui lui permet de glisser aisément en tous sens. Enfin, elle sort toute gluante par le coin interne de l'œil, entraînant avec elle le corps étranger;

5° Dans le cas où il s'agit d'une parcelle de métal, on peut essayer de l'attirer à l'aide d'un bon aimant, ou bien s'adresser au chirurgien, qui saura la faire basculer et qui en débarrassera le patient;

Recommandations spéciales. — S'abstenir de frottements trop énergiques, dont l'inflammation de la conjonctive pourrait être le résultat.

Après extraction du corps étranger, bassiner l'œil avec un linge très fin imprégné d'un collyre astringent et calmant à la fois, pour faire cesser la sensation trompeuse de la persistance du séjour dans l'œil du corps étranger.

DEFAILLANCE (*Evanouissement*). — Etat de faiblesse passagère pouvant donner à redouter une syncope.

Caractères. — Eblouissement, sentiment de faiblesse générale, pâleur du visage, ralentissement des battements du cœur et du pouls, prostration, immobilité des membres.

Prescriptions usuelles. — Soutenir le sujet, le coucher de tout son long dans la position horizontale, *maintenir la tête basse*, desserrer les vêtements, donner de l'air. Projeter de l'eau froide à la face. Faire respirer du vinaigre, ou, mieux, de l'acide acétique.

Administrer quelques gouttes d'alcool de menthe sur un morceau de sucre ou dans de l'eau sucrée.

DESINFECTION. — Mesure ayant pour but l'assainissement d'une chambre, ou, même, d'un appartement, après le séjour plus ou moins prolongé d'un malade atteint d'une affection contagieuse.

Recommandation spéciale. — La désinfection méthodique est une mesure essentiellement délicate.

Désinfection des cabinets d'aisance. — Le permanganate de potasse en solution (une cuillerée à café de ce sel pour 2 litres d'eau), est le meilleur désinfectant.

Désinfection des selles. — Dans un grand nombre de maladies, les selles des malades doivent être désinfectées. Les produits les plus employés pour cet usage sont : le sulfate de fer, le sulfate de zinc, le permanganate de potasse, etc.

DESINFECTANTS. — Préparations destinées à détruire les miasmes dont l'atmosphère des appartements est viciée au cours d'une maladie contagieuse.

Recommandations spéciales. — L'extrait antiseptique se distingue des autres désinfectants en ce qu'il n'est ni vénéneux, ni caustique; il peut donc être laissé entre les mains les plus inexpérimentées. C'est le remède par excellence pour les plaies, angines couenneuses, anthrax, suppurations, etc.; ses qualités assainissantes et toniques le rendent très efficace pour l'hygiène de la toilette (lotions, injections), soins de la bouche, qu'il purifie, des cheveux, qu'il débarrasse des pellicules, lavage des nourrissons, etc.

FIEVRE TYPHOIDE. — Maladie épidémique et contagieuse, transmissible par l'intermédiaire des matières fécales et de l'eau infectée par ces matières.

Caractères principaux. — Le début de la fièvre typhoïde est insidieux. Après plusieurs jours de malaise, d'abattement, d'embarras gastrique, la fièvre s'établit en permanence avec recrudescence le soir. Un saignement de nez de faible abondance, la constipation, parfois, la diarrhée plus habituellement, le ballonnement, fond, un délire vague, en indiquent l'invasion. la sensibilité du ventre, un affaissement pro-

Ensuite, selon qu'elle affecte la forme *ataxique*, *adynamique*, *bilieuse* ou *inflammatoire*, elle s'entoure d'un long cortège de symptômes variables, selon les prédominances de la constitution personnelle, et dont connaissance approfondie concerne exclusivement le médecin.

La durée de la fièvre typhoïde est de 20 à 25 jours. Vers le 12e jour, il se produit, d'ordinaire, une acalmie sur laquelle il convient de ne faire qu'un fonds très restreint.

Précautions concernant le malade. — La fièvre typhoïde est toujours une maladie grave et complexe. On ne doit pas hésiter, dès que l'on en soupçonne le début, à *prendre conseil du médecin, dont les visites devront être très fréquentes*, en raison des complications qui, d'un moment à l'autre, peuvent surgir.

Eminemment contagieuse, elle est due à l'action d'un microbe essentiellement voyageur, ayant la forme de petits bâtonnets, à peine longs de 2 à 3 millièmes de millimètre, et dont on constate la présence dans la presque totalité des organes chez les sujets atteints.

Il importe, en conséquence, de mettre en pratique les préceptes d'antisepsie les plus rigoureux.

Précautions concernant l'entourage. — Acceptées comme base de traitement par le malade, les mesures d'antisepsie doivent être, dans la fièvre typhoïde, la préoccupation constante de l'entourage. C'est aux personnes qui le composent que le devoir incombe de veiller à leur sévère application.

Convalescence. — La convalescence de la fièvre typhoïde est lente; l'affaiblissement des malades étant, après une affection aussi grave et des souffrances aussi prolongées, inévitablement profond.

FLUXION. — Inflammation des gencives et de la joue correspondante, généralement due à une carie dentaire.

Prescriptions usuelles. — Application sur la joue d'une feuille épaisse de ouate arrosée de laudanum de Sydenham (faire enlever au plutôt la dent cariée par un dentiste).

FLUXION DE POITRINE (*Pneumonie*). — Maladie infectieuse et contagieuse due à la présence d'un microbe, le *pneumocoque*, qui se retrouve dans les crachats et le sang.

Caractères principaux. — Au début, courbature, maux de tête, fièvre. Au bout d'un jour ou deux se manifestent un point de côté au voisinage du mamelon du côté malade, de la suffocation, de la toux par quintes, d'abord sèches, puis bientôt suivies d'une expectoration dont la consistance et la couleur sont, *pour le médecin*, entre toutes reconnaissables.

Remarque. — Quant aux symptômes perceptibles à l'*auscultation* et à la *percussion*, ils ne peuvent être reconnus que par le médecin.

Précautions concernant le malade. — Dès le début, le repos au lit s'impose. La température de la chambre doit être portée et maintenue à 18 au moins, et ne pas excéder 20.

En raison de la nature inflammatoire plus ou moins franche, selon les cas, mais constamment inflammatoire de la pneumonie (fluxion de poitrine), la diète doit être observée. En raison de la gravité de l'affection, *les conseils du médecin* sont, en pareil cas, *de toute indispensabilité*.

Précautions concernant l'entourage. — Dans la pneumonie, les microbes abondent. Leur présence confère à la maladie un caractère non équivoque de contagiosité. Le microbe peut se propager d'une personne à une autre par voie de respiration et se fixer par accident dans la bouche. Avant et après avoir donné des soins au malade, il est, par conséquent, de toute prudence de se gargariser avec un mélange antiseptique.

Une eau dentifrice remplira en toute sécurité l'office.

FRACTURE. — Solution de continuité des os par action brusque et violente.

Variétés. — Les fractures des os sont *incomplètes* ou *complètes; simples* ou *comminutives; transversales* ou *obliques; uniques* ou *multiples*, selon les circonstances à l'infini variables de l'accident.

Recommandations spéciales. — Lorsque la fracture entraîne un long séjour au lit, il est bon de prendre, dès le début, les précautions nécessaires pour épargner au malade des souffrances et aux personnes qui le soignent des fatigues et des efforts.

C'est ainsi qu'au moyen des lits mécaniques qui s'adaptent à tous les lits, une personne suffit pour donner tous les soins nécessaires. Ces appareils permettent, en effet, de suspendre le malade pour le changer de literie, lui donner la garde-robe, le mettre sur son séant, l'asseoir dans un fauteuil, l'incliner sur le côté droit ou sur le côté gauche, et le tout sans bruit, sans effort, et sans le secours des bras.

HÉMORRAGIE. — Écoulement de sang hors des vaisseaux.

Espèces. — Les hémorragies sont *externes*, résultant d'une plaie, ou *internes*, résultant d'une déchirure ayant pour siège la profondeur des organes.

Hémorragies externes. Variétés et caractères. — La plaie peut intéresser : 1° les *Vaisseaux capillaires.* Le sang, alors, coule en *nappe*. — 2° Une *veine*. Le sang, de couleur foncée, coule en *jet continu*. — 3° Une *artère*. Le sang, de couleur vermeille, rutilante, coule en *jet saccadé*.

Prescriptions usuelles. — Hémorragies en *nappe* : Laver la plaie avec de l'eau filtrée, en rapprocher autant que possible les bords, appliquer des compresses imprégnées d'eau hémostatique, ou, à son défaut, d'alcool rectifié légèrement étendu d'eau. Placer la partie qui est le siège de l'hémorragie sur un plan élevé.

Hémorragie veineuse. — *Appeler immédiate-*

ment le médecin. Comprimer le membre en le serrant très fortement avec une bande appliquée *entre son extrémité et le siège de la blessure*, ou en appliquant fortement le pouce sur la plaie même.

Hémorragie artérielle. — *Appeler immédiatement le médecin*. Comprimer le membre en le serrant très fortement avec une bande appliquée *entre la partie supérieure du membre et le siège de la blessure*, ou en appliquant très fortement le pouce sur la plaie même.

La section d'une artère est toujours un accident grave. Elle peut exiger une opération, *une ligature*, qui concerne exclusivement le médecin.

Hémorragies internes. — Dues, en général, à un saignement de nez, à un crachement ou à un vomissement de sang, les hémorragies internes ne se prêtent pas à un traitement direct.

Dès qu'elles se produisent, le *médecin traitant doit être prévenu*.

Précautions concernant le malade. — Ne pas s'effrayer. Nombre d'hémorragies internes s'arrêtent d'elles-mêmes. Garder une immobilité et un silence absolus.

Précautions concernant l'entourage. — Rassurer le malade. Ne pas montrer d'émotion.

Prescriptions usuelles. — Sucer de petits fragments de glace qu'on laisse fondre dans la bouche, *en attendant la visite du médecin*.

Recommandations spéciales. — Contre les hémorragies d'*organe interne* : Eau hémostatique par cuillerées à soupe toutes les heures.

L'anémie consécutive aux hémorragies est traitée avec succès par les *Pilules du Dr Allard*. Prix : 3 francs.

Contre les *hémorragies par l'anus*, *Suppositoires du Dr Allard*. Prix : 4 francs.

HOQUET. — Phénomène curieux, involontaire, provoqué, soit par une émotion vague, soit par l'état de replétion exagérée de l'estomac et consistant en une contraction spasmodique du diaphragme.

Prescriptions usuelles. — Il est rare qu'un hoquet, si fort qu'il soit, résiste à l'emploi du moyen suivant :

Avec le petit doigt de chaque main, se boucher complètement les oreilles, de manière à ne plus rien entendre; boire, en même temps, à petites gorgées, un liquide quelconque, qu'un personne vous présente, d'une manière commode, dans un verre ou dans une tasse, et c'est tout; le hoquet cesse instantanément. On peut faire aussi ce petit traitement sans l'aide d'une autre personne. Pour cela, on se remplit la bouche d'eau, on se met un doigt dans chaque oreille, et on avale ensuite, en une fois, l'eau dont la bouche est remplie.

PLAIES ET SUPPURATIONS. — Solution de continuité des tissus déterminée par une violence extérieure pouvant affecter des variétés infinies de forme et de dimensions, et s'accompagnant, très généralement, de la production du pus (suppuration).

Cause de la suppuration. — Pénétration d'un microbe entre les bords (lèvres) de la plaie.

Les deux microbes qui se rencontrent le plus ordinairement dans le pus des plaies, sont le *Staphylocoque* et le *Streptocoque*. On en rencontre encore un autre décrit par Pasteur, le *Diplocoque*, qui vit dans l'eau des rivières.

Prescriptions usuelles. — Afin d'éviter la suppuration des plaies, les laver avec de l'*eau bouillie*. Essuyer avec des linges très propres et n'employer, pour les pansements, que substances antiseptiques.

Eviter de percer les boutons de la peau (nené) avec des épingles ou des aiguilles sans avoir pris la précaution de les passer au feu d'une lampe à esprit-de-vin (de les flamber).

Recommandations spéciales. — Le pansement des plaies, quelles qu'elles soient, par la solution antiseptique est l'une des applications les plus heureuses et les plus utiles de ce médicament.

On lave d'abord la plaie avec un linge très propre, imprégné d'un mélange de parties égales de solutions antiseptiques et d'eau bouillie, si cela est possible; on recouvre ensuite la plaie. Prix : le pot pour 1 litre,

S'il s'agit d'une piqûre, il est essentiel de faire saigner la plaie et de la laver, soit avec de l'eau-de-vie, soit avec le mélange, par parties égales, de solution antiseptique et d'eau très propre; puis on recouvre la petite plaie de gaze boriquée.

COUPURES. — Laver la plaie avec de l'eau-de-vie ou de la solution antiseptique, puis rapprocher les bords de la plaie avec la gaze boriquée et bandes boriquées. Prix : le pot pour 1 litre, 2 francs.

MORSURES. — Ne jamais employer l'eau forte ni le vitriol pour faire la cautérisation d'une morsure. Laver les morsures comme les autres plaies; les recouvrir d'un tampon de ouate mouillé avec la solution antiseptique; mettre un linge par-dessus, et recouvrir ce pansement avec une bande de gaze boriquée.

Les plaies occasionnent souvent, chez les enfants, outre la douleur, une agitation extrême; souvent, ils pousent des cris, pleurent pendant un temps assez long; fréquemment aussi ils sont privés de sommeil ou ont le sommeil très agité.

Table des Matières

d'une

IMP. PLOTON & CHAVE, St-ÉTIENNE — PARIS

PAIEMENT

Le meilleur mode de paiement est le mandat-ste; en conserver le talon jusqu'à réception des archandises. Grâce à ce talon, si le mandat égarait, l'administration des Postes rembourse le montant du mandat. Il est donc inutile de recommander la lettre. C'est le paiement le plus sûr;

On peut aussi envoyer un bon de poste. Pour ce soit un paiement sûr, il faut avoir bien de faire recommander la lettre qui le con- et d'en garder le talon jusqu'à réception des chandises;

On peut aussi envoyer en timbres-poste la ur de la commande. Il faut également garder alon de la lettre recommandée jusqu'à réception des marchandises, c'est alors un paiement sûr.

AVIS

L'envoi de nos réponses, de nos lettres et de nos colis, peut être fait en poste restante ou à domicile. Il peut être expédié contre remboursement, mais les frais du remboursement sont à la charge des destinataires; ces frais sont de 1 franc. Ne pas oublier, en écrivant, de redonner votre adresse chaque fois que vous nous écrirez, vu le nombre considérable de lettres que je reçois, et votre numéro de réponse.

Les dames et les demoiselles cesseront tous les remèdes durant les époques du mois.

Par une expérience datant de 1890, époque à laquelle la méthode a été déposée au Tribunal d'Apt, je suis tellement sûr de l'efficacité de ces formules que je puis assurer la guérison aux personnes qui les emploient.

AUCUNE DROGUE

ne rentre dans les traitements

La

PHARMACIE DE LA SŒUR BONNEFOY

est ouverte tous les jours

sauf dimanches et fêtes, de 7 heures du

matin à 7 heures du soir

LE MODE D'EMPLOI

EST MARQUÉ

SUR CHAQUE REMÈDE

AUCUNE DROGUE

ne rentre dans les traitements

La

PHARMACIE DE LA SŒUR BONNEFOY

est ouverte tous les jours

sauf dimanches et fêtes, de 7 heures du

matin à 7 heures du soir

LE MODE D'EMPLOI

EST MARQUÉ

SUR CHAQUE REMÈDE

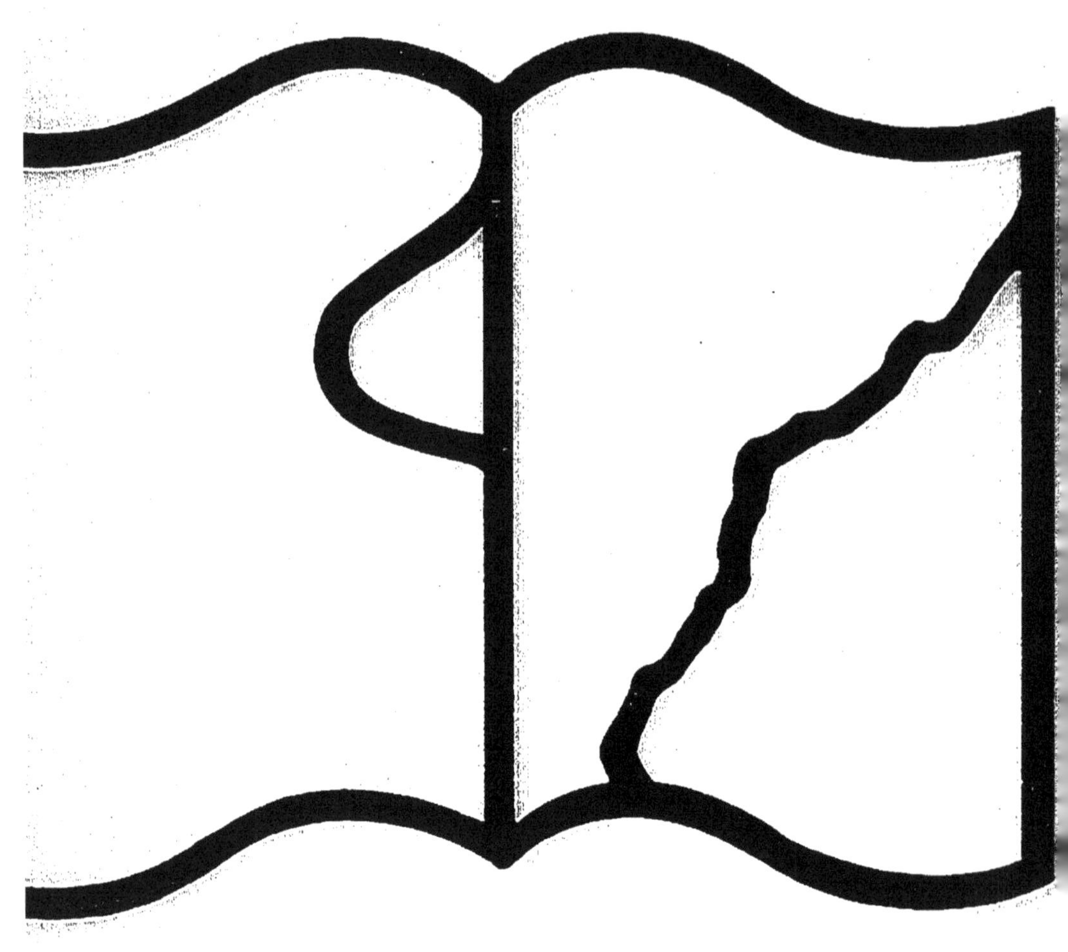

Texte détérioré — reliure défectueuse

NF Z 43-120-11

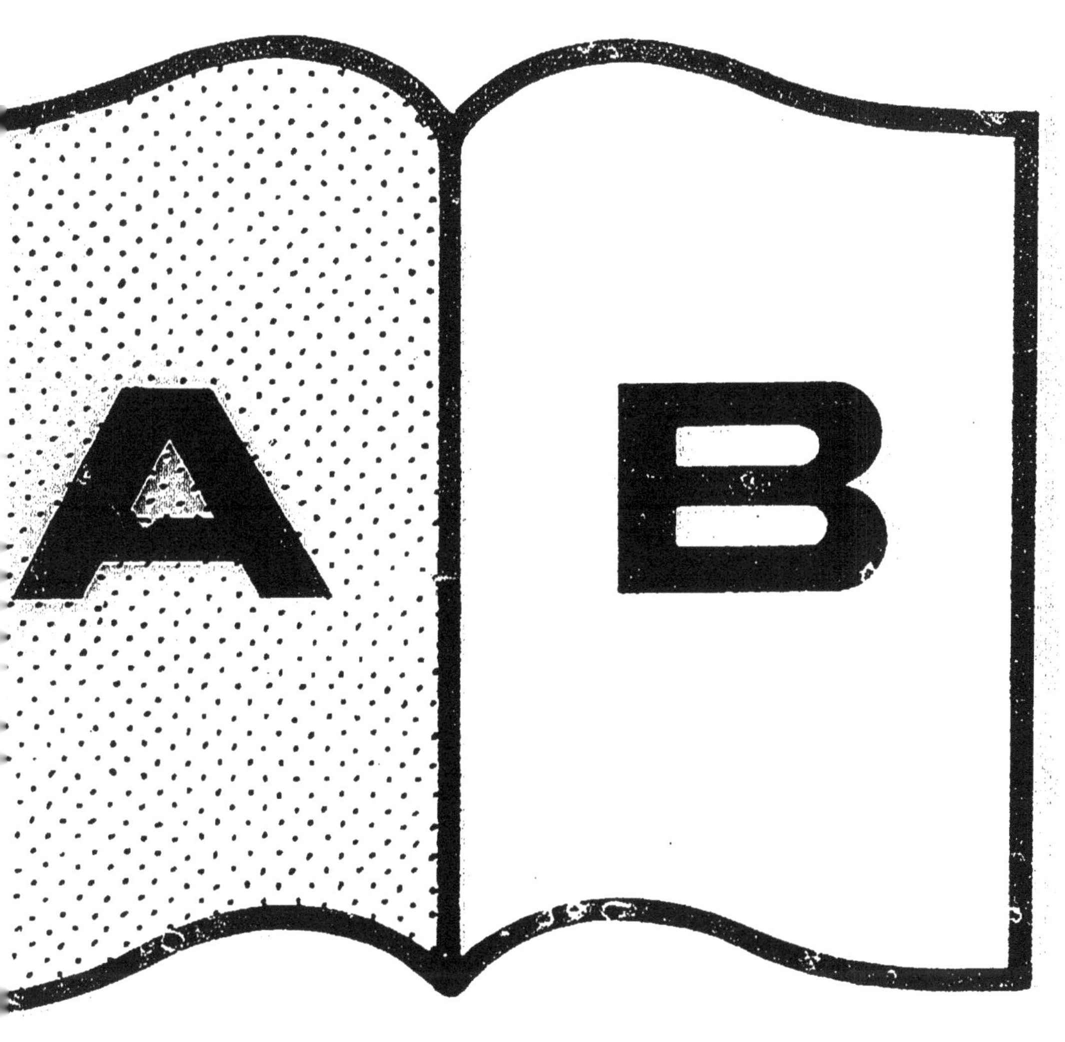
A
B

www.ingramcontent.com/pod-product-compliance
Ingram Content Group UK Ltd.
Pitfield, Milton Keynes, MK11 3LW, UK
UKHW020301230726
13925UKWH00001B/157